KIEL
ERZIEHUNG SEHEN, ANALYSIEREN, GESTALTEN

ERZIEHUNG SEHEN, ANALYSIEREN, GESTALTEN

herausgegeben von Ewald Kiel

VERLAG JULIUS KLINKHARDT
BAD HEILBRUNN 2012

k

Vom gleichen Herausgeber ist der Titel "Unterricht sehen, analysieren, gestalten" als
UTB 3090 unter der ISBN 978-3-8252-3702-8 (2. überarb. Auflage) erschienen.

Dieser Titel wurde in das Programm des Verlages mittels eines Peer-Review-Verfahrens
aufgenommen. Für weitere Informationen siehe www.klinkhardt.de.

Bibliografische Information der Deutschen Nationalbibliothek
Die Deutsche Nationalbibliothek verzeichnet diese Publikation
in der Deutschen Nationalbibliografie; detaillierte bibliografische Daten
sind im Internet abrufbar über http://dnb.d-nb.de.

Bildnachweis Cover: © Kemter / istockphoto.com.
Druck und Bindung: AZ Druck und Datentechnik, Kempten.
Printed in Germany 2012.
Gedruckt auf chlorfrei gebleichtem alterungsbeständigem Papier.

ISBN 978-3-7815-1880-3

Inhaltsverzeichnis

1 Einleitung: Was ist Erziehung?
Ewald Kiel

Markus ist elf Jahre alt. Er hat aus der Geldbörse seiner Mutter 90 Euro gestohlen und diese 90 Euro zusammen mit erspartem Geld in eine Spielkonsole umgesetzt. Er weiß, dass seine Mutter Spielkonsolen dieser Art ablehnt und ihm niemals eine solche kaufen würde. Der von der Mutter getrennt lebende Vater steht solchen Konsolen positiver gegenüber, hätte aber auch pädagogische Bedenken.

Die Mutter von Markus erhält eines Tages einen Anruf von einer anderen Mutter, durch den ihr mitgeteilt wird, Markus habe schon seit Wochen eine Spielkonsole in ihrem Haus deponiert. Sie wundere sich darüber, dass er diese Spielkonsole niemals mit nach Hause nehme. Sie vermutet zu Recht „da ist etwas faul!" Markus wird daraufhin von der Mutter zur Rede gestellt, die den Verlust der 90 Euro noch gar nicht bemerkt hat. Er gibt sofort alles zu, sowohl den Gelddiebstahl als auch den Konsolenkauf.

Der Vater wird über den Vorfall nicht informiert. Er merkt jedoch über mehrere Wochen, dass etwas mit seinem Sohn nicht stimmt, dieser sich zurückzieht. Der Vater fragt nach Schulproblemen und erhält immer dieselbe Antwort „Alles in Ordnung, Pa, mach dir keine Sorgen!" Die Mutter ergreift folgende Maßnahmen: Markus erhält vier Wochen Taschengeldentzug. Sie geht mit Markus, der Spielkonsole und der von Markus überraschenderweise aufbewahrten Rechnung in den Laden, wo die Konsole gekauft wurde. Sie bittet Markus den Verkäufer zu identifizieren, sie stellt den Verkäufer zur Rede und verlangt die Rücknahme der Konsole, obwohl sie schon sechs Wochen alt ist. Der Laden muss sich dem Argument der Mutter beugen, die darauf hinweist, dass einem Zwölfjährigen ohne offensichtliche Zustimmung der Eltern keine ca. 200 Euro teure Spielkonsole verkauft werden darf. Der Zwölfjährige ist in diesem Sinne nicht geschäftsfähig. Markus ist das Durchsetzen der Forderung der Mutter mit einem heftigen Wortwechsel und verschiedenen Vertretern der Verkaufsladens sehr peinlich.

Nach diesem Gespräch werden die Leistungen von Markus in der Schule sichtlich schwächer, und die Mutter und auch der Vater werden zu einem Gespräch in die Schule einbestellt. Der Vater wird vorher noch über die Vorfälle informiert und macht der Mutter heftige Vorwürfe, weil er nichts davon gewusst hat. Im Elterngespräch wird die Lehrerin über das Erziehungsproblem informiert, und sie bittet die Mutter ausdrücklich nicht mehr so streng mit Markus zu sein, er sei „vollkommen von der Rolle". Beide Eltern teilen Markus mit, dass sie den Vorfall als einmaligen Ausrutscher betrachten wollen und es nicht nötig sei, ihn weiter anzusprechen. Die Leistungen von Markus verbessern sich wieder, und es kommt zu keinen weiteren Auffälligkeiten.

Der geschilderte Vorfall kann als ein komplexes Erziehungsproblem verstanden werden, in dem Elternhaus und Schule miteinander verschränkt sind. Es kommt zu einer Störung im Verhältnis von Mutter und Sohn, und die Mutter versucht mit sozialen Handlungen, wie dem Ermahnen, dem Verhängen von Sanktionen, Einfluss auf psychische Dispositionen zu nehmen. Sie möchte sein Verhältnis zur psychischen Disposition Ehrlichkeit verändern und damit eine möglichst dauerhafte Transformation seines Verhaltens oder seiner Handlungen herbeiführen. Gleichzeitig versucht sie mit ihren Handlungen ein weiteres Erziehungsziel durchzusetzen, nämlich virtuelle Erfahrungen, die ihrer Meinung nach für Elfjährige nicht geeignet sind, von ihrem Sohn fern zu halten.

Erziehung, so lässt sich mit Blick auf dieses Beispiel sagen, ist intentional. Der Erziehungswissenschaftler Wolfgang Brezinka definiert dies wie folgt: Ein Erzieher versucht mit sozialen Handlungen auf psychische Dispositionen eines zu Erziehenden einzuwirken, um diese Dispositionen zu verändern, zu erhalten oder unerwünschte zu verhüten. „*Als Erziehung werden jene sozialen Handlungen bezeichnet, durch die versucht wird, das psychische Dispositionsgefüge anderer Menschen in irgendeiner Hinsicht dauerhaft zu verbessern oder* (hinsichtlich jener Bestandteile, die als wertvoll angesehen werden, aber gefährdet sind) *zu erhalten*" (Brezinka, 1990, S. 79).

Brezinka beschäftigt sich in dieser Definition ausdrücklich nicht mit der Frage, welches denn veränderungswürdige oder erhaltenswürdige Dispositionen sind. Für ihn ist dies eine Frage von Werten und Normen, und diese sind für ihn nicht Teil von Wissenschaft, sondern ein Teil der pädagogischen Praxis. Mit anderen Worten, der Erziehungsbegriff von Brezinka ist inhaltsleer, er beschreibt eine Mechanik zwischen Erzieher und zu Erziehenden. Für Eltern und für Lehrer sieht die Sache jedoch anders aus. Sie müssen sich für Erziehungsziele entscheiden, diese Ziele den Kindern setzen und ihre Umsetzung kontrollieren. Wissenschaft ist für Brezinka nicht der Ort, eine solche pädagogische Praxis ist zu beeinflussen.

Dieser intentionale Erziehungsbegriff wird aus unterschiedlichen Perspektiven kritisiert:

Den wohl radikalsten Widerspruch zu einem solchen Erziehungsbegriff hat die deutsche Anti-Pädagogik formuliert. Bei Ekkehard von Braunmühl heißt es hierzu plakativ: „Der Anspruch, andere Menschen in ihren Grundstrukturen zu formen, ihnen Ziele der Lebensgestaltung, den ‚Kurs fürs Leben' zu setzen, […], dieser Anspruch ist es, der mit dem Begriff ‚Erziehung' gekennzeichnet wird. Ihn zu durchschauen, als seinem Wesen nach intolerant, misstrauisch, totalitär und auf Unterwerfung zielend, ist die Voraussetzung dafür, die Erziehung nicht nur als überflüssig, sondern als kinder-, menschen-, lebensfeindlich, als verbrecherisch zu erkennen" (Braunmühl, 1988, S. 78). Die Antipädagogik fordert,

Kinder nicht zu erziehen. Stattdessen sollen sich Erwachsene authentisch verhalten. Dadurch erzeugten sie Widerstände, welche erzieherisch wirkten.

Die Mutter von Markus dürfte in diesem Sinne das Spielen mit einer Spielkonsole kaum verbieten. Allerdings könnte sie sich authentisch gegen das Stehlen von Geld verwahren.

Die Antipädagogik beruft sich auf eine lange Tradition, bei der Jean-Jacques Rousseau eine große Rolle spielt. Der erste Satz seines Erziehungsromans „Alles, was aus den Händen des Schöpfers kommt, ist gut; alles entartet unter den Händen des Menschen." (Rousseau, 1963, S. 107) kann als gegen das Erziehungshandeln gerichtet interpretiert werden.

Eine andere Kritik an einem solchen intentionalen Erziehungsbegriff entzündet sich an der Annahme, dass lediglich Erwachsene Einfluss auf Kinder nehmen. Es wird ungefähr wie folgt argumentiert: Einerseits sind Erwachsene kompetenter und lebenserfahrener als Kinder, und sie haben deshalb ein Recht und eine Verpflichtung Kinder zu erziehen. Andererseits gibt es aber auch die Möglichkeit des Einflusses der Kinder auf die psychischen Dispositionen der Erwachsenen. Mit anderen Worten, aufgrund eines Kompetenzgefälles entsteht eine Verpflichtung zur Erziehung, aber im Prozess des Erziehens beeinflussen auch Kinder Erwachsene. Dies ist etwas verkürzend die Position, die Herbert Gudjons in seiner populären Einführung in die Pädagogik darstellt (Gudjons, 2003). Zur Charakterisierung der Beziehung von Kindern und Erwachsenen kann folgende Erich Fromm zugeschriebene Analogie hilfreich sein: Die Passagiere eines Flugzeugs können einem Piloten kaum Vorschriften machen, wie dieser ein Flugzeug zu fliegen habe. Sie sind dafür im Allgemeinen nicht kompetent genug, und tatsächlich wird dies wohl auch kaum vorkommen. Betrachtet man die Piloten als Erzieher und die Kinder als Fluggäste, dann können Kinder Wünsche äußern, aber in einem ihre Eltern erziehenden Sinne keine Vorschriften machen, Sanktionen verhängen etc. D.h. in der erziehenden Beziehung zwischen Erwachsenen und Kindern wird das Kompetenzgefälle unter Absehung denkbarer Ausnahmen als gegeben vorausgesetzt. Hieraus ergibt sich ein Recht und eine Verpflichtung für die Eltern zu erziehen. Umgekehrt haben im Regelfall Kinder zwar Einfluss auf die Eltern, aber im allgemeinen nicht das Recht, die Verpflichtung oder auch die Kompetenz, ihre Eltern zu erziehen. Der Erziehungsauftrag der Schule gibt auch ihr als Institution das Recht und die Verpflichtung zur Erziehung (vgl. Saalfrank i.d.B., S. 123-160).

Ein dritter Gesichtspunkt der Kritik an dem Erziehungsbegriff von Brezinka ist die Frage des Widerstands der Kinder. Für Brezinka scheinen Kinder zunächst einmal eher passiv soziale Handlungen des Erziehens anzunehmen. Die pädagogische Praxis zeigt, dass Kinder Erziehungsziele und erzieherische Maßnahmen nicht einfach annehmen.

Markus, im oben genannten Bespiel, stimmt dem Erziehungsziel der Mutter „Kinder sollen reale Erfahrungen machen und keine virtuellen mit elektronischen Spielkonsolen" nicht zu, obwohl dies nach Meinung wahrscheinlich vieler Erwachsener ein vernünftiges Erziehungsziel ist. Er zeigt Widerstand, um seine Handlungsmöglichkeiten zu erweitern.

Die psychologische *Theorie der Reaktanz* erklärt einen solchen Widerstand wie folgt: Glaubt eine Person grundsätzlich frei zwischen verschiedenen Verhaltensalternativen wählen zu können und erlebt dann eine Einschränkung, entsteht eine sogenannte Reaktanz. Dies ist eine motivationale Erregung mit dem Ziel, die bedrohte Freiheit wieder her zu stellen (vgl. Dickenberger, 1985). Setzt man Reaktanz mit Widerstand gleich, dann wäre Reaktanz eine durchaus rationale Reaktion. Wir wollen den Begriff *Widerstand* jedoch weiter fassen und unter ihm auch eine irrationale Komponente, ein bloßes ,Dagegensein' mitverstehen. Mit anderen Worten: Widerstand im Erziehungsprozess hat rationale und irrationale Komponenten.

Ein solcher Widerstand muss keineswegs negativ gewertet werden. Widerstand gegen Intentionen der Eltern ist Teil der natürlichen Entwicklung von Kindern. Sie müssen sich von den Eltern emanzipieren. Es gilt, auch wenn man diesen Widerstand für unangemessen hält, diesen als Entwicklungsschritt anzuerkennen und nicht zu verteufeln. Der Widerstand ist eine ,natürliche' Reaktion auf das bekannte *Kantische Paradox*, jemanden durch Zwang zur Freiheit zu erziehen (vgl. Steinherr i.d.B., S. 45-79). Ohne Widerstand gibt es keine Entwicklung zur Freiheit. Moderne Erziehungstheoretiker plädieren dafür, diesen Widerstand weder zu brechen noch einfach anzuerkennen. Der Sozialpsychologe Klaus Schneewind etwa plädiert dafür, einerseits Grenzen zu setzen, und das heißt auch, Sanktionen bei Grenzverletzungen zu verhängen. Andererseits sollen diese Grenzen nicht so eng sein, dass ein Kind keine Wahlmöglichkeiten mehr hätte (Schneewind & Böhmert, 2008). Schneewind nennt dieses Konzept *Freiheit in Grenzen*.

Neben dem Widerstand lässt sich der in der postmodernen Diskussion altertümlich wirkende, aber wieder populär gewordene Begriff *Widerfährnis* anführen, der ebenfalls im erzieherischen Handeln mit zu bedenken ist. Erziehen ist, wie schon angeführt, keine Mechanik von Handlungen, bei der Kinder das tun, was Eltern oder andere Erzieher möchten. Neben dem Widerstand gibt es das Widerfährnis, das Unerwartete, das, womit man nicht rechnet, das aber dennoch passiert.

Die Mutter im obigen Fallbeispiel mag hundertprozentig von der Ehrlichkeit ihres Kindes überzeugt sein, schließlich hat sie das Kind christlich erzogen, möchte ihr Menschenbild auch zum Menschenbild des Kindes werden lassen (vgl. Lerche i.d.B., S. 81-122) und es passiert dennoch, dass es versucht zu täuschen. Der Vater kann das Verhalten seines Kindes nicht einordnen, fühlt sich nicht dafür verantwortlich, das Zurückgezogensein seines Sohnes widerfährt ihm.

Die Idee hinter dem Begriff *Widerfährnis* ist die Idee der mangelnden Kontrollierbarkeit jeder pädagogischen Handlung. Es kann immer etwas dazwischen kommen, und es gilt, mit dem Unerwarteten zu rechnen, das Unerwartete einzuplanen. Der Zusammenhang zwischen erzieherischer Absicht, erzieherischer Handlung und erzieherischer Wirkung ist nicht deterministisch.

Kritik am oben angeführten intentionalen Erziehungsbegriff ergibt sich auch aus der kleinen Einheit Educator und Educandus, die von Brezinka betrachtet wird.

Anders als in der Definition von Brezinka geht es im oben genannten Fallbeispiel nicht nur um das Verhältnis zwischen Mutter und Sohn und um die sozialen Handlungen, mit der die Mutter auf das Kind einwirkt. Einerseits haben die geschilderten Vorfälle, der Kauf der Konsole, das Entdecken der Tat und die Sanktionen der Mutter Einfluss auf das Verhältnis von Vater und Sohn. Der Vater ist irritiert über dessen geändertes Verhalten. Darüber hinaus gibt es offensichtlich schwerwiegende Einflüsse auf das Leistungsverhalten in der Schule.

Im Sinne von Urie Bronfenbrenner könnte man die Beziehung zwischen Mutter und Kind und den konkreten Erziehungsmaßnahmen der Mutter als Mikrosystem bezeichnen. Die Auswirkungen der familiären Vorgänge wären ein System auf mittlerer Ebene oder ein Meso-System. Ein Makrosystem, im Sinne von Bronfenbrenner, kommt in diesem Fall kaum zu tragen. Man könnte jedoch argumentieren, dass das Erziehungsziel ehrlich zu handeln selbstverständlich Auswirkungen auf die Gesamtgesellschaft hat. Würden alle stehlen und unehrlich handeln, wäre die bestehende demokratische Gesellschaft in ihren Grundfesten erschüttert. Neben dem Mikro-, Meso-, und dem Makrosystem spielt noch das Exosystem eine wichtige Rolle. Im oben geschilderten Beispiel wäre die Schule ein solches Exosystem. Exosysteme sind in diesem Sinne Systeme außerhalb des unmittelbaren Erziehungsverhältnisses, haben aber trotzdem Einfluss auf das Mikro-, Meso- oder Makrosystem oder werden von diesen beeinflusst (vgl. Weiß i.d.B., S. 15-43).

Eine letzte Gegenposition zum intentionalen Erziehungsbegriff ergibt sich aus der Schwierigkeit, diesen Begriff von anderen Formen der Einflussnahme abzugrenzen. Im sogenannten *funktionalen* Erziehungsbegriff fallen die Begriffe *Bildung*, *Sozialisation* und *Erziehung* beinahe zusammen (vgl. Liebenwein, 2008). Heutzutage ist diese Position wenig populär. Stattdessen haben sich spezifische Ausdifferenzierungen ergeben, wie etwa die empirische Bildungsforschung, die Sozialisationsforschung und eine spezifische Erziehungsforschung. Grenzt man den Begriff Erziehung von Sozialisation und Bildung ab, so lässt sich vereinfachend Folgendes sagen: Bildung ist, etwa im Sinne Hartmut von Hentigs, wesentlich durch die Aktivität des Subjekts geprägt. Der richtige Gebrauch des

Verbs „bilden" sei „sich bilden" (Hentig, 2007, S. 37 ff). Der richtige Gebrauch des Verbs „erziehen" wäre der passivische Gebrauch, man *wird* erzogen. Allerdings, dies wird im vorliegenden Werk noch weiter erläutert, gibt es auch den Begriff der Selbsterziehung (vgl. Kiel & Braune i.d.B., S. 207-221). Sozialisation lässt sich als Prozess verstehen, der sich am Subjekt ereignet. Dadurch, dass ein Subjekt in der Familie lebt, übernimmt es Gewohnheiten (z.B. Essverhalten), ein spezifisches Rollenverhalten oder eine spezifische Wertorientierung, ohne durch intentionale Handlungen dazu veranlasst zu werden. Auch hier muss einschränkend angemerkt werden, dass es neben der Rollenübernahme in modernen Sozialisationstheorien auch das Konzept des Selbstgestaltens von Rollen gibt.

Nachdem nun der gängige Erziehungsbegriff von Brezinka eingeführt und kritisiert wurde, soll nun aus der Kritik ein erweiterter intentionaler Erziehungsbegriff definiert werden, der grundlegend für unser Buch ist. Erziehung ist ein intentionales Handeln, bei dem Erwachsene mit sozialen Handlungen auf psychische Dispositionen von Kindern einwirken, um diese zu verändern, zu erhalten oder unerwünschte zu verhüten. Dieses intentionale Handeln ist legitimiert durch das Kompetenzgefälle zwischen Erwachsenen und Kindern. Erzieherische Handlungen haben vielfältige systemische Auswirkungen und werden von unterschiedlichen Subsystemen beeinflusst. Das in der Aufklärung entwickelte Paradox, auf das Kant hinweist, jemanden durch Zwang zur Freiheit zu erziehen, ist in einer modernen demokratischen Gesellschaft ein nicht hintergehbares Prinzip. Widerstand im Erziehungsprozess, sei er rational oder irrational motiviert, enthält das Potenzial zur Entwicklung von Kindern. Gleichzeitig ist es dieser Widerstand, der das Erziehen besonders schwierig macht.

Das gerade entwickelte Verständnis von Erziehung wird in den folgenden sieben Kapiteln weiter ausdifferenziert. Getreu dem Titel des Buches „Erziehung *sehen*, *analysieren*, *gestalten*" folgt jedes Kapitel einer spezifischen Struktur:

– Zu Beginn jedes Kapitels findet sich jeweils ein realer Erziehungsfall, der in verschiedenen Projekten des Lehrstuhls Schulpädagogik an der Ludwig-Maximilians-Universität erhoben wurde. Hier geht es um das *Sehen* kritischer Erziehungssituationen, indem die Leserinnen und Leser grundsätzliche Problemkonstellationen in ihren vielfältigen systemischen Bezügen identifizieren.
– In einem weiteren Schritt geht es darum, diesen Fall auf der Basis zentraler erziehungswissenschaftlicher Theorien zu *analysieren*. Dabei ist es den Autorinnen und Autoren wichtig, einerseits bedeutsame Begriffe der Erziehungstheorie einzuführen. Andererseits begründen sie erzieherisches Handeln und

seine Konsequenzen im Erziehungsprozess anhand eines tatsächlich stattgefundenen Ereignisses. Dabei unterliegt die Analyse immer der grundsätzlichen strukturellen Unsicherheit pädagogischen Handelns, d.h. die Verknüpfung von erzieherischen Absichten und den an sie anknüpfenden Handlungen ist ebenso unsicher wie die Verknüpfung von Handlung und Wirkung (Kiel/ Pollak 2011). So kann jemand mit Absicht einen Jugendlichen zur Höflichkeit zu erziehen, die erzieherische Handlung auswählen den Jugendlichen barsch lauthals aufzufordern, höflich zu sein und die beabsichtigte Wirkung wird nicht erzielt. Andererseits könnte sich trotz der mangelnden Höflichkeit auf Seiten eines Erwachsenen durchaus die Wirkung ergeben, dass der Jugendliche in Zukunft höflich ist.

– Am Ende jeden Kapitels finden sich Aufgaben, welche einerseits für das selbstregulierte Lernen eingesetzt werden können, andererseits auch Grundlage für die Gestaltung eines Seminars darstellen. Die Aufgaben sind ebenso wie die Kapitel einheitlich strukturiert, um eine besondere Form der Reflexion über das Gelesene zu ermöglichen. Die erste Aufgabe setzt sich jeweils mit einem weiteren Fall oder einem Szenario auseinander, um die Reflexion über wissenschaftliche Begriffe immer wieder an konkrete Situationen rückzubinden. Dabei bemühen sich die Autorinnen und Autoren im Sinne des Instruktionsdesigns auf so genannte „real life problems" zurückzugreifen. Diese fall- oder szenarioorientierten Aufgaben konzentrieren sich auf das Gestalten von Erziehungssituationen. Die folgenden ein oder zwei Aufgaben werden als „Vertiefungsaufgaben" bezeichnet, sie konzentrieren sich vor allem auf wichtige theoretische Aspekte von Erziehungshandeln.

Literatur

Braunmühl, E. von (1988). *Antipädagogik. Studien zur Abschaffung der Erziehung*. Weinheim, Basel: Beltz.

Brezinka, W. (Hrsg.) (1990). *Grundbegriffe der Erziehungswissenschaft*. München: Reinhardt.

Dickenberger, D. (1985). Reaktanz in der Erziehung. *Bildung und Erziehung, 38*, 441-453.

Gudjons, H. (2003). *Pädagogisches Grundwissen*. Bad Heilbrunn: Klinkhardt.

Hentig, H. v. (⁷2007). *Bildung. Ein Essay*. Weinheim und Basel: Beltz.

Liebenwein, S. (2008). *Erziehung und soziale Milieus. Elterliche Erziehungsstile in milieuspezifischer Differenzierung*. Wiesbaden: VS.

Rousseau, J.-J. (1963). *Emile oder Über die Erziehung*. Stuttgart: Reclam.

Schneewind, K. A. & Böhmert, B. (2008). *Kinder im Grundschulalter kompetent erziehen. Der interaktive Elterncoach „Freiheit in Grenzen"*. Bern: Huber.

2 Denken in Systemen
Sabine Weiß

In einer Grundschule haben die Kinder verschiedener Jahrgangsstufen zeitlich versetzt Pause – zuerst die dritte und vierte zusammen, im Anschluss daran die erste und zweite Klasse. Alle Klassenzimmer werden während der Pause, die auf dem Schulhof verbracht wird, nicht abgesperrt. In einer Pause entfernen sich zwei Schüler der vierten Jahrgangsstufe vom Pausenhof und gehen unbemerkt in ein leeres Klassenzimmer. Die Kinder dieser Klasse haben zu diesem Zeitpunkt Sportunterricht. Die beiden Jungen durchwühlen dort die Schultaschen der meisten Kinder, holen die Pausenbrote heraus und nehmen sie mit. Die betroffenen Kinder melden den Vorfall. Die „Täter" können schnell ermittelt werden. Beide geben jedoch keinerlei Auskunft darüber, warum sie die Brote mitgenommen haben.

Daraufhin bestellen die verantwortlichen Klassenlehrkräfte die Eltern der beiden Schüler ein, doch kommt ein gemeinsames Gespräch lange nicht zustande, da sich die getrennt lebenden Elternteile des einen Schülers nicht auf einen Termin einigen können und der Vater des anderen unter der Woche in einer anderen Stadt arbeitet. Als schließlich alle Beteiligten zusammensitzen, bagatellisieren die Eltern beider Schüler den Vorfall. Ihre Kinder seien für sich selbst verantwortlich und müssten selbst wissen, was sie tun, äußern die Eltern übereinstimmend. Schließlich könne man seine Kinder auch nicht dauernd beaufsichtigen, außerdem sei der Vorfall ja im Schulgebäude passiert und da liege die Verantwortung ja sowieso bei der Schule.

Die Lehrkräfte hingegen verweisen auf einige zurückliegende Geschehnisse, bei denen beide Schüler Klassenkameraden wie auch Lehrkräften bereits unangenehm aufgefallen sind. Trotz deren abwehrender Haltung empfehlen sie den Eltern, sich externe Unterstützung etwa in der städtischen Erziehungsberatung einzuholen.

2.1 Erziehen als Denken in Systemen

Zwei Kinder nehmen ihren Mitschülern etwas weg und fügen ihnen damit Schaden zu. Diese wenden sich an die Lehrkräfte, welche wiederum die Eltern der Schüler einschalten und ihnen zudem externe Unterstützung empfehlen.

Hier wird ein Fall geschildert, der zeigt, dass eine Vielzahl von Personen an einem Vorfall wie diesem beteiligt ist. Diese Beteiligten sind Mitglieder von Institutionen, der Schule und der Familie und von Systemen, die miteinander durch Interaktion verwoben sind.

Um die große Komplexität und Dynamik solcher zwischenmenschlichen Beziehungen mit allen Bedingungen, Wechselwirkungen und Konsequenzen erfassen zu können, ist lineares und dyadisches Denken nicht ausreichend. Es muss durch eine systemische Betrachtungsweise ergänzt werden.

Eine solche systemische Sichtweise vertritt Urie Bronfenbrenner in seinem Ansatz der *Ökologie der menschlichen Entwicklung* (1979). Ökopsychologische Ansätze und Erkenntnisse erfahren seit den 1970er Jahren eine zunehmende Berücksichtigung (Proshansy, Ittelson & Rivilin, 1970). Die sozialökologische Perspektive ist zu einem wichtigen Bestandteil der modernen Sozialisations- und Entwicklungsforschung geworden. Sie brachte auch neues Denken im Verhältnis zwischen biologischen und psychosozialen Vorgängen mit sich: Entwicklung wird im Kontext gesellschaftlicher und historischer Wandlungsprozesse gesehen, beispielsweise das kindliche Aufwachsen als ein Teil eines lebenslangen Prozesses analysiert (Haag, 2001). Ein Kind wächst in verschiedene Systeme hinein und tritt mit diesen in Beziehung. Dies geschieht jedoch nicht von selbst, sondern muss aktiv und fortwährend bewältigt werden. Bronfenbrenner argumentiert, dass Entwicklung nur dann angemessen verstanden werden kann, wenn sie in ihrem Entwicklungskontext verstanden wird – eine Forderung, eine Person als nicht nur für sich stehend, sondern auch immer vor dem Hintergrund ihres sozialen Kontextes, z.B. der Familie oder des kulturellen Systems, zu betrachten.

Rückbezogen auf den zuvor geschilderten Fall bedeutet dies, dass bei der Frage nach möglichen Erklärungen und Hintergründen für die Tat der beiden Schüler, aber auch bei Möglichkeiten der Reaktion und Intervention der Fokus nicht nur auf den beiden Jungen, nur den Eltern oder nur den Lehrkräften liegen darf. Eine solche lineare oder dyadische Sicht reicht nicht aus und wird dem komplexen Geflecht der Interaktion, hier zwischen Schülern, Lehrkräften, Eltern und möglicherweise externen Beratungspersonen, nicht gerecht. Es ist eine Betrachtung aller ineinander greifenden Systeme nötig. Hier sind beispielsweise die Systeme der „Schule", der „Peers" bzw. „Klasse" und „Familie" zu nennen, zwischen denen wechselseitige Beziehungen bestehen.

2.2 Systemtheorie und ökosystemischer Ansatz

2.2.1 Grundlagen der Systemtheorie

Denken in Systemen ist in der Systemtheorie begründet. Diese findet Anwendung in verschiedenen wissenschaftlichen Bereichen, wie der Biologie und Chemie, der Ethnologie, der Informatik, der Mathematik, den Ingenieurwissenschaften, der Pädagogik und vielen weiteren. Sie ist keine eigenständige Disziplin, sondern bildet einen Rahmen für einen interdisziplinären Diskurs und wird als universale Theorie der Regulation und Steuerung für Maschinen und

Lebewesen, für ökonomische, psychische und soziale Phänomene, für unbelebte und belebte Systeme gleichermaßen angewendet (Schmidt & Vierzigmann, 2006). Grundlegende Überlegungen wurden in der Biologie und der Physiologie konzipiert (von Bertalaffny, 1957; 1968): Als Entwicklungen im Bereich der Chemie aufzeigten, dass Systeme unter bestimmten Randbedingungen aus sich heraus, selbstorganisiert, sich verändern, neue Strukturen entwickeln und diese stabilisieren können („Autopoiesis"), rückte die Veränderung eines Systems in den Mittelpunkt des Interesses. Es entstand ein neues wissenschaftliches Paradigma, ein Gegenentwurf zur isolierten Betrachtung von Einzelphänomenen. Durch eine vernetzte Betrachtung von Phänomenen wurde der Einzelbetrachtung der Systembegriff entgegengesetzt.

Willke (1993) definiert ein System „als einen ganzheitlichen Zusammenhang von Teilen, deren Beziehungen zueinander quantitativ intensiver und qualitativ produktiver sind als ihre Beziehungen zu anderen Elementen. Diese Unterschiedlichkeit konstituiert eine Systemgrenze, die System und Umwelt trennt" (S. 282). Ein System lässt sich dadurch charakterisieren, dass es begrenzt und abgrenzbar ist und die einzelnen Elemente zweck- und zielgerichtet zusammenwirken. Das Definieren eines Systems bedeutet zugleich auch immer eine Definition dessen, was nicht System ist: Alles, was außerhalb der Systemgrenze liegt, ist die Umwelt. Nach innen lässt sich ein System in *Subsysteme* gliedern, so z.B. eine Familie in ein Eltern- und ein Kinder-Subsystem, nach außen als ein Teil eines größeren Systems, in das es eingebettet ist.

Auch in dem geschilderten Fall werden verschiedene Systeme und Subsysteme deutlich, die miteinander in Interaktion stehen und sich zugleich voneinander abgrenzen. Bei der Schule, in der sich die Situation abspielt, handelt es sich um ein System, das sich aus seinen Elementen, allem voran den Schülerinnen und Schülern sowie den Lehrkräften, konstituiert. Diese sind durch Beziehungen untereinander verknüpft. Die Schule grenzt sich nach außen ab, wer nicht Schüler, Lehrer, Schulleiter usw. ist, ist primär nicht Teil, nicht Mitglied des Systems. Die Mitglieder stehen miteinander in Beziehungen, die, es sei noch einmal Willke (1993) zitiert, „zueinander quantitativ intensiver und qualitativ produktiver sind als ihre Beziehungen zu anderen Elementen" (S. 282). Dies beruht in erster Linie auf der Bildungs- und Erziehungsfunktion der Schule, die außerhalb dieses Systems, beispielsweise in der Familie oder der Gleichaltrigengruppe, nicht in diesem Maße bzw. nicht in dieser Form geleistet wird. Ein Zusammenwirken aller Teile bzw. Mitglieder ist erforderlich, denn es bestehen gemeinsame Ziele, wie z.B. der Erwerb von Kompetenzen für die Schüler oder das Erlangen beruflichen Erfolgs für die Lehrkräfte. Als Subsysteme lassen sich beispielsweise das Lehrerkollegium, die Schülerschaft, die einzelne Klasse oder freundschaftlich verbundene Gruppen von Schülern bezeichnen, die ebenfalls gemeinsame Ziele verfolgen. Auch Familiensysteme grenzen sich nach außen durch eine definierte Mitgliedschaft (biologisch und/oder sozial) ab und streben gemeinsame Ziele wie das Wohlbefinden von Kindern und Eltern oder Bildung und Erziehung der Nachkommenschaft an.

Im vorliegenden Fall interagieren Schul- und Familiensystem, indem die Eltern der beiden Schüler zum Gespräch in die Schule einbestellt werden und dort über das regelwidrige Verhalten ihrer Kinder Information und Beratung erhalten. Übergeordnetes Ziel wäre die gemeinsame Erarbeitung von Maßnahmen im Sinne von Lösungsstrategien.

Systeme können offen und geschlossen sein: *Geschlossene Systeme* sind binnenstabil, es besteht keine Wechselwirkung mit der Umwelt. *Offene Systeme* hingegen stehen im Austausch mit der Umwelt, eine Veränderung durch nicht prognostizierbare Umwelteinflüsse ist möglich. Laszlo (1972, zit. nach Sameroff, 1983) charakterisiert offene Systeme mit folgenden Eigenschaften: 1) *Ganzheit und Ordnung*, 2) *adaptive Selbststabilisierung*, 3) *adaptive Selbstorganisation* (interne Reorganisierung als Anpassung an neue Situationen, z.B. Akkommodation) und 4) *systemische Hierarchisierung*, durch die untergeordnete Systeme ohne Gefährdung des Systemganzen veränderbar und ersetzbar werden. Das System der Schule ist nach außen hin offen, das bedeutet, es bestehen Kontakte und somit Wechselwirkungen mit anderen Systemen.

So besteht beispielsweise Kontakt mit dem Familiensystem der beiden Schüler oder möglicherweise mit einem Unterstützungssystem, das die Familie bei ihren Problemstellungen berät und dabei eventuell auch mit der Schule in Verbindung tritt. Die von Laszlo (1972) genannten Eigenschaften offener Systeme treffen auf die Schule zu, so z.B. das Charakteristikum der adaptiven Selbstorganisation (die Schule reagiert auf neue Situationen wie eben dem Diebstahl von Pausenbroten und interveniert) und die systemische Hierarchisierung (die Schule reagiert auf Regelverstöße einer Schülergruppe).

2.2.2 Der ökosystemische Ansatz von Bronfenbrenner

Urie Bronfenbrenner fordert in seinem Ansatz der *Ökologie der menschlichen Entwicklung* (1979), dass entwicklungspsychologische Untersuchungen immer ökologisch valide sein müssen. Entwicklung kann, wie beschrieben, nur angemessen verstanden werden, wenn sie in ihrem Entwicklungskontext verstanden wird: „Menschliche Entwicklung ist der Prozess, durch den die sich entwickelnde Person erweiterte, differenzierte und verlässlichere Vorstellungen über ihre Umwelt erwirbt" (1981, S. 44). „Entwicklung bedeutet Veränderungen, die auf andere Zeiten und Orte übergreifen" (S. 31). Sie ist umweltspezifisch und bedeutet fortschreitende gegenseitige Anpassung des aktiven, sich entwickelnden Menschen und den wechselnden Eigenschaften seiner unmittelbaren Lebensumwelt. Bronfenbrenner differenziert Entwicklungskontexte aus in *Mikrosystem*, *Mesosystem*, *Exosystem*, *Makrosystem* und *Chronosystem*.

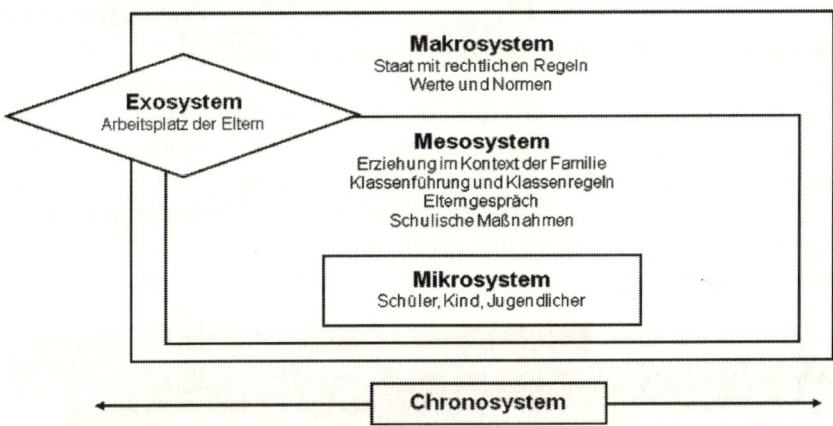

Abb. 1: Verschachtelte Systeme als Entwicklungskontexte

Mikrosystem

Ein Mikrosystem ist „ein Muster von Tätigkeiten und Aktivitäten, Rollen und zwischenmenschlichen Beziehungen, die die in Entwicklung begriffene Person in einem gegebenen Lebensbereich mit den ihm eigentümlichen physischen und materiellen Merkmalen erlebt" (Bronfenbrenner, 1981, S. 38). Es stellt konkrete, unmittelbare Erfahrungsräume alltäglicher Beziehungen in der Familie, persönliche Kontakte in der Schule, der Nachbarschaft und der Verwandtschaft dar und umfasst dabei die Beziehungen eines Menschen zu anderen Menschen. Auf dieser Ebene gestaltet z.B. ein Kleinkind in Interaktion mit den Bezugspersonen seine eigenen Entwicklungsbedingungen mit (Flammer, 1996). Ein Mikrosystem ist die Schule als ein unmittelbarer Erfahrungsraum alltäglicher Beziehungen:

Die beiden Schüler aus dem geschilderten Fall werden hier unterrichtet, verbringen einen großen Teil ihrer Zeit, schließen Freundschaften mit anderen Kindern und Jugendlichen – und schleichen sich irgendwann auch in ein anderes Klassenzimmer, um dort die Pausenbrote zu entwenden. Ein weiteres Mikrosystem ist die jeweilige Familie, in der die Schüler aufwachsen. Hier kommen die „Wechselbeziehungen zwischen den Lebensbereichen" (Bronfenbrenner, 1981, S. 41), dem Mesosystem zuzuordnen, zum Tragen.

Mesosystem

Ein Mesosystem „umfasst die Wechselbeziehungen zwischen den Lebensbereichen, an denen die sich entwickelnde Person aktiv beteiligt ist" (Bronfenbrenner, 1981, S. 41). Es ist die Gesamtheit der Beziehungen eines Menschen, die Summe der Mikrosysteme und die Beziehung zwischen ihnen. Von großer Bedeutung ist das Erschließen neuer Lebensbereiche (*ökologische Übergänge*).
Ein Beispiel für eine mesosystemische Interaktion ist das Zusammenwirken von Schule und Elternhaus. Die Schule wendet sich an die Familie, da sie auf das Entwenden der Pausenbrote nicht alleine, sondern in Zusammenarbeit mit den Eltern reagieren möchte. Zwei Systeme interagieren und, bestenfalls, kooperieren, um gemeinsame Ziele zu verfolgen.

Exosystem

Ein Exosystem ist ein Beziehungsgeflecht, dem eine Person nicht direkt angehört. Es kann nur geringen Gestaltungseinfluss haben, ebenso aber auch von Bedeutung sein, vor allem deshalb, da ihm Bezugspersonen angehören.
Ein Beispiel für ein Exosystem ist der Arbeitsplatz eines Elternteils. Der Vater des einen Schülers hat seinen Arbeitsplatz in einer anderen Stadt und ist nur am Wochenende bei seiner Familie. Schule und Familie haben mit diesem Arbeitsumfeld an sich kaum Berührungspunkte, dennoch wirkt sich dieses auf die Befindlichkeit und das Verhalten des Elternteils und somit auch auf die komplette Familie aus, schließlich verbringt der Vater dort viel Zeit. Im geschilderten Fall wird dagegen das dringend nötige Eltern-Lehrergespräch hinausgezögert, weil eine Terminabsprache scheitert. Die Erziehungsarbeit ist dadurch erschwert.

Makrosystem

Das Makrosystem „bezieht sich auf die in einer Kultur oder Subkultur beobachtete grundsätzliche formale und inhaltliche Ähnlichkeit seiner konstituierenden Mikro-, Meso- und Exosysteme wie auch auf die dieser Ähnlichkeit zugrunde liegenden Weltanschauungen und Ideologien" (Bronfenbrenner, 1981, S. 241f). Es ist die Gesamtheit aller Beziehungen in einer Gesellschaft einschließlich Normen, Werten, Traditionen und Konventionen sowie auch der ungeschriebenen Gesetze, der Vorschriften und der Ideologien, denn Individuen erfahren ihre Umwelt nicht unabhängig von gesellschaftlichen Rahmenbedingungen.
Im geschilderten Fall wird das Vorgehen der beiden Schüler als moralisch verwerflich (Mitschülern wurde Schaden zugefügt, „Du sollst nicht stehlen"), als Diebstahl von Eigentum und als Verletzung der Privatsphäre anderer bewertet. Durch den Verstoß wurde ein Verhaltenskodex verletzt. Die Schule hat das Recht und die Pflicht, Konsequenzen zu ergreifen, um das Geschehene zu sanktionieren und einer Wiederholung präventiv entgegen zu wirken (vgl. Saalfrank i.d.B., S. 123-160).

Chronosystem

Ein Chronosystem umfasst die zeitliche Dimension der Entwicklung, z.B. die besonders markanten Zeitpunkte und deren biografische Abfolge. Bronfenbrenner (1981) unterscheidet zwischen *normativen* (z.B. Schuleintritt, Aufnahme der Berufstätigkeit) und *non-normativen* Chronosystemen (z.B. schwere Erkrankung eines Familienmitglieds).

Mikro-, Meso-, Exo-, Makro- und Chronosystem dürfen nicht in Abgrenzung zueinander gesehen werden, sondern erlangen gerade durch ihre Vernetzung Bedeutung. Besonders in den frühen Lebensphasen, aber auch über den gesamten Lebenslauf hinweg basiert die menschliche Entwicklung auf Prozessen der immer komplexer werdenden Interaktion zwischen einem aktiven Menschen und den Personen, Objekten und Symbolen seiner unmittelbaren äußeren Umwelt (Bronfenbrenner & Morris, 2000). Diese Interaktion muss regelmäßig über ausgedehnte Zeiträume stattfinden, um komplexer werden zu können. Bronfenbrenner spricht hier von *proximalen Prozessen*: Diese laufen in mehr als eine Richtung, denn Interaktion kann nicht einseitig geschehen, sie impliziert Reziprozität. Form, Kraft, Inhalt und Richtung der proximalen Prozesse variieren. Die Interaktionen sind nicht nur auf Menschen beschränkt, sie umfassen auch Objekte und Symbole: Damit hier reziproke Interaktionen ablaufen können, müssen die Objekte so beschaffen sein, dass sie Aufmerksamkeit, Manipulation, Ausarbeitung und Erfindung herausfordern. Es gibt moderierende Faktoren, die Änderungen in proximalen Prozessen bezüglich Inhalt, Zeitablauf und der Effektivität bewirken: So steigen mit dem Alter eines Kindes dessen Entwicklungskapazitäten in Niveau und Breite an, so dass auch die entsprechenden proximalen Prozesse komplexer werden müssen. Ebenso verändern sich die Bezugspersonen von Kindern und Jugendlichen mit der Zeit: An die Stelle der Eltern treten beispielsweise Gleichaltrige (so genannte *signifikante Andere*, vgl. Mead, 1934).
Auf den Fall bezogen wird deutlich, wie all diese Systeme sowie die darin agierenden Personen (Schüler und Mitschüler, Lehrkräfte, Eltern usw.) miteinander vernetzt sind. So werden die Eltern mit dem Regelverstoß ihrer Kinder konfrontiert und müssen darauf reagieren. Ebenso werden voraussichtlich auch die Mitschüler der beiden Jungen auf deren Tat reagieren, z.B. indem sie diese auf dem Pausenhof meiden oder ihre Lehrkraft in Zukunft darum bitten, das Klassenzimmer immer dann abzuschließen, wenn sie es verlassen. Das Lehrerkollegium könnte den Vorfall zum Gegenstand einer Konferenz machen und neue Regeln für Schüler und Lehrer beschließen. Das System verändert sich, es passt sich neuen Gegebenheiten an, es variiert seine Grenzen.

Bronfenbrenners Ansatz (1979) ist für die Erziehungswissenschaften von großer Bedeutung. Er hat mit seiner *Ökologie der menschlichen Entwicklung* wesentlich zu einer systemisch-kontextualistischen Betrachtung von Entwicklung und Interaktion, aber auch therapeutischen Handelns, wie zum Schluss des Kapitels dargestellt, beigetragen. Im schulischen Erziehungsprozess wird die ökologische Perspektive unter anderem in Untersuchungen des Einflusses schulischer Umwelten auf Schüler und Lehrer sowie zur Darstellung der Beziehung von Schülerverhalten und Umwelt herangezogen (Thienel, 1985). Umweltveränderungen können Entwicklungsveränderungen bewirken. Sie können sowohl eine Herausforderung sein, die das Wachstum verbessert, als auch störenden Einfluss nehmen. Ein Beispiel für eine Umweltveränderung ist der gesellschaftliche Wandel (Bronfenbrenner & Morris, 2000).

2.2.3 Das Konzept gegen schulische Gewalt von Dan Olweus

Als ein Beispiel der Umsetzung systemischen Denkens kann das Konzept zur schulischen Gewaltprävention und -intervention des skandinavischen Wissenschaftlers Dan Olweus (2006) genannt werden. Es stellt ein Modell für pädagogisches Arbeiten auf verschiedenen Ebenen mit verschiedenen Systemen dar. Im Vergleich zu anderen Programmen besteht es nicht aus isolierten Einzelinterventionen, die sich dann auch nur auf Einzelbereiche der Schule beziehen, sondern erstreckt sich auf die pädagogische Gestaltung des gesamten Schullebens. Olweus' Konzept befasst sich dem Gesamtsystem Schule und wirkt auf allen Präventions- und Interventionsstufen (primär, sekundär, tertiär) (Hepp, 2007). Übergeordnete Ziele sind „soweit wie möglich bestehende Gewalttäter-/Gewaltopfer-Probleme innerhalb und außerhalb der Schulumgebung zu vermindern und die Entwicklung neuer Probleme zu verhindern – idealerweise vollständig zu beseitigen" (Olweus, 2006, S. 70) sowie „bessere Beziehungen zwischen Gleichaltrigen in der Schule zu erreichen und Bedingungen zu schaffen, unter denen sowohl Opfer als auch Täter besser miteinander auskommen und innerhalb und außerhalb der schulischen Umgebung zurechtkommen" (S. 71). Es geht um die Schaffung eines Bewusstseins für das Gewalttäter-/Gewaltopfer-Problem, die aktive Beteiligung von Lehrerschaft und Eltern, die Entwicklung von klaren Regeln gegen Gewalt sowie um den Schutz und die Unterstützung der Opfer.

Olweus schlägt dafür Präventions- und Interventionsmaßnahmen auf mehreren Ebenen, der Schul-, der Klassen- und der persönlichen Ebene, vor.

Schulebene

Zielgruppe ist die gesamte Schülerschaft einer Schule. Die Maßnahmen konzentrieren sich nicht nur auf die Schülerinnen und Schüler, die als Täter bzw. Opfer identifiziert wurden, sondern richten sich darauf, Einstellungen zu entwickeln und Bedingungen zur schaffen, die das Ausmaß an Gewalt in der Schule insgesamt senken. Sie haben auch das zusätzliche Ziel, die Entwicklung neuer Gewaltprobleme zu verhindern.

Mögliche Maßnahmen sind:
- *Fragebogenerhebung*: Erfassung der Ausgangssituation
- *Pädagogischer Tag*: Lehrkräfte, Schulleitung, Vertreter von Elternbeirat und Schülerschaft erstellen zusammen mit Experten (z.B. Schulpsychologe) einen langfristigen Handlungsplan für die jeweilige Schule.
- *Schulkonferenz*: Verabschiedung und Herstellung einer gemeinschaftlichen Verpflichtung und Verantwortung für das Programm
- *Schnelles und konsequentes Eingreifen*, z.B. auf dem Pausenhof
- *Kontakttelefon* zur Unterstützung
- *Kooperation Lehrkräfte / Eltern*
- *Einrichtung von Arbeitsgruppen*: Lehrkräfte entwickeln das soziale Milieu an der Schule, Elternbeiräte setzen sich mit der Thematik auseinander.

Klassenebene

Zielgruppe ist die Klasse als Ganzes, nicht der einzelne Schüler oder die einzelne Schülerin.

Mögliche Maßnahmen sind:
- *Klassenregeln gegen Gewalt:* Klarstellung, Veranschaulichung, Lob zur Verstärkung von positivem Verhalten, angemessene Strafen
- *Regelmäßige Klassengespräche:* Förderung von Vertrautheit, aber auch sozialer Kontrolle
- *Rollenspiele*
- *Kooperatives Lernen:* Zusammenarbeit in kleinen Gruppen an einer gemeinsamen Aufgabe, es wird gegenseitige positive Abhängigkeit geschaffen.
- *Gemeinsame positive Aktivitäten* wie z.B. Ausflüge
- *Zusammenarbeit Klassenelternbeirat – Lehrkräfte:* Aufnahme gegenseitiger Anregungen

Persönliche Ebene

Ziel ist es, die Situation oder das Verhalten des einzelnen Schülers zu ändern. Die Maßnahmen richten sich hier an jene Schüler, von denen man weiß oder vermutet, dass sie mit Gewaltproblemen zu tun haben, entweder als Täter oder als Opfer.

Mögliche Maßnahmen sind:
- *Ernsthafte Gespräche mit Gewalttätern und Opfern*
- *Gespräche mit den Eltern beteiligter Schüler:* Aufforderung zur Zusammenarbeit
- *Hilfe von neutralen Schülern*
- *Pädagogische Kreativität von Lehrkräften:* Zuschneiden von Lösungen auf die Situation

- *Diskussionsgruppen für die beteiligten Eltern:* Möglichkeit des Perspektivenwechsels
- *Klassen- und Schulwechsel als letzte Möglichkeit:* Aufspaltung von Tätergruppen, Schutz von Gewaltopfern

Auf Basis dieses Ansatzes von Olweus und der Betrachtungsweise von Bronfenbrenner soll ausgeführt werden, wie im vorliegenden Fall die Schule über das Auffinden der „Übeltäter" und das Einbestellen der Eltern hinaus möglicherweise handeln könnte. Bei dem geschilderten Vorfall handelt es sich um eine Tat, durch die anderen Schaden zugefügt wurde: Dieser ist zum einen materieller Natur, zum anderen wurde durch das Durchwühlen der Schultaschen die Privatsphäre von Schülern verletzt. Ob ein sofortiges Intervenieren auf Schulebene z.B. in Form eines pädagogischen Tages erforderlich ist, bedürfte wohl einer Häufung solcher Vorfälle. Maßnahmen auf persönlicher und Klassenebene erscheinen vorrangig passend, es sollte aber auch dem Rechnung getragen werden, dass die „geschädigten" Schüler aus einer anderen Klasse stammen, also keine direkten Mitschüler sind. Eine Beschränkung auf Klassenebene würde diese außen vor lassen. Eventuell wäre an Maßnahmen zu denken, die beide Klassen einbeziehen. Die von Olweus (2006) vorgeschlagenen gemeinsamen Aktivitäten könnten zur Verbesserung des Schul- bzw. Klassenklimas beitragen, die Klarstellung und Verdeutlichung von Regeln über die eigene Klasse hinaus könnte dies noch unterstützen. Auf jeden Fall ist es wichtig, dass auf persönlicher Ebene noch einmal auf die Beteiligten zugegangen wird mit dem Ziel eines Perspektivenwechsels. Dass Täter die Sicht der Geschädigten einnehmen, trägt dazu bei, deren Standpunkte, Gefühle und Bedürfnisse nachzuvollziehen und deren Interessen anzuerkennen. Im Optimalfall wird dadurch eine gemeinsame Lösungssuche möglich, bestenfalls im Sinne von Win-Win-Lösungen (mehr dazu z.B. bei Doppler & Lauterburg, 2008). Über längerfristige Konsequenzen und Entwicklungen kann höchstens spekuliert werden. Es ist kaum eine Aussage darüber möglich, ob sich in der Zukunft Ähnliches oder gar Schlimmeres wiederholen wird. Es ist ebenso nicht abzusehen, wie das Handeln der Eltern und der beiden Schüler längerfristig aussehen wird, ob z.B. die Eltern ihren Kindern gegenüber die Verantwortung für den Mitmenschen thematisieren und Verstöße entsprechend kritisch bewerten oder ähnliche Ereignisse weiterhin bagatellisieren werden. Sollten sich ähnliche Situationen wiederholen, evtl. sogar größere Ausmaße als „nur" das Entwenden einiger Pausenbrote annehmen, oder in der Folge Konflikte zwischen Eltern und Kindern auftreten, dann wäre dies ein Anlass für eine die verschiedenen Systeme einbeziehenden Beratung – eine Beratung mit systemischem Ansatz (vgl. Kap. 2.4).

2. 3 Die Institutionen der Erziehung

2.3.1 Wandel von Familie und Erziehung
Der Ansatz von Bronfenbrenner beschreibt das Zusammenwirken von verschiedenen Systemen. Einige davon werden im Folgenden näher charakterisiert.

Für einige dieser Systeme der Erziehung, allen voran die Familie, wird seit geraumer Zeit ein Wandel konstatiert. Dieser Wandel wird einerseits an einer Veränderung struktureller Bedingungen (z.B. Familienformen), andererseits auch an den vermittelten Erfahrungsinhalten und Handlungsstrukturen (z.B. Werte) festgemacht (Grundmann, 2000). Die Gründe für den Wandel sind vielfältig: Unter anderem werden demografische Veränderungen wie eine gestiegene Lebenserwartung und sinkende Geburtenzahlen, die Bildungsexpansion und Beteiligung von Frauen am Arbeitsmarkt sowie die Wohlstandentwicklung genannt. Es sind Änderungen in der familialen und generativen Struktur festzustellen (Lauterbach, 2000): Neben das Modell der bürgerlichen Familie sind zahlreiche andere Familien- und Lebensformen getreten – eine Pluralisierung hat stattgefunden. Nach Wagner & Franzmann (1999) ist es für moderne Gesellschaften charakteristisch, dass seltenere Formen ihren Aufmerksamkeitscharakter verloren haben. Die Biografien der Menschen werden offener, entscheidungsabhängiger und individualisierter (Hettlage, 2001).

Die Eltern eines Schülers aus dem Fall haben sich getrennt, die Kernfamilie ist in den Zustand einer Ein-Eltern-Familie übergegangen: Die Elternteile leben nicht zusammen, sind jedoch beide an der Erziehung ihres Sohnes beteiligt und erscheinen auch beide zum Elterngespräch. Die Familie des anderen Schülers kann zwar als Kernfamilie bezeichnet werden, doch auch hier haben sich die Muster des Zusammenlebens verändert. Der Vater arbeitet in einer anderen Stadt und ist vor allem am Wochenende bei der Familie. Das anstehende Gespräch mit den Lehrkräften in der Schule muss zeitlich wie auch räumlich, der Vater reist möglicherweise eigens dafür an, erst einmal organisiert werden. Mobilität und Flexibilität in der Berufstätigkeit und im Privatleben sind für das Zustandekommen des Gesprächs erforderlich.

Im Gleichklang mit der zunehmenden Pluralisierung, Individualisierung, Differenzierung, Liberalisierung und Entstandardisierung individueller und familiärer Lebensentwürfe verändern sich auch Werte- und Erziehungsmuster (Schneewind, 2000). Damit einher geht die Befürchtung, Kinder würden in weniger stabilen sozialen Beziehungen aufwachsen, die Herausbildung kultureller Wert- und Handlungsperspektiven sei erschwert und das Erlernen und Erleben von Rollen-, Alters- und Geschlechtsidentitäten in stabilen, dauerhaften und auf Verlässlichkeit angelegten sozialen Beziehungen würde immer fragiler werden (Grundmann, 2000; Lauterbach, 2000). Laut Schneewind (2000) sind Annahmen, wonach immer weniger Familien in der Lage sind, ihren Erziehungsaufgaben nachzukommen, unbegründet.

Auch die Kindheit bzw. die Lebensumwelt von Kindern verändert sich (Lauterbach & Lange, 2000). Kindheit wird beispielsweise charakterisiert durch Begriffe wie *Fernsehkindheit*, in der viel Zeit vor dem Bildschirm verbracht wird, *Schulkindheit*, festgelegt durch schulische Inhalte, Räume, Zeitstrukturen, Bewertungen, *Stadtkindheit*, geprägt von Naturferne, Lärm, Konsum, Verhaltenskontrolle und *ökonomisierte Kindheit*, in der das Kind Teil der Produktplanung und mit Konsumbedürfnissen ist (Hierdeis, 2001, in Anlehnung an Ariès, 1981). Doch nicht nur die Lebenswelten der Kinder haben sich gewandelt, sondern auch die Vorstellungen der Erwachsenen über die Entwicklung von Kindern. Kindern und Jugendlichen eröffnet sich eine Vielzahl von Möglichkeiten. Ihnen wird in politischer und rechtlicher Hinsicht ein weitaus höherer Stellenwert eingeräumt. Ebenso hat sich die Position von Kindern innerhalb der Familie grundlegend geändert (Haag, 2001). Kinder dienen der Sinngebung, was sich auch in der Erziehung widerspiegelt. Es herrschen liberalere Umgangsmuster und Erziehungspraktiken vor, ein spürbarer Rückgang der Strenge und ein weitgehender Verzicht auf körperliche Strafen ist zu verzeichnen (Reuband, 1997) (mehr zu Erziehungszielen im nächsten Unterkapitel).

Auch die beiden Kinder im beschriebenen Fall werden von den Eltern nicht einfach diskussionslos für den Vorfall zur Rechenschaft gezogen. Im Gegenteil, es wird sogar das Urteil der Lehrkräfte angezweifelt und die Richtigkeit des Handelns der Kinder erst einmal nicht in Zweifel gezogen, auch wenn dies als übertriebene Schutz- und Verteidigungsstrategie erscheint.

Kinder erleben ihre Eltern heute als einfühlende, unterstützende Bezugspersonen, die durch Belohnung und Argumentation intervenieren, nicht oder selten durch Strafe (Hettlage, 2001). Das Familiensystem ist kindzentrierter ausgerichtet, so dass Kinder mit ihren Wünschen und Bedürfnissen starke Beachtung erfahren. In den Nachwuchs wird emotional, zeitlich und materiell viel investiert. „Eltern sind bemüht, Verständnis für ihre adoleszenten Kinder an den Tag zu legen, ihnen eher als Freunde, denn als Autoritätspersonen zu begegnen, Entscheidungen gemeinsam zu treffen, Kompromisse auszuhandeln und sich in vielen Hinsichten den Jugendlichen anzupassen, statt Anpassung an die eigenen Prinzipien und Handlungsmuster zu verlangen" (Schütze, 1993, S. 345). Lösungen werden von Eltern und Kindern häufig gemeinsam ausdiskutiert („Verhandlungshaushalt", vgl. Nave-Herz, 2002). Büchner & Fuhs (1996) nennen in diesem Zusammenhang das Erklären von Entscheidungen seitens der Eltern einen der wichtigsten Grundpfeiler moderner Eltern-Kind-Interaktion. Fallen etwa Kinder und Jugendliche in der Schule negativ auf und wenden sich die Lehrkräfte an die Eltern, dann werden Kritik und der Wunsch nach Konsequenzen von Seiten der Lehrkräfte oft nicht einfach an die Kinder weitergegeben, sondern die Geschehnisse werden gemeinsam besprochen, Kinder wie auch Eltern erklären, diskutieren, argumentieren. Lösungen und Sanktionen werden gemeinsam ausgehandelt, die pädagogische Notwendigkeit möglicher Konsequenzen wird gegenüber den Kindern gerechtfertigt. Es ist jedoch darauf hinzuweisen, dass trotz der allgemeinen Tendenz zu Kommunikation und konstruktiver Konfliktbewältigung der Wille dazu bei einzelnen Eltern stark unterschiedlich ausgeprägt sein kann und unter anderem abhängig vom sozialen Milieu ist (vgl. Liebenwein i.d.B., S. 161-181).

Als Konsequenz wird kulturelle Selbstverständlichkeit des bisherigen Generationsverhältnisses in Frage gestellt (Ecarius, 2000). Kinder haben nicht mehr nur Anspruch auf Schutz und Versorgung, sie werden als eigenständige Subjekte gesehen mit legitimen sozialen Teilnahme- und Mitgestaltungsrechten in verschiedenen Gesellschaftsbereichen (Familie, Kindergarten, Schule, Transportsysteme usw.) (Hettlage, 2001). Individuelle Entscheidungen sollen sie schon früh treffen, soziale Kontrolle wird nicht mehr nur von Erwachsenen ausgeübt, sondern auch von der peer group. Dies bedeutet nie gekannte kulturelle Autonomie: Kinder werden früher und umfassender in Entscheidungen mit einbezogen – ein Privileg, das zugleich auch seinen Preis hat, denn es besteht die Gefahr der Überforderung.

Möglicherweise kommt dieses Spannungsfeld zwischen Privileg und den damit verbundenen Schwierigkeiten auch im dargestellten Fall zum Tragen. Die Eltern der Schüler argumentieren, man könne ja seine Kinder nicht immer beaufsichtigen. Für erzieherische Konsequenzen, was den Regelverstoß betrifft, zeigen sie sich kaum aufgeschlossen. Das bedeutet, sie weisen Kindern im Grundschulalter die Verantwortung für ihr Handeln zu und kommunizieren dies auch gegenüber der Schule.

Im Folgenden werden mit der Familie und der Schule zwei ausgewählte Institutionen als Systeme der Erziehung vorgestellt.

2.3.2 Die Familie

Die Familie hat eine biologisch-soziale Doppelnatur, denn sie ist zugleich Zeugungs- und Intimgruppe, sie ist der institutionelle Rahmen der sozialen Absicherung – und sie ist so beständig wie keine andere gesellschaftliche Institution. Sie ist geprägt durch die Kinderzahl, das zur Verfügung stehende Einkommen, die soziale Milieuzugehörigkeit (z.B. Wohnquartierqualität, Netzwerkcharakter, soziale Bezugsgruppen), die Formen der Alltagsgestaltung (z.B. Erziehungsstil, Mediennutzung) und die sozialen Perspektiven (z.B. Wertemuster, Zukunftsvorstellungen) (Wehrspaun, Wehrspaun, Lange & Kürner, 1990). Aus soziologischer Sicht hat die Familie nach Hettlage (2001) und Lukesch (2001) Reproduktions-, Existenzsicherungs-, Platzierungs- und Regenerationsfunktion. Sie ist der Ort der Primärsozialisation: Es werden grundlegende Wertvorstellungen über Welt, Familie und Individuum erworben. Welche Werte bzw. Erziehungsziele das z.B. sind und welcher Wertewandel hier in jüngster Zeit stattgefunden hat, zeigt die folgende Grafik:

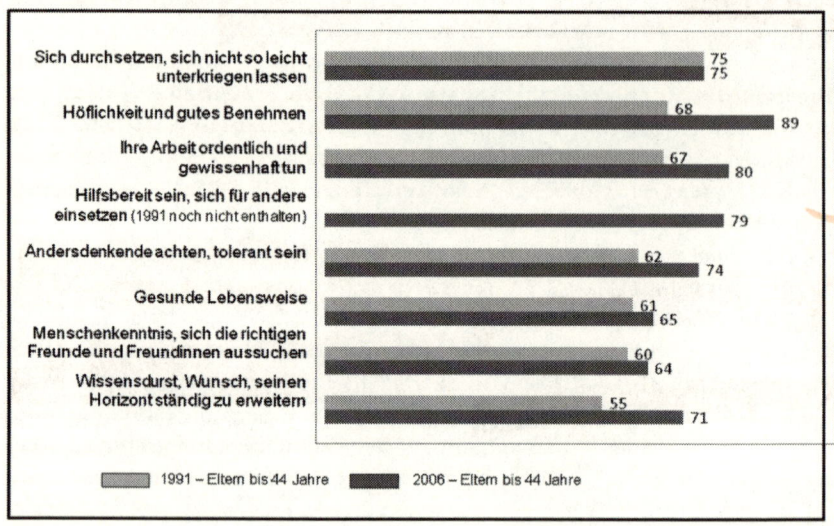

Abb. 2: Familiäre Erziehungsziele (in Anlehnung an BMFSJF, 2006)

Liberale Umgangsmuster spiegeln sich zwar darin wider (vgl. dazu auch Liebenwein i.d.B., S. 161-181), doch ist auch festzustellen, dass sich seit Mitte der 1990er Jahre wieder eine Wende hin zu traditionelleren Werten und Erziehungszielen ergeben hat (IFD, 2003; Opaschowsky, 2006; Petersen & Mayer, 2005): Höflichkeit und gutes Benehmen, aber auch Disziplin und Sparsamkeit liegen wieder stärker im Kurs.

Im geschilderten Fall können beide Kinder kein Motiv für ihre Tat angeben, eine Intention wird nicht deutlich. Dies geschieht parallel bei den Eltern, auch diese lassen sich nicht näher darauf ein, ein mögliches Motiv zu diskutieren, der Vorfall wird bagatellisiert. Kinder und Jugendliche orientieren sich unter anderem an den Wertvorstellungen und Erwartungshaltungen ihrer Eltern (Hettlage, 2001; Lukesch, 2001). Inwieweit hier Rückschlüsse auf die familiäre Sozialisation der Schüler gezogen werden können und eine entsprechende Bewertung vorgenommen werden kann, muss mit Vorsicht bedacht werden. Es könnten eine Vielzahl unterschiedlicher Ursachen auslösend für die Bagatellisierung der Tat sein, beispielsweise Überforderung der Eltern, eine Ablehnung der Lehrkraft, Angst vor Einflussnahme von außen oder eben auch eine den Schaden anderer verharmlosende Einstellung. Da Kinder sich an den Wertvorstellungen der Eltern orientieren, besteht die Gefahr, dass sie ihren Regelverstoß ebenso bagatellisieren wie ihre Eltern. Die Konsequenz wären die heute allseits beklagten wachsenden Erziehungsschwierigkeiten und die Überforderung der Lehrkräfte mit dieser Situation.

Voraussetzung für die Entwicklung einer personalen Identität ist die Übernahme und Differenzierung sozialer Handlungsperspektiven. Die in der Familie erworbenen Rollenbilder und Beziehungsmuster werden im Laufe der Entwicklung durch eigene Erfahrungen, Erkenntnisse und Vorstellungen relativiert. Dies geschieht besonders während der Adoleszenz, wenn Heranwachsende sich ihre Position in Familie und Freundeskreis erarbeiten, selbstständig Beziehungen mitgestalten und eigene Ideen und Bedürfnisse einbringen und durchsetzen wollen (Grundmann, 2000).

„Die Lebenswelt Familie ist zum einen also eine wichtige Beziehungswelt. Zum anderen ist sie aber eine Erziehungswelt, in der die Eltern versuchen, mittels unterschiedlicher Erziehungstechniken bestimmte Erziehungsziele umzusetzen" (Lauterbach & Lange, 2000, S. 14). Eltern setzen bestimmte instrumentelle Handlungen ein, von denen sie mehr oder minder überzeugt sind, dass diese im Hinblick auf ihre erzieherische Absicht zielführend sind (Schneewind, 2000). Diese Ziele haben die Ausbildung erwünschter bzw. die Unterdrückung unerwünschter Fähigkeiten und Eigenschaften zum Gegenstand und können sich auf das Äußern oder Unterlassen konkreter kindlicher Verhaltensweisen beziehen. Es geht nicht nur um das Zeigen beobachtbarer Verhaltensweisen, sondern um die Verinnerlichung bestimmter Normen und Werthaltungen. Dazu werden verschiedene Maßnahmen angewendet (Schneewind, 2000):

- Initiierung bestimmter Handlungen oder Entwicklungseffekte bei Kindern, z.B. Anregen, Zeigen, Überzeugen, Vormachen
- Durchführung von Aktivitäten, die diese initiierten Prozesse begleiten sollen, z.B. Unterstützen, Mitmachen, Erklären, In-Gang-Halten, Coachen
- Ausführung von Verhaltensweisen, die die erwünschten Effekte festigen sollen, z.B. Loben, Wertschätzen, Kommentieren, Belohnen, Sich-Freuen

Wenn Kinder Erziehungsziele verinnerlichen und sich zu eigen machen – wie die Eltern hoffen – dann ist der Übergang von der Fremderziehung zur Selbsterziehung erreicht.

Die Eltern der beiden Schüler gestehen ihren Kindern schon früh (beide besuchen die vierte Klasse der Grundschule) viel Verantwortung für ihr eigenes Handeln zu. Ihr Argument, man könne seine Kinder ja nicht immer beaufsichtigen, könnte jedoch ein Hinweis darauf sein, dass die Gewährung von Freiheit hier nicht nur überlegt, sondern aufgrund elterlicher Überforderung und Hilflosigkeit erfolgt.

Zu vielen erzieherischen Situationen geben Kinder die Initiative, z.B. indem sie etwas wissen wollen oder um Unterstützung bitten. Eltern gehen dem durch Auskunft geben, Erklären, Interpretieren, Deuten, Vertiefen, Helfen und Gemeinsam-Machen nach (Schneewind, 2000) und schaffen so Erfahrungs- und

Entwicklungsgelegenheiten, die dem Entwicklungsstand des Kindes angemessen und für seine Fortschritte förderlich sein sollen – nimmt man den Optimalfall an. Dies geschieht unter anderem durch die Auswahl von Entwicklungsumwelten. Beispiele hierfür sind die Initiierung von Gelegenheiten, durch die Kinder in sozialen Kontakt kommen und Freundschaften schließen können (Ladd, LeSieur & Profilet, 1993) oder auch die Abschirmung vor negativen Einflüssen (Steinberg, Darling & Fletcher, 1995).

2.3.3 Die Schule

Schule ist nach Flitner (2000) für Kinder und Jugendliche
- ein Ort regelmäßigen und systematisch aufgebauten Lernens,
- ein Wirkungsfeld professioneller Lehrkräfte, die die Führung von Kindern übernehmen,
- ein Lebensraum für einen behüteten und bewachten Aufenthalt,
- ein Ort des Zusammenseins mit anderen Kindern und Jugendlichen und
- ein Ort des Umgangs mit der Erwachsenengeneration.

Ein wesentlicher Teil der Erziehung ist „veranstaltet" und organisiert in der Schule, also herausgelöst aus der Familie (Flitner, 2000). Deshalb reagiert die Schule auch auf Regelverstöße.

Eine Situation wie der Diebstahl der Pausenbrote macht erzieherisches Handeln der Lehrer erforderlich: Das Gespräch mit den Schülern wird gesucht, um deren Intentionen offen zu legen und möglicherweise über Konsequenzen zu diskutieren. In dieses Gespräch werden die Eltern einbezogen, auch um sie erzieherisch zu beraten und gegebenenfalls korrigierend auf den in der Familie praktizierten Erziehungsstil einzuwirken.

Die Schule kann kompensatorische Funktion haben, vor allem indem sie neue Erfahrungsmöglichkeiten bietet und die Begegnung mit Gleichaltrigen ermöglicht, jedoch kann sie die Erziehung durch Eltern bzw. erziehungsberechtigte Personen nicht ersetzen. Nach Herbart erzieht jeder Unterricht, darauf weist er in seiner Theorie des *Erziehenden Unterrichts* hin: Unterrichten und Erziehen sind untrennbare Prozesse. Persönlichkeitsbildung geschieht durch den Umgang mit anderen Menschen. Benner formuliert in Anlehnung an Herbart: „Erziehender Unterricht folgt weder einfach sachstrukturellen Gesetzlichkeiten eines Lehrstoffs noch verbindlichen Normvorstellungen der Erwachsenen. Er transformiert vielmehr die anzueignende Sache und ihre Struktur ebenso wie die vorgegebenen Normen der Erwachsenen in Handlungsvollzüge der Lernenden" (1986, S. 124). Dies spiegelt sich in der Selbsttätigkeit des Lernenden und der Individualisierung von Lernprozessen wider. Der dargestellte Fall macht deutlich, dass eine Trennung von Erziehung und Unterricht, wie dies z.B. Giesecke (1995) fordert, nicht möglich ist (vgl. dazu Saalfrank i.d.B.).

Nach Weinert (2001) sollen in der Schule *fachliche Kompetenzen* (z.B. musische oder fremdsprachliche Kompetenzen), *überfachliche Kompetenzen* (Problemlösen oder Teamfähigkeit) und *„Handlungskompetenzen*, die neben kognitiven auch soziale, motivationale, volitionale (d.h. vom eigenen Willen gesteuerte) und oft moralische Kompetenzen enthalten und es erlauben, erworbene Kenntnisse und Fertigkeiten in sehr unterschiedlichen Lebenssituationen erfolgreich, aber auch verantwortlich zu nutzen", vermittelt werden (S. 28). Der Kompetenzansatz bietet die Möglichkeit einer erziehenden Lernkultur (Czerwanski, 2004): Erziehungsziele, die bisher eher abstrakt erschienen, werden zu Teilen des Unterrichts und von Lehrern, wenn möglich sogar gemeinsam mit den Schülern, mitgedacht und mitgeplant. Entscheidend für die Haltungen und Verhaltensweisen der Schüler ist dabei wesentlich das Vorbild der Lehrkraft – deren Authentizität und Konsequenz, mit der sie eben jene Haltungen vorlebt. Erziehung ist damit neben weiteren Aufgaben ein Kernstück schulischen Arbeitens für Lehrkräfte (Veröffentlichungen der Kultusministerkonferenz, 2005).

Im geschilderten Fall kommen die Institutionen Schule und Familie ihrem Erziehungsauftrag nach bzw. werden aufgefordert ihm nachzukommen. Der Anspruch sozialer und moralischer Ziele fordert die Lehrkräfte auf, mit Authentizität und Konsequenz (Czerwanski, 2004) zu handeln, da festgelegte Regeln übertreten werden und Schülern Schaden zugefügt wird. Da Schule und Familie zur Zusammenarbeit verpflichtet sind, werden die Eltern informiert, beide Institutionen starten den Versuch einer Kooperation. Der Erfolg ist zunächst jedoch allenfalls nur als mäßig zu bezeichnen. Im gemeinsamen Gespräch kann keine für beide Seiten zufriedenstellende Lösung gefunden werden. Die Lehrkräfte wünschen eine Reaktion der Eltern auf das Verhalten ihrer Kinder, die Eltern der Schüler bagatellisieren den Vorfall jedoch und lassen durchblicken, dass kaum eine Konsequenz folgen wird. Familieninterne Schwierigkeiten scheinen durch. Den Eltern wird externe Unterstützung empfohlen, doch ob diese in Anspruch genommen wird, ist mehr als fraglich, blickt man auf die abwehrende Haltung beider Elternpaare. Über weitere Schritte der unterschiedlichen Beteiligten kann allenfalls spekuliert werden. Möglicherweise wird die Schule gegenüber den Schülern ohne weitere Rücksprache mit den Eltern Maßnahmen ergreifen, schließlich sind beide Schüler schon mehrmals durch Störung des Unterrichts und des Schullebens aufgefallen. Vielleicht wird das System Schule Veränderungen initiieren, beispielsweise durch Einführung der Regel, dass verlassene Klassenzimmer abgeschlossen werden müssen, oder durch das Ergreifen von Maßnahmen, wie sie zuvor anhand des Modells von Olweus beschrieben wurden. Eventuell intervenieren langfristig doch die Eltern, etwa wenn sie sich den Vorfall zu Hause noch einmal in Ruhe durch den Kopf gehen lassen oder wenn die Schwierigkeiten nicht abreißen, sondern andauern oder sich sogar verschlimmern. Sie könnten dann zurückgreifen auf die Empfehlung der Lehrkräfte, ein externes Unterstützungssystem beispielweise in Form von Beratung oder Therapie hinzuzuziehen.

2.4 Denken auf Systemebene für Beratung und Therapie

Die Interpretation des Falls zeigt, dass eine lineare Betrachtung von Ereignissen und Begebenheiten nicht ausreicht. An allen erzieherischen Situationen sind immer mehrere Personen beteiligt: Den Schüler als ein einzelnes Element zu betrachten, ist nicht ausreichend, um Handeln zu erklären und nach Lösungen zu suchen. Ebenso genügt es nicht, die Schule losgelöst z.B. von der Familie zu sehen. Menschliches Handeln ist immer in einen Kontext eingebunden, es geschieht nie unabhängig von äußeren Gegebenheiten. Genau dies liegt auch systemischen Beratungs- und Therapieansätzen zugrunde. Beratung ist Teil der Aufgaben einer Lehrkraft, jedoch kaum im Kontext einer das Familiensystem einbeziehenden, längeren Intervention. Therapie findet nicht in der Schule statt, sondern wird im außerschulischen Bereich von darauf spezialisierten Fachkräften durchgeführt. Ein Einblick in die systemische Beratung und Therapie folgt an dieser Stelle, da die im Fall geschilderten Familien diese in Anspruch nehmen könnten bzw. dazu aufgefordert wurden.

Der Fokus der systemischen Beratung und Therapie liegt nicht auf der Einzelperson, also dem als problematisch definierten Schüler, sondern das Zusammenwirken, die Interaktion aller beteiligten Personen, steht im Mittelpunkt. Um ein solches Vorgehen zu verdeutlichen, werden im Folgenden verschiedene systemischen Ansätze sowie Grundlagen systemischen Arbeitens vorgestellt.

2.4.1 Klassifikation systemischer Beratungs- und Therapieansätze

Die systemische Beratung und Therapie hat sich aus der allgemeinen Systemtheorie heraus konzeptualisiert (Broderick & Schrader, 1991), denn im Unterschied zur Einzeltherapie werden Problemstellungen beispielsweise von Familienmitgliedern im Kontext der Familie betrachtet. Es gibt nicht die *systemische Therapie*, sondern dies ist ein Oberbegriff, der eine Vielzahl von Modellen zusammenfasst. Es existiert eine grobe Systematisierung in Konzepte.

Kybernetik erster Ordnung: strukturelle und strategische Ansätze

Strukturelle Ansätze (u.a. Minuchin, Rosman & Baker, 1978) sind angelehnt an den Strukturfunktionalismus von Parsons (Parsons & Bales, 1955). Die Struktur des Familiensystems ist die Gesamtheit der zwischen Familienmitgliedern bestehenden Relationen, die die Matrix für die psychosoziale Entwicklung der Familienmitglieder bietet. Das Gesamtsystem Familie lässt sich in Subsysteme unterteilen, wie das der Eltern, Kinder oder Geschwister. Die Relationen zwischen System und Umwelt sowie zwischen den Subsystemen sind durch Regeln, Rollen und Grenzen (klare, diffuse, starre), Hierarchien, Bindungsformen (schwache, normale, verstrickte) und Konflikte (offene, verdeckte) gekennzeichnet. Aus der Wiederholung bestimmter Verhaltensabläufe und Interaktionsmuster können funktionale Regeln erschlossen werden. Probleme und Symptome dienen der Aufrechterhaltung des Systemgleichgewichts. Im Prozess der Beratung bzw. Therapie diagnostiziert der Berater bzw. Therapeut als Experte die familiale Rollenstruktur und formuliert Zielvorstellungen. Als Intervention dienen Strategien und Taktiken, die auf eine Normalisierung des aktuellen familialen Beziehungsgefüges in Richtung einer funktionaleren Familienstruktur abzielen. Dazu werden unter anderem Techniken wie die Aktualisierung von Interaktionsmustern, das Einfordern klarer Grenzen, die gezielte Eskalation von Belastungen (durch die latente Konflikte, über die die Familie bisher hinweg ging, sichtbar gemacht werden) und der bewusste Einsatz von Symptomen, beispielsweise durch Übertreibung, verwendet. In der therapeutischen Arbeit liegt der Fokus auf der Herstellung von Grenzen sowie der klaren Regelung der Hierarchie, bei der die elterliche Verantwortung und Entscheidungskompetenz das System sichert (vgl. Minuchin, Lee & Simon, 1998). Die Beziehungslandkarte (family map) dient als diagnostisches Instrument zur Hypothesenbildung, der Umgang mit Allianzen und Rollen, das Arbeiten mit und durch Subsysteme, die Arbeit an Grenzen, der Umgang mit Koalitionen und die Triangulation (Umleitung oder Verschiebung eines Konfliktes), gehören dabei zu den hilfreichen Techniken und Ideen in der Familientherapie.

Vertreter *strategischer Ansätze* sind unter anderem Haley (1976) und Madanes (1991), auch Erickson (1996-98) mit seiner Hypnotherapie. Der Prozess der Beratung bzw. Therapie beginnt mit einer genauen Analyse des Problems und seiner Einbettung in den Kommunikations- und Interaktionszyklus der Familie. Der Berater bzw. Therapeut ist verantwortlich für das Finden geeigneter Lösungen und die Veränderung der Kommunikation mit Hilfe von Umdeutungen, Metaphern und paradoxen Interventionen wie dem Reframing (positive Umdeutung des Symptoms), der Rückfallvorhersage oder der Utilisation eines Symptoms (vgl. Watzlawick, Beawin & Jackson, 1982) (vgl. dazu auch Steinherr i.d.B., S. 45-79).

Auch im dargelegten Fall lassen sich Rollen und Grenzen, Hierarchien, Bindungsformen und Konflikte charakterisieren. Die Bindungsformen lassen sich z.B. eher als verstrickt zu beschreiben. Zwar gehen die Eltern in eben dieser Elternrolle zum Gespräch mit den Lehrkräften, doch nehmen sie die mit ihrer Rolle verbundene Verantwortung nur bedingt wahr: Sie selbst sind ihrer Argumentation nach nicht verantwortlich und können nichts am Verhalten ihrer Kinder ändern. Die familiäre Hierarchie ist diffus, denn eigentlich wäre anzunehmen, dass Eltern sehr wohl auf ihre Kinder einwirken können. Maßnahmen von Seiten der Schule sind aber auch nicht erwünscht. Offene Konflikte mit der Systemumwelt, der Schule, finden statt, ob es auch innerfamiliäre (möglicherweise verdeckte) Konflikte gibt, darüber kann nur spekuliert werden.

Kybernetik zweiter Ordnung

Während die Kybernetik erster Ordnung primär Gleichgewicht erhaltende Prozesse in Systemen betont und folglich die Stabilität eines Systems in den Mittelpunkt rückt, befasst sich Kybernetik zweiter Ordnung mit Problemen der Instabilität, der Flexibilität, des Wandels, des Lernens, der Evolution, Autonomie und Selbstreferenz. Ansätze hierzu sind angelehnt an den radikalen Konstruktivismus (Maturana, 1982; von Glaserfeld, 1984). Zu nennen ist das Mailänder Modell (Selvini, 1992; Selvini-Palazzoli, Boscolo, Cecchin & Prata, 1980). Psychische und soziale Systeme sind strukturell gekoppelt, sie koordinieren sich durch ihre wechselseitige Zusammenarbeit. Auf Heinz von Foerster (1993) geht die *Entdeckung des Beobachters* zurück, dieser ist ebenso Teil des Systems. Der Berater bzw. Therapeut verliert seinen Expertenstatus gegenüber dem zu beratenden System, er versteht sich als Teil der von ihm konstruierten Wirklichkeit. Andersen (1990) veränderte die machtvolle Position des Therapeuten, wie sie unter anderem in den strukturellen Ansätzen üblich war, in Richtung einer Kooperation zwischen Therapeuten(team) und Familie. Es geht nicht mehr um eine zielgerichtete Veränderung von *objektiv beobachtbarem* Verhalten und Symptomen, sondern um eine Veränderung der subjektiven Sichtweisen der Familienmitglieder und des Therapeuten in Hinblick auf das Problem oder den Leidenszustand. Der Schwerpunkt der therapeutischen Aufmerksamkeit verschiebt sich von der Analyse und Diagnose *pathologischer* Vorgänge hin zur Berücksichtigung persönlicher und familiärer Ressourcen. Vor diesem Denkhintergrund werden Menschen als autonom betrachtet, die füreinander in sozialen Interaktionen grundsätzlich undurchschaubar bleiben. Sie werden als weder vollständig erfassbar, noch beliebig veränderbar bzw. instruierbar verstanden.

Theorien sozialer Konstruktion

Hier sind dialogisch-narrative, dialogische und narrative Ansätze zu nennen. Lösungsorientierte Ansätze (de Shazer, 1989a, b) sehen es nicht als wichtig an, das Problem als solches detailliert zu erkennen, sondern postulieren ein klar strukturiertes, zielorientiertes Vorgehen. Eine zentrale Aussage ist: Reden über Probleme schafft Probleme und Reden über Lösungen kreiert Lösungen. Entsprechend viel wird in de Shazers Ansätzen über Lösungen gesprochen. Es werden Stärken, Ressourcen und Potentiale der Familienmitglieder erarbeitet, beispielsweise mittels hypothetischer Fragen (um alternative Sichtweisen, Prämissen und Handlungsoptionen zu entwickeln) und Skalierungsfragen (als eine Form, Unterschiede zu betrachten bzw. sie überhaupt wahrnehmbar zu machen). Der Schwerpunkt der therapeutischen Gespräche liegt in der Konzentration auf die klare Formulierung von Therapiezielen, Beschreibungen von Situationen und Verhaltensweisen, in denen das Problem nicht auftritt (Ausnahmen) und an denen Veränderungen erkennbar wären. Der Fokus ist auf die gewünschte Zukunft gerichtet, auf Möglichkeiten, wie Menschen ihr Leben verändern können, um ihre Ziele zu erreichen. Die Aufgabe des Therapeuten ist, laut de Shazer, die Aufmerksamkeit des Klienten darauf zu lenken „...dass er (der Klient) alle Fähigkeiten besitzt, die nötig sind, um das Problem zu lösen. Die einzige Schwierigkeit besteht darin, dass die Klienten noch nicht wissen, dass sie bereits wissen, wie ihr Problem zu lösen ist" (de Shazer, 1989a, S. 108). Für den konkreten Fall bedeutet dies, dass der therapeutische Schwerpunkt nicht in der Analyse pathologischer Muster, wie den zuvor in Anlehnung an Minuchin thematisierten verschobenen und diffusen Hierarchien, liegt, für die der Therapeut dann Ziele für eine Veränderung festlegt. In Kooperation von Familie, Eltern wie Kindern, und Therapeut werden Ressourcen entwickelt.

Für die Familie aus dem Fall bedeutet dies, mit Blick auf die Zukunft konkrete Lösungsstrategien zu entwickeln, um sowohl die innerfamiliären Problemstellungen als auch die Konflikte mit dem System Schule zu lösen. Zentral dabei ist beispielsweise die Frage nach Ausnahmen, also nach Situationen, in denen die Problemstellung nicht auftritt – konkret z.B. nach Situationen, in denen die Eltern ihren Kindern bereits Grenzen gesetzt haben bzw. Grenzen setzen, wenn auch in einem anderen Kontext. Ist diese Situation herausgearbeitet, kann verdeutlicht werden, dass die benötigten Fähigkeiten und Ressourcen bereits vorhanden sind. Sie müssen nun noch übertragen werden auf Problemstellungen wie die im vorliegenden Fall.

2.4.2 Grundlagen systemischer Beratung und Therapie

Leitideen systemischen Arbeitens sind Respekt vor anderen, ein reziproker Verständigungsprozess, Ermächtigung und Emanzipation und kritische Selbstreflexion. Die Autonomie, Eigendynamik und Einzigartigkeit einer Person findet Berücksichtigung. Das Verhältnis zwischen dem Berater bzw. Therapeuten und dem Klienten ist partnerschaftlich. „Systemtherapeutische Techniken ergeben sich aus der Frage, wie in sozialen Systemen Menschen gemeinsam ihre Wirklichkeit erzeugen, welche Prämissen ihrem Denken und Erleben zugrunde liegen" (von Schlippe & Schweitzer, 2003, S. 17), wie die Wahrnehmung selektiert wird, Deutungen vorgenommen und Entscheidungen getroffen werden. „Alle Therapie versucht im weitesten Sinne, die Beschreibungen zu verändern, über die Wirklichkeit erfahren wird. Therapie ist in meinen Augen ein gemeinsames Ringen um Wirklichkeitsdefinitionen. Alle psychologischen Maßnahmen verändern, wenn sie erfolgreich sein sollen, die Art und Weise, wie in der Familie übereinander, über Probleme, über psychische Störungen, Krankheit und die damit zusammenhängenden Optionen gesprochen wird. Sie verändern die den Betroffenen gemeinsamen Sinnstrukturen im Kontext eines jeweiligen Systems" (von Schlippe, 1995, S. 23f). Systemische Berater und Therapeuten besprechen und verändern gemeinsam mit ihren Klienten den wechselseitigen Bezug zwischen Problemen und systemspezifischen Handlungs- und Deutungsmustern

(Schmidt & Vierzigmann, 2006). Ziel ist es, die Handlungsspielräume des Klienten zu erweitern und ihn dazu zu ermächtigen, sein Leben (wieder) selbst zu gestalten. Dies geschieht, indem

- neue Prozesse initiiert werden (*neue Zustände*),
- bisherige Prozesse anders bewertet werden *(positive Umdeutung)*,
- man herausfindet, wie am besten mit dem umgegangen werden kann, das nicht verändert werden kann *(Akzeptieren des Unveränderbaren)* (von Schlippe & Schweitzer, 2003).

Inhalt systemischer Beratung und Therapie kann auch das Offenlegen, Definieren und Infragestellen bisheriger Grenzziehungen sein. Mit einer Variation dieser Grenzziehungen oder der Umweltbedingungen kann das System möglicherweise in einen neuen qualitativen Zustand übergehen. Wie dieser Zustand aussieht, ist durch Rahmenbedingungen nicht determinierbar. Je nach Systemzustand können minimalste Einflüsse überhaupt nichts bewirken oder größte Veränderungen bedingen. Die so entstehenden, teilweise chaotischen Prozesse sollten genutzt werden, um den Übergang eines Systems von einem als unbefriedigend erlebten Ordnungszustand in einen anderen zu unterstützen. Möglich wird dies durch therapeutische Interventionen wie Musterunterbrechung und die Erzeugung der Instabilität, durch die sich ein System neu ordnen kann.

Wie genau ein systemischer Beratungs- oder Therapieprozess bei den beiden Familien ablaufen könnte, kann kaum vorhergesagt werden. Dazu fehlen detaillierte Informationen. Einige Herangehensweisen wurden zuvor schon bei der Vorstellung verschiedener Ansätze thematisiert. Weitere Aspekte, die im Rahmen einer Beratung oder Therapie bearbeitet werden könnten, sind der Vorfall mit den entwendeten Pausenbroten an sich, jedoch auch das Störverhalten der Schüler allgemein sowie die Interaktion zwischen den Schülern und Lehrkräften. Ebenso thematisiert werden könnten familiäre Schwierigkeiten bzw. Anforderungen, beispielsweise die Trennung der Eltern in der einen Familie und die daraus resultierenden Abstimmungsschwierigkeiten, die unter anderem schon in dem Terminkonflikt deutlich werden. In diesem Zusammenhang könnte auch die Arbeitsbelastung einzelner Elternteile in den Fokus rücken, resultierend aus der Trennung des einen Elternpaars und aus der fernliegenden Arbeitsstätte des Vaters in der anderen Familie. Zu dieser Problematik könnten dann wieder die Kinder gehört werden, wie diese die Konstellationen empfinden und welche Konsequenzen sich daraus ergeben.

Die Fülle möglicher Themen ist groß, ebenso die Dynamik, die sich aus der Arbeit mit vielen verschiedenen und komplexen Systemen ergibt. Festzuhalten ist, dass Veränderung und Neuordnung jederzeit möglich sind – oder, wie Cramer & Kaempfer (1990) es beschreiben: „Die Welt ist ein Prozess, sie ist nicht, sie geschieht."

2.5 Aufgaben

2.5.1 Entwicklung eines Szenarios

Aufgabenbeschreibung

Um auf Vorfälle wie das Entwenden von Gegenständen, aber auch auf Tätlichkeiten oder Mobbing zu reagieren bzw. hier präventiv zu arbeiten, wurde in diesem Kapitel das Programm des Skandinaviers Dan Olweus beschrieben. Als eine grundlegende Maßnahme nennt Olweus (2006) die Durchführung eines *pädagogischen Tages* an der Schule, wodurch Einzelmaßnahmen entwickelt und implementiert werden sollen.

Entwickeln Sie einen ersten Entwurf, wie ein solcher pädagogischer Tag konkret ablaufen könnte bzw. wie man ihn gestalten könnte. Nutzen Sie dazu die in der Aufgabenerläuterung angeführten Informationen sowie die Beschreibung des Programms in diesem Kapitel. Berücksichtigen Sie dabei das Zusammenwirken verschiedener Beteiligter wie der Lehrkräfte, der Eltern und der Schüler.

Aufgabenerläuterung

Zur näheren Information hier noch einige weitere erläuternde Anmerkungen zur Gestaltung eines pädagogischen Tages. Die Durchführung eines pädagogischen Tages stellt eine Maßnahme dar, bei der alle an Schule beteiligten Systeme zusammengeführt werden, also Lehrkräfte, Schulleiter und Beratungslehrer, möglichst auch externe Experten wie Schulpsychologen, externe Berater oder Experten aus der Lehrerfortbildung. Auch Eltern- und Schülervertreter sollten teilnehmen. Zielgruppe ist die gesamte Schülerschaft der Schule. Ziel ist es, einen langfristigen Handlungsplan für den Umgang mit beispielsweise Gewalt, Sachbeschädigung usw. zu entwerfen und weitere Maßnahmen vorzubereiten. Die Maßnahmen konzentrieren sich nicht auf die Schülerinnen und Schüler, die als Täter bzw. Opfer identifiziert wurden, sondern richten sich darauf, Einstellungen zu entwickeln und Bedingungen zu schaffen, die das Ausmaß an Gewalt in der Schule insgesamt senken. Sie haben zum Teil auch das zusätzliche Ziel, die Entwicklung neuer Gewaltprobleme zu verhindern. Dieser Plan, der Präventions- und Interventionsmaßnahmen festlegt, sollte anschließend durch eine Schulkonferenz begleitet und bestätigt werden und in das Schulprogramm einfließen.

Aufgabenbegründung

Der Umgang mit Disziplinschwierigkeiten, Gewalt oder Sachbeschädigung stellt Anforderungen an jede Schule und jede Lehrperson. Durch die Auseinandersetzung mit der grundlegenden Maßnahme eines pädagogischen Tages zur Erarbeitung von Präventions- und Interventionsstrategien wird ein Konzept erarbeitet, das in Anspruch genommen werden kann, um entsprechenden Problematiken schon präventiv zu begegnen.

2.5.2 Vertiefungsaufgabe

Aufgabenbeschreibung

In Olweus' Programm werden auch die Eltern der Schüler eingebunden, unter anderem durch den Einbezug der Elternvertreter bei schulischen Beschlüssen oder im Rahmen von Elterngesprächen. Der in diesem Kapitel geschilderte Fall stellt ein Beispiel einer Situation misslingender Elternarbeit dar: So zeigen die Eltern, über das zu Beginn bestehende Problem der Terminvereinbarung hinaus, keine Reaktionen auf die Geschehnisse, die den Lehrkräften angemessen und nötig erscheinen.

Die Arbeit mit Eltern ist eine wichtige Aufgabe von Lehrerinnen und Lehrern, die jedoch von diesen zugleich auch als ein Belastungsfaktor empfunden wird (vgl. Wendt, 2001). Um in kritischen Situationen Strategien zur Aufrechterhaltung offener und intensiver Elternkontakte zu entwickeln, muss gegenseitiges Vertrauen aufgebaut werden, damit eine möglichst erfolgreiche Kooperation auch über einen längeren Zeitraum hinweg stattfinden kann. Hilfreich dazu ist ein strukturiertes Elterngespräch, für das Hennig und Ehinger (2009) folgende Struktur vorschlagen:

Phasen des kooperativen Elterngespräch	
1. Begrüßung, Kontakt	• Gastgeberrolle: Anwärmphase, Kontakt zum Gesprächspartner herstellen, eine unsichtbare Brücke bauen, eine Vertrauensbasis schaffen
2. Eröffnung, Information über Struktur und Verlauf	• Klärung von Anlass und Anliegen • Klärung der Erwartungen und Ziele des Gesprächs • Festlegung der zur Verfügung stehenden Zeit (formale Aspekte des Gesprächs) • Motivation, Gesprächsbereitschaft, Kooperationsbereitschaft sichern • Elternverantwortung betonen
3. Problem verstehen	• Was wird vom Gesprächspartner jetzt als Problem gesehen? • Was sieht der Lehrer als Problem? • Umgang mit dem Problem? • Bisherige Lösungsversuche? • Entstehungszeitpunkt des Problems? • Erklärung des Problems, begleitende Gefühle, Reaktionen

4. Problemsicht erweitern	• Angrenzende Probleme, beteiligte Personen, positive Seiten des Problems • Funktion des problematischen Verhaltens, der Schwierigkeit • Führen in die Zukunft: Welche Konsequenzen wird das Problem in ein, zwei, drei, fünf Jahren haben?
5. Ausnahmen vom Problem, Ressourcen erfragen	• Wann trat das Problem nicht auf bzw. wurde allein bewältigt? • Wie war der Verlauf in den letzten Wochen? • Was hat sich verändert? • Wo liegen die Stärken des Schülers, der Familie? Was klappt gut? • Freizeitverhalten
6. Ziele definieren	• Wer will was wie erreichen? Bis wann? • Klare, präzise Zielbeschreibungen ausarbeiten • Erwartungen der Eltern, der Lehrkraft, des Schülers
7. Lösungen konstruieren	• Gemeinsames Sammeln und Erarbeiten von Lösungswegen unter Berücksichtigung der Norm- und Wertvorstellungen, der Realisierbarkeit, der Ressourcen der Betroffenen
8. Kontrakt, Vereinbarungen, Aufgaben	• Zusammenfassung der Ergebnisse • Möglichst klare und konkrete Vereinbarungen • A) Inhaltlich. Was werden die Eltern unternehmen? Wer wird was machen? Eventuell Beobachtungsaufgaben o.ä. für einzelne Gesprächsteilnehmer vereinbaren • B) formal: Wann und mit welchen Beteiligten findet das nächste Gespräch statt?
9. Verabschiedung	• Positiver Schlusskommentar

Aufgabenerläuterung
Lesen Sie sich den Leitfaden für ein strukturiertes Elterngespräch durch. Überlegen Sie sich zu jeder Phase, wie sich die Lehrkräfte im geschilderten Fall mittels dieses Leitfadens auf ein weiteres Elterngespräch vorbereiten könnten bzw. dieses Elterngespräch in der Folge ablaufen könnte.

Aufgabenbegründung
Angesichts der Wichtigkeit von Elternengagement für die Förderung und letztlich den Schulerfolg von Kindern und Jugendlichen müssen Lehrerinnen und Lehrer besonders in kritischen Situationen Strategien erfolgreicher Elternarbeit entwickeln. Eltern sollte dabei ressourcenorientiert, empathisch und unter dem Gesichtspunkt der Stärkung von deren Eigenverantwortung entgegen getreten werden (vgl. Hennig & Ehinger, 2009).

2.6 Literatur

Andersen, T. (1990). *Das reflektierende Team. Dialoge und Dialoge über Dialoge.* Dortmund: Modernes Leben.

Ariès, P. (1981). *Geschichte der Kindheit.* München: dtv.

Benner, D. (1986). *Die Pädagogik Herbarts. Eine problemgeschichtliche Einführung in die Systematik neuzeitlicher Pädagogik.* Weinheim, München: Juventa.

Bertalaffny, L. von (1957). Allgemeine Systemtheorie. *Deutsche Universitätszeitung, 12,* 8-12.

Bertalaffny, L. von (1968). *General System Theory: Foundations, Development, Applications.* New York: George Braziller.

Broderick, K.B. & Schrader, S.S. (1991). The history of professional marriage and family therapy. In A.S. Gurman & D.P. Kniskern (Eds.), *Handbook of family therapy (Vol. II)* (pp. 3-40). New York: Brunner/Mazel.

Bronfenbrenner, U. (1979). *The ecology of human development.* Cambridge/MA: Harvard University Press.

Bronfenbrenner, U. (1981). *Die Ökologie der menschlichen Entwicklung.* Stuttgart: Klett.

Bronfenbrenner, U. & Morris, P.A. (2000). Die Ökologie des Entwicklungsprozesses. In A. Lauterbach & W. Lange (Hrsg.), *Kinder in Familie und Gesellschaft zu Beginn des 21sten Jahrhunderts* (S. 29-58). Stuttgart: Lucius & Lucius.

Büchner, P. & Fuhs, B. (1996). Der Lebensort Familie. Alltagsprobleme und Beziehungsmuster. In P. Büchner, B. Fuhs & H.-H. Krüger (Hrsg.), *Vom Teddybär zum ersten Kind. Wege aus der Kindheit in Ost- und Westdeutschland* (S. 201-224). Opladen: Leske+Budrich.

Bundesministerium für Familie, Senioren, Frauen und Jugend (BMFSFJ) (2006). *Einstellungen zur Erziehung. Kurzbericht einer repräsentativen Bevölkerungsumfrage.* Verfügbar unter: http://www.bmfsfj.de/BMFSFJ/Service/ Publikationen/publikationsliste,did=73240.html (24.03.10)

Connemann, R. (2005). Systemische Ansätze zur in der Schule. In N. Grewe (Hrsg.), *Praxishandbuch Beratung in der Schule* (S. 42-52). München, Neuwied: Luchterhand.

Cramer, F. & Kaempfer, W. (1990). *Der Zeitbaum. Grundlegung einer allgemeinen Zeittheorie.* Frankfurt: Eichborn.

Czerwanski, A. (2004). Erziehender Unterricht. Begriffliche Klärung und Perspektiven der Umsetzung. *Pädagogik, 56* (9), 6-9.

de Shazer, S. (^{8}1989a). *Wege der erfolgreichen Kurztherapie.* Stuttgart: Klett-Cotta.

de Shazer, S. (1989b). *Der Dreh. Überraschende Wendungen und Lösungen in der Kurzzeittherapie.* Heidelberg: Carl Auer.

Doppler, K. & Lauterburg, C. (^{12}2008). *Change Management. Den Unternehmenswandel gestalten.* Frankfurt/Main: Campus Verlag.

Ecarius, J. (2000). Lebenslauf und Erziehung. In H.-H. Krüger & W. Helsper (Hrsg.), *Einführung in die Grundbegriffe der Erziehungswissenschaft* (4., durchgesehene Aufl.) (S. 247-256). Opladen: Leske+Budrich.

Erickson, M.H. (1996-98). *Gesammelte Schriften,* hsrg. von E.L. Rossi. Heidelberg: Carl Auer.

Flammer, A. (1996). *Entwicklungstheorien. Psychologische Theorien der menschlichen Entwicklung.* Bern, Göttingen u.a.: Hans Huber.

Flitner, A. (2000). Schule. In H.-H. Krüger & W. Helsper (Hrsg.), *Einführung in die Grundbegriffe der Erziehungswissenschaft* (4., durchgesehene Aufl.) (S. 177-186). Opladen: Leske+Budrich.

Foerster, H. von (1993). *Wissen und Gewissen. Versuch einer Brücke.* Frankfurt/Main: Suhrkamp.

Giesecke, H. (1995). Wozu ist die Schule da? *Neue Sammlung, 35* (3), 93-104.

Glaserfeld, E. von (1984). An introduction to radical constructivism. In P. Watzlawick (Ed.), *The invented reality. How do we know what we believe we know. Contributions to constructivism* (pp. 17-40). New York: Norton.

Grundmann, M. (2000). Kindheit, Identitätsentwicklung und Generativität. In A. Lauterbach & W. Lange (Hrsg.), *Kinder in Familie und Gesellschaft zu Beginn des 21sten Jahrhunderts* (S. 87-104). Stuttgart: Lucius & Lucius.

Haag, L. (2001). Kindheit heute aus entwicklungspsychologischer Sicht. In J. Forster & U. Krebs (Hrsg.), *Kindheit zwischen Pharao und Internet. 4000 Jahre in interdisziplinärer Perspektive* (S. 151-165). Bad Heilbrunn: Klinkhardt.

Haley, I. (1976). *Problem solving therapy.* San Francisco: Jossey Bass.

Hennig, C. & Ehinger, W. (⁴2009). *Das Elterngespräch in der Schule. Von der Konfrontation zur Kooperation.* Donauwörth: Auer

Hepp, R. (2007). Erfolgreich gegen Gewalt an Schulen. Das Anti-Bullying-Konzept nach Dan Olweus. *Schulmagazin 5 bis 10*, 10, 5-8.

Hettlage, R. (2001). Familie. Lebenszyklus und Wandel. In H. Lukesch & H. Peez (Hrsg.), *Erziehung, Bildung und Sozialisation in Deutschland* (S. 19-43). Regensburg: S. Roderer Verlag.

Hierdeis, H. (2001). Kindheiten – Szenarien. In J. Forster & U. Krebs (Hrsg.), *Kindheit zwischen Pharao und Internet. 4000 Jahre in interdisziplinärer Perspektive* (S. 167-177). Bad Heilbrunn: Klinkhardt.

Institut für Demoskopie Allensbach (IFD) (2003). *Höflichkeit und Sparsamkeit wieder hoch im Kurs. Die gesellschaftlichen Vorstellungen verändern sich.* Verfügbar unter: http://www.ifd-allensbach.de/pdf/prd_0318.pdf (24.03.12)

Ladd, G.W., LeSieur, K. & Profilet, S.M. (1993). Direct parental influences on young children's peer relations. In S. Duck (Ed.), *Learning about relationships (Vol. 2)* (pp. 152-183). London: Sage.

Lauterbach, A. (2000). Kinder in ihren Familien. Lebensformen und Generationsgefüge im Wandel. In A. Lauterbach & W. Lange (Hrsg.), *Kinder in Familie und Gesellschaft zu Beginn des 21sten Jahrhunderts* (S. 155-186). Stuttgart: Lucius & Lucius.

Lauterbach, A. & Lange, W. (2000). Kinder, Kindheit und Kinderleben: Ein interdisziplinärer Orientierungsrahmen. In A. Lauterbach & W. Lange (Hrsg.), *Kinder in Familie und Gesellschaft zu Beginn des 21sten Jahrhunderts* (S. 5-25). Stuttgart: Lucius & Lucius.

Laszlo, E. (1972). *Introduction to systems philosophy: Toward a new paradigm of contemporary thought.* New York: Harper & Row.

Lukesch, H. (2001). Eltern und andere Erzieher. In H. Lukesch & H. Peez (Hrsg.), *Erziehung, Bildung und Sozialisation in Deutschland* (S. 62-66). Regensburg: S. Roderer.

Madanes, C. (1991). *Strategic family therapy.* San Francisco: Jossey Bass.

Maturana, H.R. (1982). *Erkennen: Die Organisation und Verkörperung von Wirklichkeit.* Braunschweig: Viehweg.

Mead, G.H. (1934). Mind, Self and Society. Chicago: University of Chicago Press.

Munichin, S., Lee, W.Y. & Simon, G. (1998). *Supervision und familientherapeutisches Können.* Freiburg: Lambertus.

Minuchin, S., Rosman, B.L. & Baker, L. (1978). *Psychosomatic families: Anorexia nervosa in context.* Cambridge: Harvard University Press.

Nave-Herz, R. (2002). *Familie heute. Wandel der Familienstrukturen und Folgen für die Erziehung* (2., ergänzte und überarb. Aufl.). Darmstadt: Primus Verlag.

Olweus, D. (2006). *Gewalt in der Schule. Was Lehrer und Eltern wissen sollten – und tun können* (4., durchgesehene Aufl.). Bern: Hans Huber.

Opaschowski, H. W. (2006). *Das Moses-Prinzip. Die 10 Gebote des 21. Jahrhunderts.* Gütersloh: Gütersloher Verlagshaus.

Parsons, T. & Bales, R.F. (1955). *Family socialisation and interaction process.* Glencol: Free Press.

Petersen, T. & Mayer, T. (2005). *Der Wert der Freiheit – Deutschland vor einem neuen Wertewandel?* Freiburg im Breisgau: Herder.

Proshansky, H.M., Ittelson, W.H. & Rivlin, L.G. (1970). *Environmental psychology*. New York: Holt Rinehart Winston Inc.

Reuband, K.-H. (1997). Aushandeln statt Gehorsam. Erziehungsziele und Erziehungspraktiken in den alten und neuen Bundesländern im Wandel. In L. Böhnisch & K. Lenz (Hrsg.), *Familien: Eine interdisziplinäre Einführung* (S. 129-153). Weinheim: Juventa.

Sameroff, A.J. (1983). Developmental theories for the 1990s: Contexts and evolution. In P.H. Mussen (Ed.), *Handbook of child psychology* (pp. 238-294). New York: Wiley.

Schlippe, A. von (1995). „Tu, was Du willst": Eine integrative Perspektive auf die systemische Therapie. *Kontext, 26* (1), 19-32.

Schlippe, A. von & Schweitzer, J. (⁹2003). *Lehrbuch der systemischen Therapie und Beratung*. Göttingen: Vandenhoeck & Ruprecht.

Schmidt, M. & Vierzigmann, G. (2006). Systemische Ansätze. In C. Steinebach (Hrsg.), *Handbuch Psychologische Beratung* (S. 218-233). Stuttgart: Klett-Cotta.

Schneewind, K. A. (2000). Kinder und elterliche Erziehung. In A. Lauterbach & W. Lange (Hrsg.), *Kinder in Familie und Gesellschaft zu Beginn des 21sten Jahrhunderts* (S. 187-208). Stuttgart: Lucius & Lucius.

Schütze, Y. (2000). Familie. In H.-H. Krüger & W. Helsper (Hrsg.), *Einführung in die Grundbegriffe der Erziehungswissenschaft* (4., durchgesehene Aufl.) (S. 157-176). Opladen: Leske+Budrich.

Selvini, M. (1992). *Mara Selvini's Revolution. Die Entstehung des Mailänder Modells*. Heidelberg: Carl Auer.

Selvini-Palazzoli, M., Boscolo, L., Cecchin, G. & Prata, G. (1980). Hypothesizing – circularity – neutrality. Three guidelines for the conductor of the session. *Family Process, 1*, 3-12.

Steinberg, L., Darling, N.E. & Fletcher, A.C. (1995). Autoritative parenting and adolescent development: An ecological journey. In P. Moen, G.H. Elder & K. Lüscher (Eds.), *Examining lives in context* (pp. 423-466). Washington/DC: American Psychological Association.

Thienel, A. (1985). Schul- und Unterrichtsforschung aus ökopsychologischer Sicht. *Zeitschrift für Sozialisationsforschung und Erziehungssoziologie, 5* (2), 336-344.

Veröffentlichung der Kultusministerkonferenz (2005). *Bildungsstandards der Kultusministerkonferenz*. München: Luchterhand.

Wagner, M. & Franzmann, G. (1999). *Die Pluralisierung der Lebensformen*. Vortrag auf der Jahrestagung der Sektion Familiensoziologie in Konstanz.

Watzlawick, P., Beawin, J.H. & Jackson, D.D. (⁶1982). *Menschliche Kommunikation. Formen, Störungen, Paradoxien*. Bern, Stuttgart, Wien: Huber.

Wehrspaun, C., Wehrspaun, M., Lange, A. & Kürner, A. (1990). Kindheit im Individualisierungsprozeß. Sozialer Wandel als Herausforderung der sozialökologischen Sozialisationsforschung. *Zeitschrift für Sozialisationsforschung und Erziehungssoziologie, 10* (2), 115-129.

Weinert, F.E. (2001). *Leistungsmessung in Schulen*. Weinheim, Basel: Beltz.

Wendt, W. (2001). *Belastung von Lehrkräften. Fakten zu Schwerpunkten, Strukturen und Belastungstypen. Eine repräsentative Befragung von Berliner Lehrerinnen und Lehrern*. Landau: Empirische Pädagogik.

Willke, H. (⁴1993). *Systemtheorie*. Stuttgart: G. Fischer.

3 „Wie kultiviere ich die Freiheit bei dem Zwange?"
Eva Steinherr

Ein recht beliebter zwölfjähriger Junge nimmt die Einladung eines Mitschülers zu einem Kindergeburtstag an. Darüber freut sich der Gastgeber sehr, denn er hat in der Klasse eine Außenseiterposition. Einen Tag vor der Feier erfährt der Zwölfjährige jedoch, dass sein bester Freund zum selben Zeitpunkt ebenfalls ein Geburtstagsfest plant, zu dem er auch eingeladen ist. Nun möchte der Junge am liebsten seine erste Zusage rückgängig machen. Damit sind seine Eltern aber nicht einverstanden. Sie führen ihrem Sohn vor Augen, wie enttäuscht das Geburtstagskind sein wird, wenn er sein Versprechen nicht hält. Der Junge hält seinen Eltern vor: „Immer zwingt ihr mich, etwas zu tun, was ich nicht will! Die ganze Zeit über bin ich dann traurig, weil ich lieber bei meinem Freund wäre!" Wütend zieht er sich in sein Zimmer zurück. Die Eltern beratschlagen sich und teilen ihrem Sohn mit: „Wir überlassen dir die Entscheidung. Wir finden, dazu bist du alt genug." Daraufhin lächelt der Sohn zunächst, nach kurzer Denkpause bricht er aber überraschend in Tränen aus und sagt: „Ich will lieber ein Kind bleiben!"

3.1 Freiheit und Zwang in der Erziehung?

Die Eltern meinen, dass ihr Sohn sich in einem moralischen Dilemma befindet. Trifft ihre Interpretation überhaupt zu? Darüber sind die Meinungen sicherlich geteilt. In einer Dilemma-Situation konkurrieren zwei ethische Werte miteinander. Im Fallbeispiel könnte eine Unvereinbarkeit bestehen zwischen den Ansprüchen „ein Versprechen soll gehalten werden" und „meinen Freund will ich nicht enttäuschen". Folgt man einem der wichtigsten Denker der Aufklärung, Immanuel Kant, würde der Fall jedenfalls durchaus ethischen Konfliktstoff bieten: Es besteht nach Kant nämlich die Pflicht, Versprechen zu halten, denn nur durch Wahrhaftigkeit achten wir die Menschenwürde des anderen und von uns selbst. Jedes einzelne gebrochene Versprechen lässt den allgemeinen Glauben an solche Zusagen schwinden und unterminiert die zwischenmenschliche Beziehung (vgl. Kant, 1996, S. 53). Sich mit Ausflüchten „aus [der] Verlegenheit zu ziehen" (Kant, 1996, S. 29 f) würde Kant erst recht nicht akzeptieren. Verlässlichkeit schafft dagegen eine offene Atmosphäre gegenseitigen Vertrauens.

Kant hätte aber nicht nur für die Bedenken der Eltern Verständnis gehabt, sondern sicherlich auch für den spontanen wütenden Widerstand des Zwölfjährigen gegen die Einmischung in seine Verabredungen. Der Junge erfährt die Forderung, er müsse der ersten Geburtstagseinladung folgen, als äußeren Zwang. Seine Eltern versuchen ihn daran zu hindern, zu tun und zu lassen, was er selber will. Womöglich fürchtet er sogar, dass auf den „moralischen Druck" unerbetener Ratschläge noch drastischere elterliche Maßnahmen folgen, etwa eine telefonische Absage bei seinem besten Freund. Seine ganze Aufmerksamkeit konzentriert sich zunächst auf die Abwehr dieses Angriffs auf seine Freiheit. Dann löst sich für ihn überraschend diese Situation des Konfliktes zwischen Anpassung und Widerstand, indem die Eltern ihre Haltung ändern. Sie entlassen ihren Sohn in die Freiheit, indem sie ihm das Recht auf einen persönlichen Entscheidungsspielraum zugestehen, und fordern ihn in gewisser Weise damit auf, den Mut zu haben, sich seines eigenen Verstandes zu bedienen (vgl. Kant, 1993, S. 53) – der Sohn wäre nun nach Kant gefordert, vernünftige Urteilskraft anzuwenden, das „Vermögen, die Verknüpfung des Allgemeinen mit dem Besonderen einzusehen" (Kant, 1995, S. 731).

Vor mehr als zweihundert Jahren kam es zu einer Revolutionierung des Denkens, die in Europa die Wende von einer traditionellen *Gehorsams-* zur *Freiheits- und Mündigkeitserziehung* einleitete. Zuvor galt das Bemühen vor allem der Anpassung an vorgegebene Weltbilder und der Eingliederung in die bestehende Gesellschaft. Der Aufbruch in die Moderne mit seinem Vertrauen in die Kraft menschlicher Vernunft war vor allem mit den Namen *Jean-Jaques Rousseau (1712 – 1778)* und *Immanuel Kant (1724 – 1804)* verknüpft. Sie machten das Zeitalter der Aufklärung zum *pädagogischen Jahrhundert.* Die freiheitlichen Ideen dieser beiden Vordenker existierten allerdings mehr auf dem Papier, als dass sie die pädagogische Praxis prägten. Im 19. und auch noch im 20. Jahrhundert litten viele Kinder und Jugendliche unter autoritären Verhaltensweisen und Strukturen. Mit der Studentenbewegung Ende der 1960er Jahre kam es zu einer heftigen Gegenbewegung, in vielen Fällen gerichtet gegen die eigenen Eltern und Lehrer und zur Aufarbeitung negativer biografischer Kindheitserlebnisse. Als Vorbild galt die *antiautoritäre Erziehung* von *Alexander Sutherland Neill (1883 – 1973)*, dem Gründer der Demokratischen Schule Summerhill in der englischen Grafschaft Suffolk im Jahre 1921. Diese Schule wurde als ein solch außergewöhnliches pädagogisches Experiment angesehen, dass sie sich vor einer Besucherflut kaum retten konnte. Das Internat wurde als „revolutionär" bezeichnet, die Grundsätze Neills als „völlig neuartig" (vgl. den Klappentext zu Neill, 2007). Bei genauerer Betrachtung lassen sich jedoch viele Denkparallelen zu Rousseau und Kant ziehen (vgl. dazu auch Erich Fromm im Vorwort zu Neill, 2007, S. 11).

Freiheitserziehung nach Rousseau und Kant bedeutet nicht, dass Kinder keine Grenzen kennen lernen sollten – im Gegenteil: Wahre Mündigkeit erlangt der Mensch nur, wenn er lernt, seinen wechselhaften Launen selbstkritisch gegenüberzustehen. Dass Freiheit nur über den Weg von Einschränkungen erlangt werden kann, formuliert Kant in einem klassisch gewordenen *Paradox: „Wie kultiviere ich die Freiheit bei dem Zwange?"* (Kant, 1995, S. 711).

Der aus der Mode gekommene Begriff *Zwang* wird jedoch heute leicht missverstanden als Gewaltanwendung von Menschen und – entgegen dem Kantischen Verständnis – mit Gehorsamserziehung in Verbindung gebracht. Der Sinn des Wortes *Zwang* wird deshalb besser mit dem Ausdruck *Grenzen setzen* wiedergegeben. Rousseau und Kant haben dabei vor allem *natürliche Grenzen,* also den Zwang der Verhältnisse vor Augen. Kinder sollen vor allem mit dieser Art von Einschränkung konfrontiert werden.

Mitte der 1970er Jahre, also etwa zehn Jahre nach der Studentenbewegung, radikalisierte sich die Auseinandersetzung um Freiheit und Zwang in der Strömung der *Antipädagogik.* Die Antipädagogik verstand Zwang als willkürliche Gewaltanwendung und lehnte ihn deshalb völlig ab. Mit ihrer Forderung nach maximaler Freiheit behauptete diese, einen Bruch mit der gesamten Erziehungstradition zu vollziehen. Sie warf auch Denkern wie Rousseau vor, die Freiheit verraten zu haben (vgl. v. Braunmühl, 1996, S. 30 ff). Doch ist die Maximierung der individuellen Freiheit, auf die die Antipädagogen abzielten, ein abendländisches Ideal, welches z.B. asiatische, auf das Kollektiv ausgerichtete Erziehungseinrichtungen gar nicht kennen. Wer über Freiheit nachdenkt, kommt an Rousseau und Kant nicht leicht vorbei. Eine „antipädagogische Gegentheorie", wie *Ekkehard von Braunmühl (* 1940)* sie fordert, kann es – so die These dieses Artikels – nicht geben.

Die Balance einer Erziehung zwischen Freiheit und Grenzen wird in drei Kapiteln dargestellt und am oben geschilderten Fallbeispiel reflektiert.

3.2 Freiheit statt Zwang. Freiheitserziehung bedeutet vor allem Bewahrung des Kindes vor gesellschaftlicher Verführung, Verzicht auf Bestrafung und Belohnung sowie Verzicht auf bevormundende Belehrung.

3.3 Zwang statt Freiheit. Die übliche Gehorsamserziehung zielt auf Anpassung, sie fordert aber auch unbeabsichtigt zum Widerstand heraus.

3.4 Durch Zwang zur Freiheit? Das Problem aller Erziehung ist ihre paradoxe Struktur: Auf dem Weg zur Freiheit gibt es nämlich sinnvolle Grenzsetzungen. Wie aber „kultiviere ich die Freiheit bei dem Zwange"?

Dabei soll jeweils eine Brücke von der Tradition (*Rousseau* und *Kant)* zur Moderne (*Neill* und v. *Braunmühl)* geschlagen werden, um exemplarisch zu zeigen, welche Wirkung freiheitliche Ideen in der Moderne haben können, die bereits am Ende des Zeitalters der Aufklärung gedacht wurden.

3.2 Freiheit statt Zwang

Freiheitserziehung bedeutet vor allem Bewahrung des Kindes vor gesellschaftlicher Verführung, Verzicht auf Bestrafung und Belohnung sowie Verzicht auf bevormundende Belehrung.

> Ist es etwa nichts, glücklich zu sein? Ist es nichts, den ganzen Tag herumzuspringen, zu spielen und zu rennen? Es (das Kind, A.d.V.) wird in seinem ganzen Leben nicht mehr so beschäftigt sein. (...) Man könnte sagen, daß er (der Erzieher, A.d.V.) alles Nötige getan hat, wenn er sie richtig lehrte, sich zu freuen (Rousseau, 1963, S. 240).

Für *Jean-Jacques Rousseau* ist die Kindheit eine letzte Insel des Glücks in einem Meer vieler Leiden, denen der Mensch im Laufe seines Lebens ausgesetzt ist. Sie allein bietet die Chance einer fast meditativen Hingabe an die staunenswerten Dinge der Welt. Durch die revolutionierende Idee, dass Erzieher diesen glücklichen Naturzustand durch unberechtigte Eingriffe stören könnten, fand die traditionelle Gehorsamserziehung einen ersten folgenreichen Widerspruch. Rousseaus Zutrauen zum natürlichen Lerneifer des Kindes, seine auf Selbstständigkeit und Eigenverantwortlichkeit gerichtete Pädagogik ergriffen *Immanuel Kant* seinerzeit so tief, dass er, um den *Emile* ohne Unterbrechung zu Ende lesen zu können, ein einziges Mal seinen sonst streng eingehaltenen täglichen Spaziergang ausfallen ließ (vgl. Schultz, 2005, S. 27). In seiner Vorlesung über Pädagogik folgt Kant den Gedanken Rousseaus: „das Kind muß immer seine Freiheit fühlen, doch so, dass es nicht die Freiheit anderer hindere" (Kant, 1995, S. 722).

Das Leben in *Alexander Sutherland Neills* freier Schule *Summerhill*, die bis heute existiert, folgt demselben Grundsatz: „Freiheit heißt, tun und lassen zu können, was man mag, solange die Freiheit der anderen nicht beeinträchtigt wird" (Neill, 2007, S. 123).

Summerhill soll eine Insel sein, auf der der glückliche Naturzustand des Kindes bewahrt bleibt: „Nach meiner Ansicht ist das Kind von Natur aus verständig und realistisch. Sich selbst überlassen und unbeeinflußt von Erwachsenen, entwickelt es sich entsprechend seinen Möglichkeiten" (Neill, 2007, S. 22 f). Dementsprechend nennt Neill seine Erziehung *selbstregulativ*. Die deutsche Übersetzung *antiautoritär* in den 1960er Jahren hielt Neill selbst nicht für geglückt (Appleton, 2003).

Nach Summerhill kommen Kinder aus aller Welt, die an rigiden Regelschulsystemen gescheitert sind. Für Neill gibt es jedoch keine schwierigen, trägen oder asozialen Problemkinder, sondern nur problematische Erwachsene. Für die Entstehung destruktiver Tendenzen im Kind macht auch Rousseau das soziale

Umfeld verantwortlich: „Alles, was aus den Händen des Schöpfers kommt, ist gut; alles entartet unter den Händen des Menschen" (Rousseau, 1963, S. 107). Neills Kritik gilt der modernen Zivilisationsgesellschaft, die dem Individuum seine ursprüngliche Freiheit nimmt und Unglück produziert:

> Unsere Gesellschaft ist krank und unglücklich, und ich behaupte, daß die Wurzel dieses Übels die unfreie Familie ist. Von der Wiege an werden die Kinder (...) dazu abgerichtet, das Leben zu verneinen, weil ihr junges Leben ein einziges langes Nein ist (Neill, 2007, S. 112).

> Das Ziel unseres Lebens ist Glück. Alles Übel im Leben besteht in der Einschränkung oder Zerstörung des Glücks. Glücklich sein heißt gütig sein. Unglücklich sein bedeutet im Extremfall Antisemitismus, Folterung von Minderheiten oder Krieg (Neill, 2007, S. 120).

Die größte Gefahr in der Erziehung ist eher ein „Zuviel" denn ein „Zuwenig": Ein „Zuviel" an unangemessenen Zwangsmaßnahmen nämlich, die die „Keime zum Guten" (Kant, 1995, S. 705) im jungen Menschen erstickt. Deshalb hat der Erzieher vor allem eine bewahrende Funktion: Jegliche Bevormundung des Kindes muss er abwehren. So verhindert er, dass sein Zögling schlechten Einflüssen ausgesetzt wird, die ihn zwingen oder dazu verführen, sich nach der Meinung oder den Vorschriften anderer zu richten oder sich selbst mit fremden Augen zu beurteilen. Zielt Erziehung auf Anpassung statt auf Selbstentfaltung, verbleibt das Kind in der „Unmündigkeit", dem „Unvermögen, sich seines Verstandes ohne Leitung eines anderen zu bedienen" (Kant, 1993, S. 53). Kant nennt den Zustand, in dem Fremdes bloß übergestülpt und nicht reflektiert wird, auch *Heteronomie* (Fremdbestimmtheit). Diese wird verfestigt durch
– *gesellschaftliche Verführung,* (3.2.1)
– *Bestrafung und Belohnung* (3.2.2) sowie
– *bevormundende Belehrung.* (3.2.3)

3.2.1 Bedrohung der Freiheit durch gesellschaftliche Verführung

Rousseaus Gedanken sind vom Bewusstsein geprägt, welch schädlichen Einfluss die Zivilisationsgesellschaft auf einen jungen Menschen ausüben kann. Während der Lehrende versucht, beim Schüler Konzentration und innere Selbstfindung zu erreichen, ist dieser der Gefahr mannigfaltiger Ablenkungen ausgesetzt. Gerade die Großstadt korrumpiert den jungen Menschen, weil sie ihm mehr Bedürfnisse suggeriert, als er hat. Gesellschaftlicher Ehrgeiz und materielle Ansprüche schaffen nur Ketten und lassen den Menschen aufhören, seine eigene Freiheit zu lieben (vgl. Rousseau, 1963, S. 195). Aus Selbstentfremdung und aus dem Vergleich mit anderen entstehen Laster wie „Wetteifer, Eifersucht, Neid, Eitelkeit, Habgier, Feigheit" (Rousseau, 1963, S. 209).

Vergleicht man die damalige Pariser Adelsgesellschaft, auf deren Degenerierung sich Rousseaus Zorn richtete, mit heutigen Verhältnissen, könnte man etwa auf die Gefahr der Verführung zu Konsum durch die Werbung hinweisen. In einer Schulklasse kann Gruppendruck entstehen, wenn der Besitz bestimmter Markenartikel als „Muss" angesehen wird, um dazu zu gehören.

Die Idee Jean-Jacques', des Erziehers von Emile, zwecks Vermeidung störender Einflüsse mit seinem Schüler besser in einer einsamen Zweierbeziehung auf dem Land zu leben, erscheint heute befremdlich. Rousseau unterschätzt dabei, wie wichtig es für den Selbstfindungsprozess ist, in einer menschlichen Gemeinschaft zu leben. Selbst die Austragung von Konflikten ist diesbezüglich nicht nur negativ zu sehen. Das Kind, welches im natürlichen Zustand angeblich kein Interesse an sozialen Beziehungen hat, ist wohl eine Rousseausche Konstruktion (vgl. dazu auch Rang, Vorwort zu Rousseau, 1963, S. 66).

Man kann dem Streiter für den *Gesellschaftsvertrag* kaum vorwerfen, die Wichtigkeit von Gemeinschaft nicht gesehen zu haben. Allerdings ist Sozialität im Rousseauschen Sinn kein ursprüngliches Phänomen: Erst der Erwachsene schließt sich aus freiem Willen mit anderen Gleichberechtigten zusammen, um seine eigene Freiheit dauerhaft zu sichern. Was die Bedeutung von Gesellschaft für das Leben des Kindes betrifft, so zeichnet Rousseau von ihr ein einseitiges Bild als Quelle der Irritation, welches nichtsdestotrotz bis zur Moderne, etwa in der *Geisteswissenschaftlichen Pädagogik*, die Vorstellung eines rein dyadischen Verhältnisses zwischen Erzieher und Zögling wach hielt. So wurde auch dem Modell des *pädagogischen Bezugs* von *Herman Nohl (1879 – 1960)* vorgeworfen, die soziologische Dimension, in der das Erziehungsgeschehen stattfindet, völlig außer Acht zu lassen (vgl. Gudjons, 2003, S. 34).

Ähnlich wie seinerzeit Rousseau sieht auch *Neill* die Gesellschaft als anonyme Verführungsmacht an, die die Individualität des Menschen durch heimliche Ausübung von Zwang bedroht. Sie suggeriert ihm neue Bedürfnisse und schafft dadurch Abhängigkeit. Für den Warenabsatz ist es nützlich, Menschen glauben zu machen, dass sie eine freie Wahl haben, während in Wirklichkeit Anpassung und leichte Beeinflussbarkeit sozial erwünscht sind. Das gesellschaftliche Ideal ist der Massenmensch mit genormtem und deshalb kalkulierbarem Geschmack: „Man macht sie zu Konformisten – eine gute Sache für eine Gesellschaft, die gehorsame Diener an trübseligen Schreibtischen und hinter Ladentischen braucht" (Neill, 2007, S. 30). Kinder sollen aber nicht dazu erzogen werden, „damit sie in eine Gesellschaft passen, deren Erfolgsmaßstab Geld heißt" (Neill, 2007, S. 22), sondern besser zu Widerstandsfähigkeit gegen Mächte, die ihnen ihr Lebensglück rauben.

3.2.2 Bedrohung der Freiheit durch Bestrafung und Belohnung

Bestrafung und Belohnung sind für *Rousseau* und *Kant* Mittel der Dressur.

> Der Mensch kann entweder bloß dressiert, abgerichtet, mechanisch unterwiesen oder würklich aufgeklärt werden. Man dressiert Hunde, Pferde, und man kann auch Menschen dressieren. (...) Mit dem Dressieren aber ist es noch nicht ausgerichtet, sondern es kommt vorzüglich darauf an, dass Kinder *denken* lernen (Kant, 1995, S. 707) .

Durch Dressur wird der Zustand kindlicher Unmündigkeit nur verfestigt. Ihr Ziel ist lediglich, dass das Kind ein sozial erwünschtes Verhalten zeigt. Ob es selbst den Sinn seines Tuns versteht, ist von keinem Interesse. Durch Bestrafung, meint Rousseau, erreiche man zwar, dass das Kind sagt: „ich bin schuldig", aber in Wahrheit meint es: „ihr wollt, daß ich das sage" (Rousseau, 1958, S. 90). Bestenfalls wird hier eine rein äußerlich bleibende Konvention eingeübt, „die doch auch mit den Jahren verlöscht" (Kant, 1995, S. 711). Zu einer dauerhaften, also inneren Charakterbildung verhalten sich Bestrafung und Belohnung kontraproduktiv:

> Bestraft man das Kind aber, wenn es Böses tut, und belohnt es, wenn es Gutes tut, so tut es Gutes, um es gut zu haben. Kommt es nachher in die Welt, wo es nicht so zugeht, wo es Gutes tun kann, ohne eine Belohnung, und Böses, ohne Strafe zu empfangen: so wird aus ihm ein Mensch, der nur sieht, wie er gut in der Welt fortkommen kann, und gut oder böse ist, je nachdem er es am zuträglichsten findet. (...) Wenn man Moralität gründen will: so muß man nicht strafen (Kant, 1995, S. 740).

Mit der Ablehnung bevormundender Druckmittel zeigen Rousseau und Kant hier eine erzieherische Sensibilität, welche ihre Theorien auch für die heutige Zeit brauchbar macht, um z.B. gegen behavioristische Methoden, deren Vorgehensweise auf rein fremdbestimmter Konditionierung beruht, zu argumentieren.

Für *Neill* sind Belohnung und Bestrafung ebenfalls Instrumente einer rein äußerlich bleibenden Anpassung, die den Charakter korrumpieren: „'Wenn du lesen lernst, Liebling, wird Papa dir einen Roller kaufen.' Ein solches Kind wird unsere habgierige Profitgesellschaft einmal bereitwillig akzeptieren." (Neill, 2007, S. 166) Bei diesem Beispiel ist besonders fatal, dass die Mutter nicht glaubt, ihr Kind könne sich mit einer Sache um ihrer selbst willen beschäftigen. Sie denkt, sie müsse durch ein Ersatzobjekt sein Tätigsein lenken.

> Wenn man ein Kind belohnt, bedeutet das keine so große Gefahr, als wenn man es bestraft; doch untergräbt man seine Moral auf eine feinere Art. Belohnungen sind überflüssig und negativ. Wenn man einen Preis aussetzt, erklärt man damit prak-

tisch, dass die Tat an sich gar keinen Wert hat. (…) Belohnung und Strafe sind dazu angetan, dem Kind ein bestimmtes Interesse aufzuzwingen. Doch wahres Interesse ist die Lebenskraft der gesamten Persönlichkeit, und es ist völlig spontan (Neill, 2007, S. 164).

Neill legt also genauso viel Wert darauf wie Kant, „dass der Zögling (...) nicht bloß das Gute tue, sondern es darum tue, weil es gut ist" (Kant, 1995, S. 735). Er illustriert an einer kleinen skurrilen Geschichte, dass das Lernen am Erfolg weder für die Charakterbildung angemessen noch von nachhaltiger Wirkung ist:

> Alle Anhänger des Strafsystems müssten den herrlichen französischen Film sehen, der die Lebensgeschichte eines Gauners schildert. Dieser wurde als Junge für irgendeine Missetat damit bestraft, dass er am Sonntag nichts zum Abendessen bekam. Es gab giftige Pilze. Als der Junge dann zusah, wie seine ganze Familie in Särgen aus dem Haus getragen wurde, sagte er sich, dass Gutsein sich nicht bezahlt macht (Neill, 2007, S. 172).

3.2.3 Bedrohung der Freiheit durch bevormundende Belehrung

Wenn Kinder die weltanschaulichen Meinungen ihrer Eltern wiedergeben, freuen sich diese häufig über ihren Erziehungserfolg. Der Antipädagoge *Ekkehard von Braunmühl* warf solchen Eltern Bevormundung vor, da Kinder nicht nur ein Recht auf freie Meinungsäußerung, sondern auch auf freie Meinungsbildung hätten. (vgl. v. Braunmühl, 1996, S. 59 f) Mit v. Braunmühl wären *Rousseau* und *Kant* sich hier einig: Belehrungen missversteht das Kind als Aufforderung zur Anpassung, denn es ist „zur Überlegung noch unfähig (…); es sieht nur den bösen Willen" (Rousseau, 1963, S. 201) des „mächtigen" Erziehers. Eine Art Papageienverhalten wird andressiert. Für eine echte Mündigkeitserziehung ist damit nichts gewonnen, denn statt Einsicht wird – wenn auch meist unbeabsichtigt – „Heuchelei" oder „Kriechertum" als Zeichen einer „sklavischen Denkungsart" (Kant, 1995, S. 740) befördert. Rousseau empfiehlt deshalb Zurückhaltung: „Setzt euch nicht mit eurem Zögling auseinander, vor allem nicht, damit ihm das gefalle, was euch gefällt (…). Haltet alle Meinung von ihm zurück, bevor er sie prüfen und beurteilen kann" (Rousseau, 1958, S. 81).

Rousseau und Kant geben dem Lernen aus eigener Erfahrung den Vorzug gegenüber schädlichen und fruchtlos bleibenden Lehrvorträgen: „Sachen! Sachen! und nicht Wörter" (Rousseau, 1958, S. 185). Der in den Hintergrund tretende Erzieher behält beim selbsttätigen Lernen trotzdem die Fäden in der Hand: „Junger Erzieher, ich lehre dich eine schwere Kunst. Kinder ohne Vorschriften zu leiten und durch Nicht-Einwirken alles zu erreichen" (Rousseau, 1958, S. 114). Dieser hat die Aufgabe, die Situationen zu gestalten, in denen sich sein

Schüler frei bewegt, oder er vermag zufälliges Geschehen geschickt für einen Lernfortschritt zu nutzen.

Rousseau illustriert an einem Beispiel, wie an Stelle des Gebotes, man solle sich nicht am Eigentum eines anderen vergreifen, eigenaktives Lernen treten kann: Er schildert, wie ein Junge mit Hingabe sein eigenes Bohnenbeet pflegt und folgendes Erlebnis hat:

> Eines Tages kommt er eifrig an, die Gießkanne in der Hand. Aber was muß er sehn! Ach, welch ein Kummer! Alle Pflanzen sind herausgerissen, sein Stück Land ist bis zur Unkenntlichkeit zertrampelt. (...) Wer hat mir meinen Besitz geraubt? Wer hat meine Bohnen genommen? Das junge Herz bäumt sich auf, das erste Erlebnis der Ungerechtigkeit hat seine traurige Bitterkeit hineingegossen (Rousseau, 1963, S. 223).

Im Gespräch mit dem Gärtner ergibt sich schließlich, dass dieser das Beet zerstörte, weil die Bohnen seine vorhergehende Aussaat vernichtet hatten. Man einigt sich schließlich auf eine Aufteilung des Bodens und der Ernte.

Der geschilderte Lernprozess dauert zwar viel länger als ein knapper Vortrag über Eigentumsrechte, doch „in der Förderung der geistigen Vorstellungen kann man nicht langsam genug vorgehen, (...) denn Kinder vergessen leicht Theorien und Lehren, aber nicht das, was sie selbst getan haben oder was man ihnen getan hat" (Rousseau, 1963, S. 225).

Die Ideen der Aufklärung zur *negativen* oder *indirekten* Erziehung fanden in der Reformpädagogik mit der Abkehr von der trockenen „Buchschule" ihren Niederschlag und sind die Vorläufer moderner Lehr-Lernarrangements, etwa des *selected environment* eines *John Dewey (1859 – 1952)*, der *vorbereiteten Umgebung* einer *Maria Montessori (1870 – 1952)* oder der selbstständigen Beobachtung zu naturwissenschaftlichem Erkenntnisgewinn bei *Martin Wagenschein (1896 – 1988)*. (vgl. v. Hentig, 2004, S. 49 u. 52)

Nicht *Freiheit ohne Grenzen*, nicht *laisser-faire*, sondern eine „kluggeregelte Freiheit" (Rousseau, 1963, S. 210), also ein freies Leben in einer gestalteten Lernumgebung war Ziel Rousseaus. Damit erlangte er die Bewunderung Kants, geriet aber noch 200 Jahre später ins Visier der Antipädagogen, die ihm einen verworrenen Freiheitsbegriff, wenn nicht Manipulation vorwarfen (vgl. v. Braunmühl, 1996, S. 30 ff, vgl. auch Kap. 3.1, S. 47, und Kap. 3.5, S. 72-74).

Angst- und Schuldgefühle statt Einsicht sind für *Neill* die Folge „unserer unseligen Gewohnheit zu lehren, zu formen, Strafpredigten zu halten und Zwang auszuüben" (Neill, 2007, S. 122). Neill spricht auch von einem entstehenden „Teufelskreis" (Neill, 2007, S. 167) des Hasses.

> Ich sehe die Folgen des Zwangs an neuen Schülern, die von Internatsschulen kommen. Sie sind Bündel der Unaufrichtigkeit; ihre Höflichkeit ist verlogen, und ihre

Manieren sind heuchlerisch. (...) Sie werfen mir `respektvoll´ Blicke zu, die leicht als Ausdruck von Furcht zu erkennen sind. (...) Sie tun alles, was man ihnen früher verboten hatte: sie fluchen, sie rauchen, sie zerbrechen Dinge. Und dabei haben sie die ganze Zeit über einen höflichen und unaufrichtigen Ausdruck im Gesicht und in der Stimme.

Es dauert mindestens sechs Monate, bis sie ihre Unaufrichtigkeit verlieren. Danach legen sie auch ihre Unterwürfigkeit vor dem ab, das sie als Autorität ansehen. (...) Wenn ein Kind früh genug der Freiheit zugeführt wird, dann braucht es nicht dieses Stadium der Unaufrichtigkeit und Schauspielerei zu durchlaufen. Was in Summerhill am meisten auffällt, ist die absolute Aufrichtigkeit unter den Schülern (Neill, 2007, S. 119 f) .

Verantwortliches Handeln wird nicht über erteilte Lehren, sondern nur anhand konkreter Sachverhalte gelernt. Neill gibt ein Beispiel dafür:

Einmal verbrachte ich im Frühjahr Wochen damit, Kartoffeln zu setzen. Als ich dann im Juni feststellte, daß acht Kartoffelpflanzen ausgerissen waren, habe ich ein großes Theater gemacht. Trotzdem war das bei mir anders als bei einem autoritären Erzieher. Mir ging es nur um die Kartoffeln; ein autoritärer Lehrer dagegen hätte aus der Sache eine Frage von Gut und Böse gemacht. Von mir bekam der Übeltäter nicht zu hören, man dürfe nicht stehlen (Neill, 2007, S. 26).

Der Gedanke der *indirekten* Erziehung Rousseaus kehrt hier in aller Offensichtlichkeit wieder. An die Stelle einer bewussten oder unbewussten Machtdemonstration des Erziehers muss das Lernen aus eigener Erfahrung treten. Durch die Konfrontation mit natürlichen Hindernissen soll das Kind zu einer selbstständigen Einsicht gelangen.

Neill nennt denselben entwicklungsbedingten Grund für die Notwendigkeit entdeckenden Lernens wie Rousseau: Es ist – um ihn mit einem Begriff *Jean Piagets (1896-1980)* zu bezeichnen – der kindliche *Egozentrismus*. Allgemeine Lehren verpuffen wirkungslos, weil das Kind noch nicht über das nötige Abstraktionsvermögen verfügt, um Sachlagen aus anderer Perspektive als seiner eigenen wahrnehmen zu können. Für diese Eigenart kindlicher Existenz entwickelt ein guter Erzieher Sensibilität oder – um es mit einem von *Johann Friedrich Herbart (1776-1841)* geprägten Ausdruck zu sagen – *pädagogischen Takt*:

„Wenn ein zehnjähriger Sohn nach Hause schreibt: `Liebe Mammi, schick mir bitte eine Mark. Ich hoffe, es geht Dir gut. Herzliche Grüße an Papi´, dann lächeln die Eltern und wissen, so schreibt ein zehnjähriges Kind, wenn es aufrichtig ist und keine Angst davor hat, sich offen zu äußern. Eltern mit falscher Einstellung seufzen über einen solchen Brief und denken: *Das egoistische kleine Biest, immer bittet es um Geld* (Hervorheb.d.Verf.)" (Neill, 2007, S. 126).

Andererseits kann man an Neill ebenso wie an Rousseau die Anfrage richten, ob das Kind in seiner sozialen Kompetenz nicht auch unterschätzt werden kann (vgl. auch Kap. 3.2.1, S. 50 und Kap. 3.4.3, S. 70-72). Es kommt Neill z.B. nicht die Möglichkeit in den Sinn, dass ein Kind auch einmal aus Rücksichtnahme und nicht aus Heuchelei schweigen könnte.

Rousseau und *Kant* wollen durch Freiheitserziehung keineswegs destruktivem Verhalten oder egoistisch motiviertem Tun Vorschub leisten. Im Gegenteil: Der mündige Mensch vermag irritierende Einflüsse von außen abzuwehren, gerade weil er auf die „Stimme des Inneren" hört und dadurch die rechten Handlungsmaßstäbe findet. Die Fähigkeit, seinen Willen durch Einsicht bestimmen zu lassen, war für *Johann Friedrich Herbart* erklärtes Erziehungsziel. Der Nachfolger auf Kants Lehrstuhl in Königsberg greift damit dessen Idee der Mündigkeit auf: „Machen, dass der Zögling sich *selbst* finde, als wählend das Gute, als verwerfend das Böse: dies oder nichts ist *Charakterbildung*! (Hervorheb.d.Verf.)" (Herbart, 1997, S. 49).

Eine von den Meinungen und Vorschriften anderer unabhängige Einsicht erlangt man nur in einer Haltung der Selbst-Konzentration, die erst erlernt sein will:

> Der vernünftige Mensch weiß an seinem Platz zu bleiben. aber das Kind kennt den seinen nicht und kann sich also auch nicht auf ihm behaupten. Es findet (...) tausend Ausgänge, um zu entweichen, aber der Erzieher muss es an seinem Platz zurückhalten, und das ist keine leichte Aufgabe (Rousseau, 1963, S. 196).

Hier lässt sich leicht eine Analogie zu *Maria Montessoris* Idee der *Polarisation der Aufmerksamkeit* (Montessori, 1987) als notwendiger Voraussetzung für jeden Lernfortschritt herstellen. Es wird auch deutlich, was Rousseau damit meint, dass der Mensch von Natur aus gut sei: Optimistisch gehen die Denker der Aufklärung davon aus, dass das Individuum sein natürliches Interesse an einer verantwortungsbewussten Lebensführung von selbst kultiviert, wenn es sich nur auf sich selbst besinnt und seine eigene Freiheit erfahren darf.

So verspürt der Junge im Fallbeispiel über den Abbruch des elterlichen Belehrungsversuchs und den Verzicht auf ein Verbot erst einmal Erleichterung, was sich in seinem Lächeln zeigt. Doch im weiteren Nachdenken wird ihm wohl ein anderes Dilemma bewusst, das sich diesmal in ihm selbst abspielt: Kann er verantworten, seinen Klassenkameraden zu enttäuschen, indem er seiner Neigung folgt und statt auf dessen Fest auf dem seines besten Freundes erscheint? Das Problem, sich für die eine oder andere Einladung entscheiden zu müssen, ist vielleicht eine erste gute Gelegenheit zu erleben, dass Pflicht und Neigung in Widerspruch geraten können und „Urteilsfähigkeit" für eine Lösung nötig ist. Würden die Eltern einfach bestim-

men, dass ihr Sohn sein Versprechen einzuhalten hat, wäre für die Stärkung seines Selbstvertrauens, was die eigenständige Auflösung ethischer Konflikte betrifft, nichts gewonnen.

Kant hätte das Zutrauen der Eltern zu ihrem Sohn, das sich in der Gewährung von Freiheit äußert, sicherlich begrüßt, denn nach ihm kommt es darauf an, „dass der Zögling (...) nicht bloß das Gute tue, sondern es darum tue, weil es gut ist" (Kant, 1995, S. 735). Er selbst muss von seinem Handeln überzeugt sein. Die Möglichkeit dazu hat der Zwölfjährige aber nur, wenn ihm eine Pause ruhigen Nachdenkens zugestanden wird und die Freiheit, seine Überlegungen auch in die Tat umzusetzen. Damit gehen die Eltern natürlich das Risiko ein, dass ihr Sohn bedenkenlos einfach seiner Neigung folgt. Doch selbst wenn der Junge die in ihn gesetzten Erwartungen der Eltern enttäuscht, wären Rousseau, Kant und auch Neill wohl der Meinung, dass eine solch gute Gelegenheit ergriffen werden muss, den Zwölfjährigen „seine Freiheit fühlen" (Kant, 1995, S. 723) und „den Versuch davon machen" (Kant, 1993, S. 54) zu lassen.

Von den Eltern wird in dieser Situation mehr als der auf sich selbst bezogene Mut des „Sapere aude!" (Kant, 1993, S. 53) verlangt, nämlich ein besonderer pädagogische Mut, etwa so formuliert: „Wage es, einen anderen selbstständig denken zu lassen!" Dieser erfordert aber auch – ganz im Sinne Rousseaus – eine gewisse Zurückhaltung, sollte die Entscheidung des Kindes anders ausfallen als die Eltern es sich erhoffen.

3.3 Zwang statt Freiheit

Die übliche Gehorsamserziehung zielt auf Anpassung, sie fordert aber auch unbeabsichtigt zum Widerstand heraus.

Gehorsamserziehung wird hier deshalb „üblich" genannt, weil sie immer wieder in der Menschheitsgeschichte auftaucht, manchmal als Hauptströmung, manchmal nur als Randphänomen. Was „Zwang statt Freiheit" bedeutet, soll exemplarisch anhand zweier Jugendbiografien aus ganz verschiedenen Zeiten geschildert werden, nämlich derjenigen von *Kant* und *Neill*. Deren pädagogische Theorien sind gleichzeitig ein Beispiel dafür, dass freiheitliche Ideen auf dem Boden „hautnaher" Erlebnisse des Zwangs wachsen können.

Die theoretischen Ansätze der Gehorsamserziehung sind sich über die Zeiten oft ähnlich. Trotzdem gibt es geschichtlich bedingte „Schattierungen". Dasselbe gilt für den Freiheitsansatz. Die praktischen Konsequenzen, die aus dem Erziehungsziel „Freiheit" gezogen werden, sind oft sehr individuell. Nicht nur Gleichheit, sondern auch Verschiedenheit soll in den biografischen Beispielen deutlich werden.

Das Kapitel gliedert sich wie folgt:
- *Freiheit als Antwort Kants auf den Zwang in seiner Kindheit*: Man darf den Eigenwillen des Kindes nicht brechen. (3.3.1)
- *Freiheit als Antwort Neills auf den Zwang in seiner Kindheit*: Verzicht auf Schulpflicht in Summerhill (3.3.2)

3.3.1 Freiheit als Antwort Kants auf den Zwang in seiner Kindheit: Man darf den Eigenwillen des Kindes nicht brechen.

Wann immer *Immanuel Kant* seiner Eltern gedenkt, geschieht das „dankbar" und „mit inniger Rührung" (vgl. Kühn, 2007, S. 48f). Sein Lob gilt insbesondere seiner Mutter, „denn sie pflanzte und nährte den ersten Keim des Guten in mir" (Kant, nach Jachmann, 1804, S. 169). Alle privaten Bemerkungen Kants lassen vermuten, dass er in einer behütenden und ermutigenden Familienatmosphäre aufwuchs, in der die Kinder „freimütig" (*Kant*, 1995, S. 723) sein durften und die Eltern ihnen „Selbstwert und Zuversicht einflößten" (*Kant*, 1900 ff., Bd. 9, S. 490). Kants Vater gehörte zur Zunft der Riemer (Hersteller von Pferdegeschirren). Sein Beruf erlebte im Laufe der Kindheit Kants jedoch aufgrund der harten Konkurrenz zu den besser ausgebildeten Sattlern einen wirtschaftlichen Niedergang, so dass die Verhältnisse, unter denen der kleine Immanuel aufwuchs, recht einfach waren. Im kleinbürgerlichen Haushalt lernte das Kind Immanuel Tugenden wie Arbeitsdisziplin, Ordnung und Sparsamkeit kennen und schätzen, aber auch Anstand, Verlässlichkeit und den Wert finanzieller wie geistiger Unabhängigkeit. Kant erwähnt, dass er seine Eltern nie etwas Unrechtes tun sah oder sprechen hörte:

> Noch entsinne ich mich, (...) wie (...) zwischen dem Riemer- und Sattlergewerke Streitigkeiten ausbrachen, unter denen auch mein Vater ziemlich wesentlich litt; aber des ungeachtet wurde selbst bei der häuslichen Unterhaltung dieser Zwist mit solcher Schonung und Liebe in Betreff der Gegner von meinen Eltern behandelt, und mit einem solchen festen Vertrauen auf die Vorsehung, dass der Gedanke daran, obwohl ich damals ein Knabe war, mich dennoch nie verlassen wird (Kant, nach Rink, 1805, S. 14).

Kants Elternhaus war vom Pietismus geprägt, einer religiösen Volksbewegung in den protestantischen Kirchen Deutschlands. Auch das Königsberger Gymnasium *Collegium Fridericianum*, das Kant seit seinem achten Lebensjahr besuchte, war als *Franckesche Stiftung* pietistisch ausgerichtet. Hier trat ihm jedoch eine andere Spielart dieser religiösen Richtung entgegen. Der strenge und düstere Geist, der dort herrschte, stand im schroffen Gegensatz zu seinem liebevollen Zuhause. An die Jahre der „Jugendsklaverei" erinnert sich Kant mit „Schrecken und Bangigkeit" (Kant, zit. nach Malter, 1990, S. 95). Kants freiheitliche Pädagogik kann als Reaktion auf die eigenen Erfahrungen einer bitteren Schulzeit angesehen werden.

Die Leistungen des Pietisten *August Hermann Francke (1663-1727)* lagen weit mehr in seiner praktischen sozialen Tätigkeit als in seiner pädagogischen Lehre. Die Franckeschen Anstalten umfassten eine Vielzahl von Waisenhäusern und Armenschulen, später auch höheren Schulen. Francke setzte sich damit für die Verbesserung der breiten Volksbildung ein. Er kam in Konflikt mit dem grundbesitzenden Adel, dessen Profit er schmälerte, da die Zeit, die die Kinder einfacher Leute in der Schule verbrachten, sie daran hinderte, auf den Feldern zu arbeiten.

Im Gegensatz zu Rousseau und Kant ging die Franckesche Pädagogik jedoch von einem negativen Menschenbild aus: Der Mensch ist von Natur aus verdorben und sündig – das Kind muss gerettet werden durch die Einwirkung des Erziehers als irdischem Helfer der göttlichen Gnade. Aus dieser Grundannahme ergibt sich eine reine Gehorsamserziehung ohne Zutrauen zum eigenständigen Denkvermögen des Kindes:

> Am meisten ist wohl daran gelegen, dass der natürliche Eigenwille gebrochen werde. Daher am allermeisten hierauf zu sehen. Wer nur deswegen die Jugend unterrichtet, dass er sie gelehrter mache, sieht zwar auf die Pflege des Verstandes, welches gut, aber nicht genug ist. Denn er vergisst das Beste, nämlich den Willen unter den Gehorsam zu bringen (Francke, 1964, S. 15).

Kant wird geradezu sarkastisch, wenn er sich auf Francke und andere „Vormünder, die die Oberaufsicht (…) gütigst auf sich genommen haben" (Kant, 1993, S. 53), bezieht: Wer bei Kindern „den Eigenwillen (...) brechen" (Kant, 1995, S. 723) will, erzeuge „eine sklavische Denkungsart" (Kant, 1995, S. 740), eine Gewöhnung an „Verstellung und Falschheit" (Kant, 1995, S. 740), kurz gesagt: Heteronomie. Kant nennt eine solche Erziehung schlichtweg „grausam" (Kant, 1995, S. 723). Moderne entwicklungspsychologische Erkenntnisse bestätigen Kants Kritik an einer autoritären Erziehungspraxis. So weist *Erik H. Erikson (1902 – 1997)* darauf hin, dass das permanente Brechen des kindlichen Trotzes zum Verlust des Kontroll- und Autonomieerlebens führt und ein dauerndes Gefühl von Scham und Zweifel entstehen lässt (Erikson, 1973).

Francke hatte richtig erkannt, dass Disziplin sich nicht in äußerlichem Gehorsam erschöpft, sondern eine innere Haltung sein muss. Selbstdisziplin war auch das Ziel von Rousseau und Kant – doch konnte das bei ihnen nur die Leistung eines freien Menschen sein. In den Franckeschen Anstalten wurden die Schüler zur permanenten geistigen Selbstkontrolle genötigt. Am *Collegium Fridericianum* war jeder Schüler gezwungen, regelmäßig Selbstbetrachtungen zur eigenen Verworfenheit zu verfassen, die Inspektoren vorgelegt werden mussten. Noch im hohen Alter äußert Kant eine tiefe Abneigung gegen eine Seelenerforschung, die den Zustand der Selbstverzweiflung als notwendige Grundlage der Besserung ansieht und ihn herbeizuführen sucht, indem der Mensch „sich selbst darüber grämt, dass er sich nicht genug gräme" (Kant, 1995 ff, Bd.7, S. 55).

Der Wille des jungen Kant konnte durch solche Praktiken dennoch nicht gebrochen werden: „Emanuel widerstand einem Druck, dem sich fast nicht widerstehen ließ" (Kühn, 2007, S. 73). Kant ist als Person ein lebendiges Beispiel dafür, dass Unterdrückung nicht zwangsläufig Unterwürfigkeit erzeugt, ja sogar den gegenteiligen Effekt haben kann. Trotz widriger Umstände warf er „die Fußschellen einer immerwährenden Unmündigkeit" (Kant, 1993, S. 54) ab. Kant meint jedoch, dass dies nur wenigen Menschen gelingt, denn es ist „für jeden einzelnen Menschen schwer, sich aus der ihm beinahe zur Natur gewordenen Unmündigkeit herauszuarbeiten" (Kant, 1993, S. 54). Eine breite Aufklärung kann nur durch vernünftige Erziehung geschehen. Deshalb schätzt Kant ihren Wert so hoch ein. Alle Aussicht „zu einem künftigen glücklichern Menschengeschlechte" (Kant, 1995, S. 700) hängt von ihr ab.

Jedoch lohnt es sich, noch einen Blick auf das Phänomen des menschlichen Freiheitsdrangs zu werfen, der wohl viel größer ist, als gemeinhin angenommen wird. Für *Neill* z.B. ist die menschliche Resistenzfähigkeit unter schlimmsten Bedingungen ein höchst erstaunliches Phänomen:

> Überraschend ist nur, daß die Welt nicht neurotischer ist, wo doch Millionen (...) in Angst erzogen werden. Für mich heißt das, daß dem Menschen eine Kraft innewohnt, alle ihm aufgezwungenen Übel schließlich zu überwinden. (...) Die Freiheit wirkt sich langsam aus (Neill, 2007, S. 124).

In der neueren Zeit wurde diese typisch menschliche Widerstandskraft auf ihren psychologischen Gehalt von *Jack W. Brehm (1928-2009)* in seiner 1966 eingeführten *Theorie der Reaktanz* untersucht (vgl. Kiel i.d.B., S. 11 f). Unter Reaktanz versteht man die motivationale Erregung, die durch eine Freiheitsbedrohung ausgelöst wird, und die das Ziel hat, das verlorene Terrain zurückzuerobern. Dieser Widerstand kann eine rationale und eine irrationale Komponente haben. Der Widerwillen Kants gegen verordnete Selbstbetrachtungen z.B. ist rational nachvollziehbar, da eine solche Forderung die Intimsphäre verletzt. Ein Protest um des Protestes willen ist dagegen irrational, ebenso der Reiz, Verbotenem zuwider zu handeln. Bei der Auslösung von Reaktanz spielt die „Aufwertung der eliminierten Alternative" eine Rolle: Eine Wahlmöglichkeit, die einem genommen wird, gewinnt rein durch ihren Wegfall an Attraktivität.

Da das Kind seinen Freiheitsraum spielerisch erproben muss, werden auch Versuche irrationalen Widerstands nicht ausbleiben. Der Erwachsene spricht z.B. von „Trotzverhalten" oder meint, „das Kind teste mal wieder seine Grenzen aus". Erkennt man solche Verhaltensweisen als Element in einem Identitätsfindungsprozess an, wird man sie nicht so leicht verteufeln und autoritär unterdrücken, was ja wiederum „Reaktanzverhalten" auslöst. Ohne Widerstand gibt es keine Entwicklung zur Freiheit.

Rousseau und *Kant* nahmen mit ihren freiheitlichen Ansichten unter Zeitgenossen eine Sonderstellung ein. Die individuelle Selbstentfaltung, um die es diesen beiden Denkern ging, war nicht Zentrum des erzieherischen Interesses der Aufklärung. Vielmehr stand das Ziel im Vordergrund, nützliche Mitglieder der frühen Leistungsgesellschaft zu schaffen. Die Kindheit wurde so als Durchgangsstadium zum Erwachsenen instrumentalisiert, ihr Eigenwert, auf den Rousseau insistierte, weitestgehend übersehen und ihr „Glück" zugunsten einer ungewissen Zukunft leichtfertig aufs Spiel gesetzt, denn Zwang als Erziehungsmittel war schnell gerechtfertigt. Die Erneuerung des Denkens setzte sich in der Praxis nicht durch. Das ist der Grund dafür, warum die Epoche der Aufklärung vor allem als *Schwarze Pädagogik* in die Geschichte der Erziehungswissenschaft einging.

Auf zwei Pädagogen der damaligen Zeit sollen nun noch Schlaglichter geworfen werden, um zu zeigen, dass die Ideen größtenteils der üblichen Gehorsamserziehung verhaftet blieben.

Der Pädagoge *Johann Bernhard Basedow (17241790)*, im selben Jahr wie Kant geboren, war von Rousseau begeistert und gründete in Dessau das Philanthropin, eine Modellschule, in der unter anderem auf Anschauung und Naturbegegnung, Sport und Spiel sowie auf die Integration handwerklicher und landwirtschaftlicher Arbeit Wert gelegt wurde. Kant schätzte diese progressive Schule sehr, weil sie sich in der Praxis radikal von seiner pietistischen Erziehung unterschied. Er unterstützte sie finanziell und bat um Aufnahme des Sohnes eines Freundes. Basedows Erziehungstheorie klingt jedoch ganz traditionell – Gehorsam gilt ihm als „schätzbare Eigenschaft" (Basedow, zit. nach Baumgart, 2007, S. 50), die in seiner Reinform erreicht ist, wenn das Kind blindlings – also ohne eigene Einsicht – folgt:

> Die erste kräftige Arznei ist der Gehorsam (...) diese Neigung kann bloß aus Liebe und Vertrauen, sie kann auch anfangs aus Furcht vor den besonderen Folgen des Unwillens nach und nach entstehen. Aber solange jemand, welcher Gehorsam lernen soll, vor Ausübung der Folgsamkeit in jedem Falle erst überlegen muß, welche Gründe der Wille des Oberen habe (...): solange ist nur ein solcher Anfang des Gehorsams da, welcher den Namen desselben noch nicht führen kann. Ein gehorsamer Untergebener bedarf ordentlicherweise, sobald er den Willen seines Oberen vernimmt, keiner anderen Gründe zu seiner Entschließung. (...) An der Wichtigkeit dieser kindlichen Tugend darf niemand zweifeln. (...) sie erspart (...) Verdruß, welchen die sonst notwendige Ausübung der Strafe nach sich zieht, und ist die beste

Vorbereitung des Gemüts zur Zufriedenheit bei der unvermeidlichen Abhängigkeit eines erwachsenen Untertanen (Basedow, zit. nach Baumgart, 2007, S. 50).

Auch die Idee der „Brechung des Willens" beim Kind tauchte wieder auf, und zwar bei *Daniel Gottlob Moritz Schreber (1808 – 1861)*, der als Arzt medizinische und erzieherische Ideen zu einer befremdlichen körperlich-geistigen Gesundheitserziehung verband. Einerseits forderte Schreber Grünflächen für Sport und Spiel in den neu entstehenden Großstädten, andererseits entwickelte er Schnür- und Fesselapparate, die Kindern zur rechten Haltung verhelfen sollten. Auch körperliche Strafen waren nach ihm erlaubt. Wenn Kinder wie bei Schreber als pflanzliche Objekte angesehen werden, die man zurechtbiegen muss, sind dem Machtanspruch des Erziehers kaum Grenzen gesetzt.

3.3.2 Freiheit als Antwort Neills auf den Zwang in seiner Kindheit: Verzicht auf Schulpflicht in Summerhill

Die Jugend von *Alexander Sutherland Neill* war geprägt von autoritären Erziehungs-erfahrungen. Schläge und andere harte Strafen waren als Disziplinierungsmaßnahmen in der damaligen vom schottischen Calvinismus geprägten Gesellschaft üblich. Der kleine Alexander besuchte die einklassige Dorfschule, in der sein Vater Lehrer war. Von ihm wurde er strenger behandelt als seine Klassenkameraden, weil er nicht als bevorzugt gelten sollte. Neill kam über Umwege zum Lehrberuf. Da er sich den gängigen restriktiven Methoden der Schulpraxis nicht anpassen konnte, entwickelte er Ideen zu einer Erziehung ohne Zwang, die er als Gründer, Leiter und Lehrer der freien Schule *Summerhill* umsetzte.

Grundfehler traditioneller Schulen ist nach Neill die damals gängige Gehorsamserziehung. Seiner Meinung nach zielt diese auf die unkritische Anpassung an geltende gesellschaftliche Werte: „Die Welt ist voll von Arbeiten, die weder interessant sind noch Freude machen. Anscheinend haben wir unsere Schulen dieser Langeweile im Leben angepasst" (Neill, 2007, S. 165).

Es kann nicht primäres Ziel der Schule sein, Zugangsberechtigungen zu Berufen zu verschaffen. Ihr muss es um eine Erziehung zum Menschen, zur Ermöglichung individueller Selbstentfaltung gehen. Hier trifft Neill sich mit Rousseau:

> Im Vergleich zu den viel größeren Fragen nach Erfüllung des Lebens, dem inneren Glück des Menschen, sind Schulfächer bedeutungslos. (...) Das Kriterium, nach dem ich den Erfolg eines Menschen beurteile, ist die Fähigkeit, *mit Freude zu arbeiten und ein erfülltes Leben zu führen* (Hervorheb.d.Verf.) (Neill, 2007, S. 41 ff).

> Leben ist der Beruf, den ich ihn lehren will. Aus meinen Händen entlassen, wird er (...) weder Beamter noch Soldat noch Priester, er wird in erster Linie Mensch sein (Rousseau, 1963, S. 116).

Ein solches Menschsein bedeutet eben nicht, als Rädchen reibungslos zu funktionieren, sondern zur Gesellschaftskritik fähig zu sein: „Man sagt mir immer: 'Wie sollen sich Ihre Schüler jemals der Plackerei des Lebens anpassen? Ich hoffe, daß diese freien Kinder als Pioniere bei der *Abschaffung* der Plackerei vorangehen werden (Hervorheb.d.Verf.)" (Neill, 2007, S. 123).
Verzicht auf Zwang bedeutet in Summerhill vor allem freiwillige Unterrichtsteilnahme:

> Die Schüler brauchen nicht zum Unterricht zu erscheinen. Wenn Jimmy aber montags in die Englischstunde kommt und sich dann erst wieder am Freitag der folgenden Woche dort sehen läßt, halten ihm die anderen Schüler mit Recht entgegen, daß er die Arbeit aufhält, und setzen ihn unter Umständen vor die Tür (Neill, 2007, S. 31).

Die Freigabe des Unterrichtsbesuchs hält Neill für die einzig richtige Maßnahme, um Kinder, die von anderen Schulen nach Summerhill kommen, von ihren negativen Vorerfahrungen zu heilen. Hier helfe nur gelassenes Abwarten: „Die Zeit der 'Genesung' entspricht der Stärke des Hasses, den ihnen die vorige Schule eingegeben hat" (Neill, 2007, S. 23).
Neill schildert hier ein Verhalten, das mit *Reaktanz* bezeichnet werden kann (vgl. Kap. 3.3.1, S. 59 f). Er meint nämlich, dass Schüler, die – meist nur für einige Monate, im extremen Einzelfall aber auch für Jahre – dem Unterricht fernbleiben, dies aus „rebellischem Ringen um ihre Freiheit" (vgl. Neill, 2007, S. 115) tun. Von Natur aus sei das Kind lernwillig. Deshalb gehen Schüler, die schon im Kindergartenalter nach Summerhill kommen, nach Neills Erfahrung gerne in die Schule. Ältere Summerhill – Schüler würden von selbst zu lernen beginnen, wenn sie eine bestimmte universitäre Aufnahmeprüfung bestehen wollen (vgl. Neill, 2007, S.78).
Kritisch anzumerken bleibt, dass Neills Freigabe des Unterrichtsbesuchs ein Kind in seiner Fähigkeit zur Selbstverpflichtung überfordern kann. Vermag es immer erkennen, welchen Gewinn es vom Lernen einmal haben wird? Erich Fromm vermutet trotz aller Sympathie für Neill, dass dieser das kindliche Tun doch als zu einseitig lustbetont ansieht: „Ich habe das Gefühl, daß Neill die Bedeutung, die Echtheit und die Befriedigung eines intellektuellen Begreifens der Welt zugunsten einer emotionalen und künstlerischen Erfassung unterschätzt" (Fromm, Vorwort zu Neill, 2007, S. 16).

Der oben geschilderte Fall kann nun im Sinne von Gehorsams- und Anpassungsverweigerung interpretiert werden.

Der Wutausbruch des Sohnes kommt für die Eltern gänzlich unerwartet. Sie hatten doch ein ganz vernünftiges Anliegen an ihn! Statt einfach seiner Neigung zu folgen, sollte er sich doch nur einmal die Enttäuschung des Mitschülers, dem er eine Absage erteilen will, vor Augen führen! Dann würde ihm schon selber klar werden, dass er sich in einer moralischen Dilemmasituation befindet, über deren Lösung er zumindest länger nachdenken sollte!

Mit Hilfe der Reaktanztheorie sind die heftigen Vorwürfe des Zwölfjährigen, der Gesprächsabbruch und sein wütender Rückzug ins Kinderzimmer jedoch durchaus erklärbar. Der Junge befürchtet eine Einengung seines Handlungsspielraumes und will die bedrohte Freiheit wieder zurückerobern. Seine erregte Gegenreaktion ist nicht einmal irrational zu nennen: Er kann ja noch nicht wissen, wie weit die Einmischung seiner Eltern geht! Eventuell glauben sie sogar, es sei richtig, sich einfach gegen seinen Willen durchzusetzen, indem sie die telefonischen Ab- und Zusagen bei seinen Freunden selbst in die Hand nehmen. Vielleicht greifen sie bei weiterer Gehorsamsverweigerung zu noch rigideren Maßnahmen wie etwa Hausarrest.

In dem geschilderten erzieherischen Fallbeispiel besteht durchaus die Gefahr, dass die Eltern in ungerechtfertigter Selbstüberzeugtheit oder einfach aufgrund ihrer Aufgeregtheit zu autoritär reagieren. Sie übersehen vielleicht, dass die zufällig sich ergebende Situation eine Schaltstelle in der Autonomieentwicklung des Kindes sein könnte, in der besonnen überlegt werden muss, wie viel Freiheit dem Sohn zugestanden werden kann. Mit ihren moralischen Vorstellungen überfordern sie ihren Sohn womöglich. Es ist durchaus denkbar, dass auf diese Weise beim Zwölfjährigen lediglich ein Empfinden von Kontrollverlust oder diffuse Schuldgefühle ausgelöst werden, die ihn eher daran hindern, die Lage ruhig zu überdenken und – eventuell mit Inanspruchnahme der Hilfe seiner Eltern – eine angemessene Lösung zu finden. Stattdessen könnte sein Widerstand durch weitere elterliche „Übergriffe" angestachelt werden. Mit einer Haltung des „Jetzt erst recht!" bricht er vielleicht die Auseinandersetzung mit ihnen ab und geht zu seinem besten Freund, ohne über Möglichkeiten der „Schadensbegrenzung" weiter nachzudenken. Die Chance einer konstruktiven Lösungserarbeitung wäre vertan.

3.4 Durch Zwang zur Freiheit?

Das Problem aller Erziehung ist ihre paradoxe Struktur: Auf dem Weg zur Freiheit gibt es nämlich sinnvolle Grenzsetzungen. Wie aber „kultiviere ich die Freiheit bei dem Zwange"?

„Erziehung (…) steht unter dem Bann von Aporien" (Oelkers & Lehmann, 1990, S. 139). Die Erziehungswirklichkeit ist von grundlegend antinomischer

Struktur. Polaritäten wie z.B. Behüten und Wagen, Freiheit und Disziplin, Überanstrengung und Faulheit machen nach *Herman Nohl* die unverwechselbare Eigenart des *pädagogischen Bezugs* im Unterschied zu vielen anderen zwischenmenschlichen Verhältnissen aus. Hier eine Balance einzuhalten, um Hilfe zur Selbsthilfe auf dem Weg zur Selbstständigkeit zu geben, sei die eigentliche Herausforderung des Erziehers (vgl. Nohl, 1967, S. 84).

Die Eltern im Fallbeispiel sind in einer für pädagogisches Handeln typischen Unsicherheitssituation, was sich daran zeigt, dass sie im Laufe der Auseinandersetzung ihre Strategie reflektieren und verändern. Sie wissen, dass sie ihrem Kind mit zunehmendem Alter einen immer größeren Handlungsspielraum zugestehen müssen. Eine früher einmal gesetzte Grenzziehung kann mit der Zeit „zu eng" werden.

Kant formuliert dieselbe Erkenntnis wie Nohl über zweihundert Jahre zuvor in einem klassisch gewordenen *Paradox*:

> Eines der größten Probleme der Erziehung ist, wie man die Unterwerfung unter den gesetzlichen Zwang mit der Fähigkeit, sich seiner Freiheit zu bedienen, vereinigen könne. Denn Zwang ist nötig! *Wie kultiviere ich die Freiheit bei dem Zwange?* (Kant, 1995, S. 711)

Für eine gelingende Freiheitserziehung sind also nach Kant vernünftige Grenzsetzungen unabdingbar. Das Erziehungsziel *Freiheit* oder *Mündigkeit* ist zwar evident und deshalb leicht zu fordern, der praktische Weg dorthin stellt aber eine Gratwanderung zwischen Freiheitsgewährung und Freiheitsbeschränkung dar. Wie kann das sein?

Das Besondere des erzieherischen Verhältnisses, des *pädagogischen Bezuges*, ist ein Kompetenzgefälle zwischen mündigem Erwachsenem und noch unmündigem Kind: „Die Grundlage der Erziehung ist das leidenschaftliche Verhältnis eines reifen Menschen zu einem werdenden Menschen, und zwar um seiner selbst willen, dass er zu seinem Leben und seiner Form komme" (Nohl, 1935, S. 169).

Der gute Erzieher sollte also einen geistigen Vorsprung haben, der ihn erkennen lässt, was zu tun ist, damit das Kind zu seiner Selbstständigkeit findet. Sein Ziel muss die Auflösung des *pädagogischen Bezugs* sein. Es ist erreicht, wenn das Kind den Vorsprung des Erziehers eingeholt hat. Bei dieser Hilfe zur Selbsthilfe spielt – mit Kants Worten – die Anwendung *vernünftigen Zwangs* eine Rolle.

Was unter *vernünftigem Zwang* oder *sinnvollen Grenzsetzungen* zu verstehen ist, soll nun anhand dreier Thesen erläutert werden:
– Sinnvolle Grenzsetzungen sorgen für Disziplin, solange das Kind zur Selbstdisziplin noch nicht fähig ist. (3.4.1)

– Sinnvolle Grenzen sind vor allem Beschränkungen, die sich aus dem natürlichen Widerstand der Dinge ergeben. (3.4.2)
– Grenzsetzungen sind eine notwendige, aber nicht hinreichende Grundlage für Freiheit. In dem Maße, in dem ein Kind eigene Urteilsfähigkeit entwickelt, machen sie sich überflüssig. (3.4.3)

3.4.1 Sinnvolle Grenzsetzungen sorgen für Disziplin, solange das Kind zur Selbstdisziplin noch nicht fähig ist

Kindsein bedeutet für *Kant*, sich noch im Zustand der Unmündigkeit zu befinden. In diesem ist die Freiheit „unvollkommen" (Rousseau, 1963, S. 196). Damit das Kind sich z.B. „nicht wild und unbesonnen in Gefahren begebe" (Kant, 1995, S. 698), müssen ihm von außen Grenzen gesetzt werden. Dem „Zwang" wird dadurch aber keineswegs Tür und Tor geöffnet: Der Erzieher darf nur sinnvolle Disziplinierungsmaßnahmen anwenden, und das sind solche, die das Kind „zum Gebrauche seiner eigenen Freiheit" (Kant, 1995, S. 711) führen. Ein Zeichen dafür, dass die Grenzziehungen des Erziehers gerechtfertigt sind, sieht Kant darin, dass das Kind zu einem *„für vernünftig und gut erkannten Willen* eines Führers" (Kant, 1995, S. 741) Zutrauen gewinnen kann und aus freien Stücken folgt. „Dieser *freiwillige* Gehorsam ist sehr wichtig. (Hervorheb.d.Verf.)" (Kant, 1995, S. 741) Seine Spanne ist jedoch begrenzt: Sie dauert nur bis „zu der Zeit, da die Natur selbst den Menschen bestimmt hat, sich selbst zu führen; (...) ohngefähr bis zu dem sechzehnten Jahre." (Kant, 1995, S. 710) Der Erzieher sucht sich also selbst überflüssig zu machen, indem er dem Kind hilft, sich möglichst schnell aus dem Zustand der Abhängigkeit von ihm zu befreien. Die Einsicht in die „Pflicht als Kind" soll abgelöst werden durch diejenige in die „Pflicht als Mensch" (Kant, 1995, S. 742).

Auch in Summerhill bedeutet Freiheit nicht, dass jeder einfach seine Launen ausleben darf. Kinder sollen nicht unter den Erwachsenen leiden, Erwachsene aber auch nicht unter den Kindern. Letzteres ist für *Neill* Verwöhnung (vgl. Neill, 2007, S. 117). Wenn zuvor die Eltern alle Rechte hatten und die Kinder keine, so ist es keine Lösung, dieses Verhältnis einfach umzudrehen: „In Summerhill gibt es gleiches Recht für alle. Niemand darf sich auf den Konzertflügel stellen, und ich kann auch nicht einfach das Fahrrad eines Jungen benutzen, ohne ihn um Erlaubnis zu bitten" (Neill, 2007, S. 27).

Disziplinstörungen stellen nach Aussage Neills allerdings kein vordringliches Problem in Summerhill dar. Ein freies Kind neigt seiner Erfahrung nach nicht zu destruktivem Verhalten:

> Die übertriebene Aggressivität, die man bei unfreien Kindern findet, ist ein übersteigerter Protest gegen den Haß, den man ihnen entgegenbringt. Diejenigen un-

serer Schüler, die sich aggressiv verhalten, kommen immer aus Elternhäusern, in denen es an Liebe und Verständnis mangelt (Neill, 2007, S. 37).

Rousseau sieht denselben Zusammenhang:

> Schließt einen feinen jungen Herrn zusammen mit einem Kind vom Land in ein Zimmer ein. Der erstere wird alles umgeschmissen und zerbrochen haben, bevor der andere sich noch in Bewegung gesetzt hat. Und warum wohl? Nur darum, weil der eine einen Augenblick der Freiheit voll auskosten will, während der andere, dem seine Freiheit immer garantiert ist, keine Eile hat, sie auszunützen (Rousseau, 1963, S. 211).

Dennoch muss sich auch Neill mit der Frage beschäftigen: Was tun, wenn ein Kind ein Verhalten zeigt, mit dem es seine Mitmenschen beeinträchtigt? Spontan reagiert er wie jedermann: Er setzt dem Kind eine Grenze:

> Ich erinnere mich, wie ich einmal mit einem Freund im Londoner Opernhaus Covent Garden saß. Während des ersten Balletts unterhielt sich vor uns ein Kind laut mit seinem Vater. Als das Ballett zu Ende war, suchte ich uns andere Plätze. Mein Begleiter sagte: `was würden Sie tun, wenn sich ein Summerhill-Kind so verhielte?´ `Ich würde ihm sagen, halt's Maul!´ antwortete ich. Mein Freund sagte: `Das wäre gar nicht notwendig. Ein Summerhill-Kind würde sich nicht so verhalten.´ Und ich glaube, er hatte recht (Neill, 2007, S. 116).

Antiautoritäre Erziehung bedeutet allerdings, dass der Verzicht auf Zwang und der Spielraum für „unvernünftige Launen" gelegentlich sehr weit sein kann, in einer Weise, wie es für Rousseau und Kant wohl kaum vorstellbar gewesen wäre. Dies geschieht aber nicht planlos, sondern dient durchaus der Herstellung von (Selbst-) Disziplin. Summerhill würde nicht als Schulexperiment gelten, wenn hier nicht ungewöhnliche Methoden ausprobiert würden, um „geschädigten Kindern" aus dem Teufelskreis destruktiven Verhaltens herauszuhelfen. Neill wendet zeitweilig so genannte *paradoxe Sanktionen* an, eine Idee des Therapeuten Homer Lane, der diese in einem Heim für schwer erziehbare Kinder ausprobierte: z.B. werden Schüler, die Fensterscheiben einschlagen, weiter dazu ermutigt, oder Diebe bekommen eine Belohnung für ihre Straftaten. In Summerhill ruft die Schulversammlung z.B. für einen störenden Schüler Tage der Aufmerksamkeit aus, an denen man sich besonders um ihn kümmern und ihm helfen soll.

Im Sinne der bereits unter Abschnitt 3.3 *Zwang statt Freiheit* erläuterten Reaktanztheorie wäre es durchaus möglich, dass bei aggressiven, stehlenden oder störenden Kindern *paradoxe Sanktionen* Erfolg haben, denn ihr Verhalten kann als Reaktion auf Freiheitsentzug interpretiert werden. Allerdings erfolgt bewusster Verzicht auf Grenzsetzungen auch in der freien Schule Summerhill nur als therapeutische Einzelmaßnahme und wird nicht zum Programm gemacht, denn das wäre für alle unzumutbar: „Es ist wahr, ich habe manche Jahre meines Lebens damit verbracht, das destruktive Verhalten von Problemkindern hinzunehmen, doch tat ich das als ihr Arzt und nicht als ihr Mitbürger" (Neill, 2007, S. 116).

In Summerhill gibt es strikte Gesetze (z.B. Vorschriften zur Unfallverhütung oder Alkoholverbot). In manchen Fällen hat die Direktion alleinige Entscheidungsbefugnis, etwa beim Einstellen und Entlassen einer Lehrkraft oder bei der Festsetzung des Schulgeldes.

Es stehen allerdings viele Regeln zur Disposition, die anderswo nicht von Kindern entschieden werden: „Schüler unter elf dürfen nicht allein auf öffentlichen Straßen Radfahren. Diese Bestimmungen sind von den Schülern selbst in der Schulversammlung durchgesetzt worden" (Neill, 2007, S. 38).

Die Schulversammlung zur demokratischen Selbstregierung ist bis heute neben dem freien Unterrichtsbesuch ein weiteres wichtiges Kennzeichen Summerhills. Sie wird einmal wöchentlich einberufen. Schüler und Lehrpersonen sind gleichberechtigt, jeder hat eine Stimme. Regeln gelten, wenn die Mehrheit sie beschließt; und auf demselben Wege können sie auch wieder abgeschafft werden.

Neill ist ein Pädagoge von großer Geduld, wenn es darum geht, ein Kind „seine Freiheit fühlen" (Kant, 1995, S. 723) und „den Versuch davon machen" (Kant, 1993, S. 54) zu lassen. Er schaut gelassen dabei zu, wenn Kinder ihre eigenen Regeln beschließen und versuchen, damit zurechtzukommen, auch wenn er selbst nicht von den Regeln überzeugt ist. Er meint, bei Gesetzesbeschlüssen „Wellenbewegungen" wahrzunehmen: Relativ autoritäre Phasen, in denen viele Vorschriften verabschiedet werden, wechseln mit anarchischen Phasen, in denen diese dann wieder aufgehoben werden. Vor allem jüngere Schüler kommen mit wenigen Regeln oft nicht klar, sie haben dementsprechend vermehrt Konflikte untereinander und fordern deshalb wieder die Einführung neuer Regelungen.

3.4.2 Sinnvolle Grenzen sind vor allem Beschränkungen, die sich aus dem natürlichen Widerstand der Dinge ergeben

Mit natürlichen Hindernissen lernt der freie Mensch umzugehen, während er menschliche Willkür niemals akzeptieren kann. *Rousseau* und *Kant* halten es daher für das Beste, wenn Kinder auf den Zwang der Verhältnisse stoßen:

> Denn es liegt in der Natur des Menschen, geduldig die Notwendigkeit der Dinge zu ertragen, aber nicht den bösen Willen der Menschen. Das Wort `Es ist nichts mehr da´ ist eine Antwort, der sich noch jedes Kind gefügt hat, wenn es von seiner Wahrheit überzeugt ist (Rousseau, 1963, S. 209).

Kant veranschaulicht die Einschränkung durch Lebensbedingungen mit einem Wachstums-Beispiel:

> Ein Baum aber, der auf dem Felde allein steht, wächst krumm, und breitet seine Äste weit aus; ein Baum hingegen, der mitten im Walde stehet, wächst, weil die Bäume neben ihm ihm widerstehen, gerade auf, und sucht Luft und Sonne über sich (Kant, 1995, S. 705).

Natürlicher Zwang wird vielleicht besser mit den synonym verwendeten Begriffen der „Gesetze des Möglichen und des Unmöglichen" (Rousseau, 1963, S. 210) oder der „Notwendigkeit" (Rousseau, 1963, z.B. S. 208) wiedergegeben. Damit sind Fakten bezeichnet, die nicht der Verfügungsgewalt des Menschen unterliegen.

Anstelle von Lohn, Strafe und Belehrung bevorzugen Rousseau und Kant ein Lernen aus eigener Erfahrung im Umgang mit Dingen: „Brechung des Willens bringt eine sklavische Denkungsart, natürlicher Widerstand dagegen Lenksamkeit zuwege" (Kant, 1995, S. 740).

Ein Problem der Erziehung ist jedoch, dass nicht jede sinnvolle Grenzsetzung dem Kind als natürliches Hindernis entgegentreten kann. An den folgenden konkreten Beispielen Neills wird deutlich, dass die Grenzen zwischen sachlicher Notwendigkeit und Zwang durch Menschen, zwischen natürlicher Konsequenz und Bestrafung sich in der Praxis leicht verwischen.

Auch *Neill* unterscheidet – ganz im Sinne von Rousseau und Kant – zwischen einer willkürlich von einem Menschen verhängten Strafe und einer natürlichen Konsequenz.

> Eines Tages lieh sich ein Junge meine beste Säge. Am nächsten Tag fand ich sie im Regen liegen. Ich sagte, von jetzt ab würde ich sie ihm nicht mehr leihen. Das war keine Strafe, denn der Strafe haftet stets der Gedanke der Moral an (Neill, 2007, S. 168).

In Summerhill wird auf die Einhaltung beschlossener Regeln geachtet. Diese Kontrollfunktion liegt vor allem in den Händen von Schülern. Schüler-Schiedsrichter und -Aufsichten, die alltägliche Probleme zu lösen versuchen und Ordnungsmaßnahmen verhängen dürfen, werden auf Zeit gewählt. Verfährt ein solcher „Ordnungshüter" nicht zur Zufriedenheit der Schüler, kann der Schulversammlung eine Beschwerde vorgetragen werden. So soll gewährleistet werden, dass Ämter nicht missbraucht werden. Über „Konsequenzen" für Vergehen wird manchmal auch in der Schulversammlung abgestimmt: Als typische Strafen nennt Neill z.B. Tellerwaschen oder Geldbußen. Eine solchermaßen versachlichte Ahndung von Vergehen wird nach seiner Aussage eher akzeptiert als Strafen von Erwachsenen:

Eines Tages wurde in der Schulversammlung Anklage gegen vier der größeren Jungen erhoben, die gegen eines der Schulgesetze verstoßen hatten: sie hatten einige von ihren Kleidungsstücken verkauft. Das Gesetz war mit der Begründung erlassen worden, dass solche Praktiken unfair gegen die Eltern seien, die die Kleidung kaufen, und zudem unfair gegenüber der Schule, weil ihr die Eltern zum Vorwurf machen könnten, sie habe ihre Aufsichtspflicht verletzt. Die vier Jungen durften zur Strafe für ihr Vergehen vier Tage lang das Schulgelände nicht verlassen und mussten abends um acht Uhr zu Bett gehen. Sie nahmen das Urteil, ohne zu murren, hin. Am Montagabend, als alle anderen Kinder in der Stadt im Kino waren, fand ich einen der Sünder, Dick, lesend in seinem Bett. ʿDu bist aber ein Trottelʾ, sagte ich, ʿDie andern sind alle im Kino. Willst du nicht aufstehen?ʾ ʿMach keine albernen Witzeʾ, antwortete er (Neill, 2007, S. 65).

Die Schulgemeinschaft neigt Neills Ansicht nach bei der Verhängung von Sanktionen nicht zu einer Law and Order-Haltung. Es würde oft nach kreativen Lösungen gesucht: Z.B. stammt die Idee, dem Schüler, der ständig die Fahrräder der anderen benutzt, ein Fahrrad zu schenken, aus dem Schulparlament.

Dennoch: Tellerwaschen, Geldbußen und Hausarrest ergeben sich wohl kaum als natürliche Konsequenz aus den entsprechenden Taten. Es sind Strafen, und dadurch, dass Schüler sie gegen Schüler verhängen, erscheinen sie nicht weniger willkürlich. Neills Lösung überzeugt nicht ganz, sie erscheint allenfalls als ein Kompromiss.

Rousseau und *Kant* entwickeln mit der *Versachlichung des Widerstands* einen sinnvollen pädagogischen Gedanken. *Neill* versucht, ihn praktisch umzusetzen. Er kommt auch heute noch zum Tragen, z.B. in Schulordnungen. Verstößt jemand gegen die – möglichst von der ganzen Schulgemeinschaft verhängten – Regeln, trifft ihn die festgelegte Sanktion quasi wie ein Naturgesetz und entspringt nicht der Willkür einer einzelnen Lehrperson. Ob allerdings das Erleben solch „logischer Konsequenzen" immer humaner ist als etwa ein plötzlicher Zornausbruch des Erziehers, mag dahingestellt sein. In einer konkreten Situation kann letzterer auf das Kind vielleicht sogar menschlicher wirken und für dieses besser nachvollziehbar sein als eine recht bürokratisch durchgeführte Maßnahme.

3.4.3 Grenzsetzungen sind eine notwendige, aber nicht hinreichende Grundlage für Freiheit. In dem Maße, in dem ein Kind eigene Urteilsfähigkeit entwickelt, machen sie sich überflüssig

Kant unterscheidet in der Erziehung „Disziplinierung" vom anspruchsvolleren Ziel der „Moralisierung". Er nennt die „Zucht" „bloß negativ (…), Unterweisung hingegen ist der positive Teil der Erziehung" (Kant, 1995, S. 698).

Aufgabe *negativer* Disziplinierungsmaßnahmen kann lediglich sein, das Kind von Unsinnigem abzuhalten und Gefährliches zu verhüten. Für sich genommen halten sie das Kind im Zustand der Abhängigkeit und Passivität. Sie sind allenfalls eine notwendige, aber keineswegs hinreichende Grundlage von Freiheitserziehung, die erst mit der *positiven* Unterweisung zu selbsttätiger Einsicht wirklich beginnt:

„Diese verhindert die Unarten, jene bildet die Denkungsart" (Kant, 1995, S. 740).

Der vernünftige Erzieher hält Disziplinierungsmaßnahmen für unabdingbar, versucht aber dem Kind gleichzeitig zu vermitteln, dass der von ihm ausgeübte Zwang nur dem Ziel dient, es „zum Gebrauche seiner eigenen Freiheit" (Kant, 1995, S. 711) zu führen. Das kann das Kind umso besser verstehen, je älter es ist. Kant legt hier die Grundlage für moderne Konzepte kommunikativer Konfliktbewältigung.

Rousseau entwirft dementsprechend ein genetisches Modell zunehmender individueller Unabhängigkeit, das er in seinem Roman *Emile oder Über die Erziehung* darstellt. Er unterschätzt darin jedoch sowohl die Fähigkeit des Kindes zu zwischenmenschlicher Beziehung als auch seine Angewiesenheit darauf. Damit folgt er einer langen Tradition der Ich-Philosophie, der erst zur Zeit der Reformpädagogik etwa durch das *Dialogische Denken* von *Martin Buber (1878 – 1965)* nachdrücklich widersprochen wird. Rousseaus einseitige Sicht des Menschen als ursprünglicher Solitaire prägte die Pädagogik nichtsdestotrotz bis in die Moderne (vgl. auch Kap. 3.2.1, S. 50, und bzgl. Neill Kap. 3.2.3, S. 54 f). In seiner Theorie der natürlichen Entwicklung in Altersstufen unterscheidet Rousseau die zwei Haupt-Existenzweisen Kindheit und Jugend: In der Kindheit dominiert seiner Meinung nach das Interesse am Handeln mit den Dingen (sachliches Verhältnis), in der Jugend das Interesse an der Gestaltung zwischenmenschlicher Beziehungen (moralisches Verhältnis). Ziel des auf sich selbst bezogenen Kindesalters sei vor allem die physische Unabhängigkeit von Erwachsenen. Die Selbstgenügsamkeit der Einzelexistenz werde in Jugendalter wieder aufgebrochen durch die erwachende Liebesbereitschaft. Nun muss die Kunst gelernt werden, mit anderen zu leben, ohne neue seelische Abhängigkeitsverhältnisse zu schaffen. Die erreichte Souveränität in der Kindheit ist als tragfähige Basis dafür von bleibender Bedeutung.

Für *Martin Buber* ist das Kind – im Gegensatz zu Rousseaus Anschauung – keineswegs zunächst von Selbstgenügsamkeit und Sachinteresse bestimmt, im Gegenteil: „Im Anfang ist die Beziehung" (Buber, 1983, S. 25). Das scheinbar ziellose Umherirren des Blicks, die Lall-Laute des Babys sind nach ihm ein erster Gesprächsversuch, „vielleicht mit dem brodelnden Teekessel". Das „eingeborene Du" macht den „zottigen Spielbären" zu einem „lebendig wirkenden Gegenüber" (Buber, 1983, S.35). „Das Beziehungsstreben ist das erste, die aufgewölbte Hand, in die sich das Gegenüber schmiegt" (Buber, 1983, S. 36). Personaler Kontakt, nicht die Auseinandersetzung mit Gegenständen steht für Buber am Beginn von Identitätsfindung: „Der Mensch wird am Du zum Ich"

(Buber, 1983, S. 37). Das magische Weltbild ist sowohl phylo- als auch ontogenetisch das erste, abstrakte Begrifflichkeiten lösen sich erst später aus der konkreten Beziehungswirklichkeit heraus.

Doch nicht das Dialogische Denken, sondern die Rousseausche Phasenabfolge von sachlichem und moralischem Verhältnis wird Wegbereiter für die moderne Entwicklungspsychologie. Die Stufenmodelle menschlicher Denk- und Urteilsfähigkeit von *Jean Piaget (1896-1980)* und *Lawrence Kohlberg (1927-1987)* geben die Entwicklung von Heteronomie zu Autonomie wieder, vom eher fremdbestimmten Kleinkind zum möglichst selbstbestimmten Erwachsenen. Die *animistische* Tendenz des Kindes, die umgebenden Gegenstände für genauso beseelt zu halten wie sich selbst, deutet Piaget anders als Buber als *Egozentrismus*. Damit steht er eher wieder im Gefolge Rousseaus.

Nach Piaget (1973, 1974, 1979) bilden sich Erkenntnisstrukturen als Übergang vom konkreten, selbstbezogenen zum abstrakten, sachbezogenen Denken aus. Denken ist je nach erreichtem intellektuellem Entwicklungsstand an äußere oder bereits verinnerlichte Handlungen gebunden. Kohlberg (1996, 2001) schildert die moralische Entwicklung von der frühen Orientierung an äußerer Strafe bzw. Belohnung über die Verinnerlichung von Konventionen zur unabhängigen, verantwortungsbewussten Persönlichkeit, die ihrem Gewissen folgt.

Wichtigste Erkenntnis aller genetischen Modelle ist, dass Lernangebote in ihrem Schwierigkeitsgrad für den jeweiligen Entwicklungsstand passend sein müssen: Finden sie zu früh statt, bleiben sie ohne Wirkung, kommen sie zu spät, lösen sie Ablehnung oder Langeweile aus. Ausschlaggebend ist aber auch, dass nach Piaget durch Umweltanregungen, die ein angemessenes Anspruchsniveau haben, eigenaktive Strukturierungsleistungen gefördert werden können. Entwicklungsstufen können zwar nicht übersprungen, jedoch individuell unterschiedlich schnell durchlaufen werden. Maria Montessori spricht ganz im Sinne Piagets von *sensiblen Perioden* (Montessori, 1987), in denen das Kind für bestimmte Lerninhalte besonders aufgeschlossen ist.

Neill weist ähnlich wie Rousseau, Piaget und Kohlberg darauf hin, dass es dem Kind noch nicht möglich ist, sich von seiner Eigenperspektive zu lösen. Es sei falsch, vom Kind etwas zu erwarten, was es doch nur heucheln könnte. Der kindliche *Egozentrismus* Piagets und Kohlbergs heißt bei Neill missverständlich „Egoismus":

> Wir müssen dem Kind erlauben, egoistisch zu sein. (...) Wenn die individuellen und die sozialen Interessen des Kindes in Konflikt geraten, dann sollten die ersteren ruhig den Vorrang haben. Die ganze Idee Summerhills ist Befreiung: dem Kind wird erlaubt, seinen natürlichen Interessen zu leben (Neill, 2007, S. 123).

Bezogen auf das Fallbeispiel könnte man sich also fragen, ob der Zwölfjährige überhaupt fähig ist, die Situation als moralisches Dilemma anzusehen. Wenn nicht, besteht für ihn überhaupt kein Grund, nicht zu tun, was seiner Neigung entspricht. Er würde dann auch gar nicht verstehen, warum seine Eltern versuchen, ihn daran zu hindern. Genau zu dieser Ansicht kommt Rousseau: Er zweifelt grundsätzlich daran, dass ein Kind im Alter von zehn Jahren in der Lage ist zu verstehen, dass es mit einem Versprechen eine Verpflichtung eingeht, da es ihm dazu noch an „Urteilsfähigkeit" mangelt (vgl. Rousseau, 1963, S. 207). Denn dem Kind ist „eine eigene Weise zu sehen, zu denken und zu empfinden" (Rousseau, 1963, S. 207) eigen, das es ganz an die Gegenwart hingegeben sein lässt und in der es Zukünftiges noch nicht überblickt. Sie können „nicht wissen, was sie tun, wenn sie etwas versprechen" (Rousseau, 1963, S. 229).

Trotzdem erlöst auch diese Stellungnahme Rousseaus den Erzieher nicht aus der pädagogischen Unsicherheitssituation. Im Fall des Zwölfjährigen, der ja schon am Übergang von der Kindheit zum Jugendlichen steht, ist es leicht möglich, dass man seine sozialen Fähigkeiten unterschätzt – auch vor dem Hintergrund Rousseauschen Denkens. Die Eltern könnten den Jungen unterfordern, wenn sie ihm nicht zutrauen, den Sinn von Versprechungen zu erfassen.

Mit ihren Leitideen *Freiheit* und *Mündigkeit* liefern *Rousseau* und *Kant* keine Erziehungsrezepte. Ihre Bedeutung liegt im radikalen „Vorstellungsexperiment" (Hentig, 2004, S. 11) als eine die Praxis beunruhigende, verunsichernde Utopie, die sinnlose Routine aufbrechen kann und z.B. auch extreme freiheitliche Konzepte wie das der antiautoritären Erziehung von *Neill* beflügelt hat. Der Pädagoge *Wolfgang Klafki (* 1927)* hält deshalb den von der Freiheitserziehung aufgestellten Anspruch nach wie vor für uneingelöst und wehrt sich deshalb gegen Formeln vom „Ende der Aufklärung" (Klafki, 1990, S. 91) Sein eigenes didaktisches Konzept zur Lösung ethischer und sozialer Schlüsselprobleme der Demokratie knüpft an die Kantische Forderung nach der Entwicklung von Urteilsfähigkeit jedes Einzelnen an, ebenso wie aktuelle diskursive Programme zur Schulung der intellektuellen und moralischen Kompetenz, etwa die von Kohlberg inspirierte Konstanzer Methode der Dilemmadiskussion von *Georg Lind* (2000, 2003, 2008).

3.5 Ausblick: Maximale Freiheit in der Antipädagogik?

Erziehen heißt, sich in einer pädagogischen Risikosituation zu befinden. *Kant* spitzt diese Tatsache der Unsicherheit auf die paradoxe Frage zu: „Wie kultiviere ich die Freiheit bei dem Zwange?" Er fordert mit ihr den Erzieher auf, zugunsten eines höheren Freiheitsgewinns des Kindes zwischen „Freiheit" und „Zwang" die rechte Balance zu halten.

Eine solche Dialektik ist dem Schwarz-Weiß-Denken der *Antipädagogik* fremd. Sie will die Ambiguität einseitig zugunsten einer reinen Freiheit auflösen: „Der Widerspruch ist offenkundig, denn nach dem normalen Verständnis schließen sich Zwang und Freiheit gegenseitig aus" (v. Braunmühl, 1996, S. 31).

Da Erziehung ohne Zwang nicht vorstellbar ist, müsse sie „abgeschafft" und durch „Freundschaft" ersetzt werden (vgl. v. Braunmühl, 1996, S. 75). „Wer Kinder erziehen will, will Kinder zerstören" (v. Braunmühl, 1996, S. 89). Das Kind sei nicht *erziehungs-*, sondern *beziehungs*bedürftig. Wenn die Antipädagogik fordert, das Kind müsse als Subjekt wahrgenommen und dürfe nicht zum Objekt der Erziehung gemacht werden, so folgt sie damit ganz der Überzeugung Rousseaus und Kants (vgl. Gudjons, 2003, S. 84). Genau wie die beiden Aufklärer geht sie davon aus, dass der Mensch von Natur aus gut ist. Allerdings sieht sie nicht wie diese die noch bestehende „Schwäche" des Kindes. Für Rousseau und Kant müssen die „Anlagen zum Guten" kultiviert, „Urteilskraft" erst entwickelt werden. Die Antipädagogik glaubt dagegen, dass das Kind „fertig" ist, zumindest was seine Verantwortungsfähigkeit betrifft. Nach ihr kann Lernen sich nur auf Wissensinhalte, aber nicht auf Werthaltungen beziehen. Sie leugnet hier das Kompetenzgefälle zwischen (fähigem!) Erzieher und Kind, von dem die gesamte Erziehungstradition ausgeht. Ihr bleibt unverständlich, dass dem Entwicklungsstand des Kindes angemessene Grenzsetzungen seine Autonomie stärken können. Eine dosierte Freiheitsgabe geschieht für sie grundsätzlich aus einem illegitimen „Herrschaftsanspruch des Erwachsenen" (v. Braunmühl, 1996, S. 85) heraus, der versucht, „Manipulation, (...) Gehirnwäsche, Dressur, letztendlich Psychoterror" (v. Braunmühl, 1978, S. 35, zit. nach Oelkers & Lehmann, 1990, S. 32) zu betreiben.

Die Aversion der Antipädagogik gegen autoritäres Erwachsenenverhalten ist natürlich berechtigt. Da es nicht leicht ist, sinnvolle von nicht sinnvollen Grenzsetzungen zu unterscheiden, muss nach Kant „die Pädagogik ein Studium werden, sonst ist nichts von ihr zu hoffen, und ein in der Erziehung Verdorbener erzieht sonst den anderen" (Kant, 1995, S. 704). Die Antipädagogik kennt keine vernünftigen Einschränkungen, und so steht sie in der Gefahr, Freiheit und Willkür zu verwechseln. Da sie sich selber jede Grundlage nimmt, auf das Kind einen Einfluss auszuüben – dies wäre Zwang! – wird ihr ein Hang zum Irrationalismus vorgeworfen (vgl. Oelkers & Lehmann, 1990, S. 56). Für Antipädagogen reicht die „Echtheit" des eigenen Gefühls als Richtschnur des Handelns schon aus. Die Freiheit des Ich wird dadurch leicht missverstanden als das Ausleben privater Bedürfnisse oder spontaner, wechselnder Impulse. Faktisch besteht dann die Gefahr, dass das „Recht des Stärkeren" sich durchsetzt, denn auch Aggressionen sind authentische Gefühle, denen seitens der antipädagogischen Theorie argumentativ nichts mehr entgegengesetzt werden kann.

Vielfach ist an die Antipädagogik der Hinweis ergangen, dass man nicht *nicht* erziehen könne, weil man mit Kindern nicht *nicht* umgehen könne. Auch der Antipädagoge gestaltet seine freundschaftliche Beziehung zum Kind auf eine bestimmte Weise und „entgeht so nicht dem Dilemma, stellvertretend für das Kind entscheiden zu müssen und später, in Ansicht der Wirkungen, vom Betroffenen, dem Kind, beurteilt zu werden (...), d.h. er handelt pädagogisch" (Oelkers & Lehmann, 1990, S. 69).

Der antipädagogische Erziehungsstil setzt sich insbesondere leicht dem Vorwurf der Vernachlässigung oder Überforderung aus, weil auf die Gestaltung eines Schonraums bewusst verzichtet wird.

Unfähig zur „Balance", zum „Takt" ist also nicht nur ein autoritärer Erziehungsstil der *Grenzen ohne Freiheit*, sondern eben auch die antipädagogische Erziehungsenthaltung einer *Freiheit ohne Grenzen*. Als Beispiel für eine überzeugende moderne Antwort auf die Kantische Frage „Wie kultiviere ich die Freiheit bei dem Zwange?" soll *Klaus Schneewind*s Konzept *Freiheit in Grenzen* (2002) genannt werden (vgl. Lerche i.d.B., Kap. 4.7, S. 112-117). Nach Schneewind hält derjenige Erzieher die „Balance" oder den „Takt", der das Kind zu immer größerer Selbstständigkeit führt, indem er Freiheit in dosierter Form gewährt. Bei der Entscheidung über das „Wieviel" bewegt sich der Erzieher immer auf unsicherem Boden. Wenn bei Eltern oder im Lehrerzimmer eine Diskussion darüber beginnt, ob eine einzelne Disziplinierungsmaßnahme im Rahmen eines vernünftigen Umgangs mit dem Kind noch gerechtfertigt ist oder nicht, so ist es das klassische Kantische Paradox, das immer wieder aufbricht.

3.6 Aufgaben

3.6.1 Fallbasierte Aufgabe

Wer räumt den Müll weg?

Ich bin Gymnasiallehrerin. In manchen Klassen, vor allem der Mittelstufe, empfinde ich die alltäglichen Auseinandersetzungen über Verhaltensregeln, die meiner Meinung nach fraglos gelten sollten, als zermürbend. So lassen die meisten Schüler ihren Müll einfach auf den Boden fallen. Eine Schülerin hatte statt einem Heft ihre Jacke vor sich auf dem Tisch liegen. Sie hielt eine Mandarine dahinter versteckt, aß sie heimlich und warf die Schalen auf den Boden. Ich sagte zu ihr, sie solle zu essen aufhören und die Schalen aufheben. Da behauptete die Schülerin, die Schalen seien nicht von ihr. Ich habe sie aufgefordert, sie trotzdem aufzuräumen. Es gebe doch einen Schülerputzdienst, meinte sie. Ich sagte, sie solle die Verantwortung nicht auf andere abschieben. Daraufhin wurde sie sehr aggressiv, und es kam zu einer Auseinandersetzung. Die Schülerin schrie, ich würde sie mobben, und rannte aus dem Klassenzimmer.

Aufgabenbeschreibung

1. Der Grundgedanke der Freiheits- und Mündigkeitserziehung lautet: „das Kind muß immer seine Freiheit fühlen, doch so, dass es nicht die Freiheit anderer hindere" (Kant, 1995, S. 722). Beachten Sie *beide* Teilsätze des Kant-Zitats! Welche konkreten Erziehungsziele, die die Gymnasiallehrerin verfolgen sollte, ließen sich für den geschilderten Fall aus diesem Satz entwickeln?
   (Lesen Sie dazu nochmals genau Kap. 3.1 *Freiheit und Zwang in der Erziehung?*, S. 45-47.)
2. Welche (negativen) gesellschaftlichen Einflüsse könnten eine Rolle für den Konflikt spielen?
   (Lesen Sie dazu nochmals genau Kapitel 3.2 *Freiheit statt Zwang*, Abschnitt 3.2.1 *Bedrohung der Freiheit durch gesellschaftliche Verführung*, S. 49-50.)
3. Besteht Ihrer Meinung nach in der geschilderten Konfliktsituation die Gefahr, dass die Gymnasiallehrerin zu unangemessenen Zwangsmaßnahmen greift, die die „Keime zum Guten" (Kant, 1995, S. 705) im jungen Menschen ersticken?
   (Lesen Sie dazu nochmals genau Kapitel 3.2 *Freiheit statt Zwang*, Abschnitt 3.2.2 *Bedrohung der Freiheit durch Bestrafung und Belohnung*, S. 51-52.)
4. Besteht Ihrer Meinung nach in der geschilderten Konfliktsituation die Gefahr fruchtlos bleibender Belehrung?
   (Lesen Sie dazu nochmals genau Kapitel 3.2 *Freiheit statt Zwang*, Abschnitt 3.2.3 *Bedrohung der Freiheit durch bevormundende Belehrung*, S. 52-56.)
5. Bietet die *Theorie der Reaktanz* eine Hilfe zur Erklärung der Verweigerungshaltung der Schülerin?
   (Lesen Sie dazu nochmals genau Kapitel 3.3 *Zwang statt Freiheit*, S. 56-63, insbesondere zur *Theorie der Reaktanz*, S. 59-60.)
6. Welche Grenzsetzungen erscheinen Ihnen in der geschilderten Situation sinnvoll?
   (Lesen Sie dazu nochmals genau Kapitel 3.4. *Durch Zwang zur Freiheit?*, Einleitung und Abschnitt 3.4.1 *Sinnvolle Grenzsetzungen sorgen für Disziplin, solange das Kind zur Selbstdisziplin noch nicht fähig ist*, S. 65-67.)
7. Sind unter den von Ihnen unter 6. genannten Grenzsetzungen welche, die sich – im weitesten Sinn – als *Zwang der Verhältnisse* bezeichnen lassen?
   (Lesen Sie dazu nochmals genau Kapitel 3.4. *Durch Zwang zur Freiheit?*, Abschnitt 3.4.2 *Sinnvolle Grenzen sind vor allem Beschränkungen, die sich aus dem natürlichen Widerstand der Dinge ergeben*, S. 67-69.)
8. Auf welche Grenzsetzungen sollte die Gymnasiallehrerin im Sinne von Freiheits- und Mündigkeitserziehung verzichten – entweder völlig oder zumindest im Laufe der Zeit?

(Lesen Sie dazu nochmals genau Kapitel 3.4 *Durch Zwang zur Freiheit?*, Abschnitt 3.4.3 *Grenzsetzungen sind eine notwendige, aber nicht hinreichende Grundlage für Freiheit. In dem Maße, in dem ein Kind eigene Urteilsfähigkeit entwickelt, machen sie sich überflüssig.* S. 69-72.)

9. Zur Erziehung als Gewährung von *Freiheit in Grenzen* gibt es einen Elterncoach mit DVDs, entwickelt von dem Familienpsychologen Klaus A. Schneewind (2009/ 2010). Sehen Sie sich die erzieherische Situation *Aufräumen oder „So ein Saustall!"* (auf der DVD für Eltern mit Kindern zwischen 6 und 12 Jahren) an. Welche von Schneewind vertretenen Erziehungsgrundsätze gelten auch für den schulischen Kontext? Welche gezeigten Verhaltensweisen der Eltern gehen in Richtung einer *antipädagogischen* Haltung? (Lesen Sie dazu nochmals genau den Schluss des Textes 3.5 *Ausblick: Maximale Freiheit in der Antipädagogik?*, S. 72-74.)

Aufgabenerläuterung

Die Fragen orientieren sich in ihrer Reihenfolge an den aufeinander folgenden Abschnitten des Buchkapitels „Wie kultiviere ich die Freiheit bei dem Zwange?". Sie sollen parallel zur Fallbearbeitung die Abschnitte nochmals genau lesen und mit dieser theoretischen Hilfe angemessene Antworten auf praktische Fragen finden, die sich aus der konkreten Situation ergeben.

Aufgabenbegründung

Erwerb und Anwendung von Wissen erfolgt am besten in komplexen authentischen Kontexten. Bei der Fallbearbeitung lernen Sie, Ihre Kenntnisse über Freiheits- und Mündigkeitserziehung flexibel und anforderungsspezifisch einzusetzen. Zur Lösung konkreter Erziehungsprobleme müssen Sie Handlungsmöglichkeiten mit Hilfe von Theorie gegeneinander abwägen. Dadurch entwickeln Sie professionelle Kompetenz.

3.6.2 Vertiefungsaufgabe

Aufgabenbeschreibung

Freiheitserziehung ist zugleich Charaktererziehung. Darüber sind sich Rousseau, Kant und Herbart einig. (vgl. S. 55) Für alle drei Denker ist *Mündigkeit* durch die Bereitschaft zur Übernahme von Verantwortung aus freien Stücken gekennzeichnet. Die Aufgabe des Lehrers beschreibt Herbart so: „Machen, dass der Zögling sich *selbst* finde, als wählend das Gute, als verwerfend das Böse: dies oder nichts ist *Charakterbildung!*" (Herbart, 1997, S. 49) Herbart prägte den Begriff des *erziehenden Unterrichts*, d.h. jeder Wissenserwerb sollte eine Handlungskomponente haben. Lehrer müssen in der Lage sein, die erzieherischen Aspekte fachlicher Inhalte zu erkennen und in den Unterricht mit einzubeziehen.

Ihre Aufgabe ist es nun, im Rahmen Ihrer gewählten Fächer und für Ihre Schulart Unterrichtsbeispiele zu finden, die Relevanz für verantwortungsvolles Handeln haben könnten. Zeigen Sie anhand der Inhalte konkret auf, wie Sie versuchen würden, dem Anspruch der Mündigkeitserziehung gerecht zu werden.

Aufgabenerläuterung
Verfassungen und Lehrplanpräambeln sprechen häufig in einem Zug vom Erziehungs- und Bildungsauftrag der Schule (z.B. Art. 131 der Verfassung des Freistaates Bayern). Bis heute prägt damit Herbarts Grundidee vom *erziehenden Unterricht* das Schulwesen. Auch die von der Kultusministerkonferenz 2004 verabschiedeten Standards für die Lehrerbildung nennen als die ersten beiden Kompetenzbereiche *Unterrichten* und *Erziehen*. Dem einzelnen Lehrer bleibt dabei ein Gestaltungsfreiraum, den es sinnvoll zu nutzen gilt.

Aufgabenbegründung
Zur Unterrichtsplanung gehört, sich nicht nur über die Struktur des Inhalts, sondern auch über dessen Gegenwarts- und Zukunftsbedeutung für das Leben der Kinder Gedanken zu machen (vgl. Klafki, 1985).

3.7 Literatur

Appleton, M. (2003). *Summerhill – Kindern ihre Kindheit zurückgeben. Demokratie und Selbstregulierung in der Erziehung.* Baltmannsweiler: Schneider.

Baumgart, F. (Hrsg.) (2007). *Erziehungs- und Bildungstheorien.* Bad Heilbrunn: Klinkhardt.

Benner, D. (1993). *Die Pädagogik Herbarts: Eine problemgeschichtliche Einführung in die Systematik neuzeitlicher Pädagogik* (2., überarb. Aufl.). Weinheim, München: Juventa.

Braunmühl, E. v. (1996). *Zeit für Kinder.* Frankfurt am Main: Fischer.

Buber, M. (1983). *Ich und Du.* Heidelberg: Lambert Schneider.

Erikson, E. H. (1973). *Identität und Lebenszyklus.* Frankfurt am Main: Suhrkamp.

Fatke, R. (1979). Jean Piaget (geboren 1896). In H. Scheuerl (Hrsg.), *Klassiker der Pädagogik* (2. Band) (S. 290-314). München: Beck.

Francke, A. H. (²1964). *Pädagogische Schriften.* Paderborn: Schöningh.

Geißler, E. (1979). Johann Friedrich Herbart (1776-1841). In H. Scheuerl (Hrsg.), *Klassiker der Pädagogik* (1. Band) (S. 234-248). München: Beck.

Gordon, T. (1989). *Lehrer-Schüler-Konferenz: Wie man Konflikte in der Schule löst.* München: Heyne.

Hentig, H. v. (2004). *Rousseau oder Die wohlgeordnete Freiheit.* München: Beck.

Herbart, J.F. (1997). Über die ästhetische Darstellung der Welt als das Hauptgeschäft der Erziehung. In D. Benner (Hrsg.), *Johann Friedrich Herbart: Systematische Pädagogik.* Weinheim: Deutscher Studienverlag.

Jachmann, R.B. (1804). *Immanuel Kant geschildert in Briefen an einen Freund.* Königsberg: Nicolovius.

Kant, I. (1900). *Gesammelte Schriften.* hrsg. v. d. Königlich Preußischen (jetzt: Berlin-Brandenburgischen) Akademie der Wissenschaften, Bd. 1 ff., Berlin: Georg Reimer (jetzt: de Gruyter).

Kant, I. (1993). Schriften zur Anthropologie, Geschichtsphilosophie, Politik und Pädagogik (1. Band): Was ist Aufklärung? In W. Weischedel (Hrsg.), *Immanuel Kant: Werkausgabe in 12 Bänden* (11. Band) (1.-10. Aufl.) (S. 53-61). Frankfurt am Main: Suhrkamp.

Kant, I. ([9]1995). Schriften zur Anthropologie, Geschichtsphilosophie, Politik und Pädagogik (2. Band): Über Pädagogik. In W. Weischedel (Hrsg.), *Immanuel Kant: Werkausgabe in 12 Bänden* (12. Band) (S. 691-761). Frankfurt am Main: Suhrkamp.

Kant, I. ([13]1996). Kritik der praktischen Vernunft. Grundlegung zur Metaphysik der Sitten. In W. Weischedel (Hrsg.), *Immanuel Kant: Werkausgabe in 12 Bänden* (7. Band). Frankfurt am Main: Suhrkamp.

Klafki, W. (1985). *Studien zur Bildungstheorie und Didaktik. Beiträge zur kritisch-konstruktiven Didaktik.* Weinheim, Basel: Beltz.

Klafki, W. (1990). Abschied von der Aufklärung? Grundzüge eines bildungstheoretischen Gegenentwurfs. In H.-H. Krüger (Hrsg.), *Abschied von der Aufklärung: Perspektiven der Erziehungswissenschaft* (S. 91-102). Opladen: Leske + Budrich.

Kohlberg, L. (1996). *Die Psychologie der Moralentwicklung.* Frankfurt am Main: Suhrkamp.

Kohlberg, L. (2001). Moralstufen und Moralerwerb: Der kognitiv-entwicklungstheoretische Ansatz (1976). In W. Edelstein, F. Oser & P. Schuster (Hrsg.), *Moralische Erziehung in der Schule: Entwicklungspsychologie und pädagogische Praxis* (S. 35-61). Weinheim, Basel: Beltz.

Kühn, M. (2007). *Kant. Eine Biographie.* München: Beck.

Lind, G. ([2]2000). *Ist Moral lehrbar? Ergebnisse der modernen moralpsychologischen Forschung.* Berlin: Logos.

Lind, G. (2003). *Moral ist lehrbar: Handbuch zur Theorie und Praxis moralischer und demokratischer Bildung.* München: Oldenbourg.

Lind, G. (2008). Die Konstanzer Dilemma-Diskussion als methodischer Beitrag zur Werteerziehung. In Bayerisches Staatsministerium für Unterricht und Kultus, *Werte machen stark: Praxishandbuch zur Werteerziehung.* Augsburg: Brigg Pädagogik.

Malter, R. (Hrsg.) (1990). *Immanuel Kant in Rede und Gespräch.* Hamburg: Meiner.

Montada, L. (1987). Die geistige Entwicklung aus der Sicht Jean Piagets. In R. Oerter & L. Montada (Hrsg.), *Entwicklungspsychologie* (2., neu bearb. Aufl.) (S. 413-462). München, Weinheim: Psychologie-Verl.-Union.

Montessori, M. ([8]1987). Kinder sind anders: Die Entdeckung des Geistes (Die Polarisation der Aufmerksamkeit). In P. Oswald & G. Schulz-Benesch (Hrsg.), *Grundgedanken der Montessori-Pädagogik: Aus Maria Montessoris Schrifttum und Wirkkreis.* Freiburg im Breisgau: Herder.

Neill, A.S. ([47]2007). *Theorie und Praxis der anti-autoritären Erziehung. Das Beispiel Summerhill.* Reinbek: Rowohlt.

Oelkers, J. & Lehmann, T. (1990). *Antipädagogik: Herausforderung und Kritik.* Weinheim, Basel: Beltz.

Oser, F. & Althof, W. (1992). *Moralische Selbstbestimmung: Modelle der Entwicklung und der Erziehung im Wertebereich.* Stuttgart: Klett.

Oser, F. (2001). Acht Strategien der Wert- und Moralerziehung. In W. Edelstein, F. Oser & P. Schuster (Hrsg.), *Moralische Erziehung in der Schule: Entwicklungspsychologie und pädagogische Praxis* (S. 63-89). Weinheim und Basel: Beltz.

Piaget, J. & Inhelder, B. (1973). *Die Psychologie des Kindes.* Olten: Walter.

Piaget, J. (1974). *Abriß der genetischen Epistemologie.* Olten: Walter.

Piaget, J. ([4]1979). *Sprechen und Denken des Kindes.* Düsseldorf: Schwann.

Rang, M. (1979). Jean Jacques Rousseau (1712-1778). In H. Scheuerl (Hrsg.), *Klassiker der Pädagogik* (1. Band) (S. 116-134). München: Beck.

Rink, F.T. (1805). *Ansichten aus Immanuel Kants Leben.* Königsberg: Göbbels u. Unzer.

Rousseau, J.-J. (1958). *Emile oder Über die Erziehung.* Paderborn: Schöningh.

Rousseau, J.-J. (1963). *Emile oder Über die Erziehung.* Stuttgart: Reclam.

Schneewind, K. A. (2002). *Freiheit in Grenzen. Wege zu einer wachstumsorientierten Erziehung.* In H.-G. Krüsselberg & H. Reichmann (Hrsg.), Zukunftsperspektive Familie und Wirtschaft (S. 213-262). Grafschaft: Vektor.

Schneewind, K. A. & Böhmert. B. (2009/2010). *Freiheit in Grenzen. Der interaktive Elterncoach.* (3 Bde.: Jugendliche/ Kinder im Grundschulalter/ Kinder im Vorschulalter kompetent erziehen; jeweils mit DVD). Hans Huber, Psychologie Sachbuch, Bern: Hogrefe AG.

Schultz, U. (^{3}2005). *Immanuel Kant.* Reinbek: Rowohlt.

Sekretariat der Ständigen Konferenz der Kultusminister der Länder (2004). Standards für die Lehrerbildung: Bildungswissenschaften. Verfügbar unter: www.kmk.org/fileadmin/veroeffent-lichungen_beschluesse/Ohne_Datum/00_00_00-Lehrerbildung-in-Deutschland.pdf (abgerufen am 25.5.2010).

4 Menschenbilder im Erziehungsprozess
Thomas Lerche

Ein Fall aus dem Kunstunterricht: Kreativität nach Planvorgabe
Kurzbeschreibung: Bei einer Inspektion einer Grundschule fielen einem Betreuungs-
lehrer vor jedem der fünf Klassenzimmer der dritten und vierten Jahrgangsstufe jeweils ca. 25 beinahe gleich gestaltete Collagen mit herbstlichen Blättern und einem
Igel auf, die als Ergebnis einer Aufgabe aus dem Kunstunterricht ausgehängt wurden. Im Gespräch mit dem Lehrer erklärt dieser das Phänomen.
Lehrer: Ich bin Kunstlehrer an einer Grundschule in einer mittleren Kreisstadt in
Oberbayern. Das größte Problem im Kunstunterricht liegt meines Erachtens darin,
dass es schwierig ist, die Schülerinnen und Schüler zu einem standardisierten Arbeiten zu bringen. Denn meiner Meinung nach gehört zu einem guten Künstler, dass er
sein Handwerk versteht; wie soll er denn sonst seiner Kreativität Ausdruck verleihen.
Außerdem finde ich es nicht gut, wenn man die Kinder machen lässt, was sie wollen,
denn dann werden sie schnell undiszipliniert. Kreativ wird man meiner Meinung
nach nur durch anfängliche Disziplin und Fleiß im handwerklichen Tun. Daher
verwende ich für jedes Bild oder Werk, das die Kinder erstellen, genaue Vorgaben.
Bei dem vorliegenden Igel habe ich zum Beispiel gesagt:
– Sucht 15 braune Blätter einer Baumsorte, achtet darauf, dass die Blätter braun
  sind, nicht grün, rot oder gescheckt.
– Klebt die Blätter gleichverteilt auf einen Zeichenbogen. Der Bogen wird im Quer-
  format verwendet. Die Blätter dürfen sich nicht überschneiden.
– Vorne auf dem Lehrerpult findet Ihr eine Zeichnung von einem Igel. Schneidet
  den Igel genau aus der Vorlage aus. Achtet darauf, dass ihr genau am äußeren Rand
  der schwarzen Linie schneidet.
– Malt nun den Igel mit den Farben Braun (Igelkörper), Rot (Mund und Ohr) und
  Blau (Augen) komplett aus. Es darf keine weiße Fläche mehr auf dem Igel sein.
– Klebt den Igel mittig auf das Blatt über die aufgeklebten Blätter. Die Ränder
  zwischen der Außenseite des Igels und dem Blattrand sollen in der Breite und in
  der Höhe jeweils gleich sein.
Diese Instruktion bringt mir mehrere Vorteile. Zum einen kann ich in der Bear-
beitungszeit konkrete und anwendbare Ratschläge geben. Die Kinder können mein
Feedback direkt in Handlungen umsetzen. Auch künstlerisch unbegabte Kinder
erhalten schnell Erfolgserlebnisse, da viele der Aufgaben einfache handwerkliche
Tätigkeiten sind. So transportiere ich den didaktischen Gedanken, dass Fleiß und
Anstrengung sich lohnen, selbst wenn man etwas nicht sofort kann. Und für die ta-
lentierten Kinder gibt es genügend künstlerische Anteile, in denen sie ihre Kreativität
ausleben können: Es ist nicht festgelegt, von welchem Baum die Blätter geholt werden. Außerdem sind sie beim Ausmalen des Igels, bis auf die Farbwahl, völlig frei.

Ein weiterer Vorteil ist die Benotung. Ich habe fünf festgelegte Kriterien, nach denen ich meine Note geben kann: Jeder erledigte Punkt ist eine Notenstufe. Die Kreativität der Kinder beim Ausmalen verwende ich als sechsten Punkt. Dieser kann eine weitere Verbesserung nach oben bringen, so dass „Sehr gut" nur bei korrekter Abarbeitung der Punkte und kreativer Collagentechnik möglich ist. Sehen Sie mal folgendes Beispiel: Alle Anforderungen sind erfüllt, allerdings überschneiden sich einige Blätter, so dass es hierfür einen Punkt Abzug gibt. Die Kreativität beim Ausmalen ist gut, also erhält diese Zeichnung eine Zwei.

Abb. 1: Collage „Igel auf Herbstlaub" als Illustration des Falles. Gestaltung: Julia Wintersteiger, Foto: Thomas Lerche

4.1 Der Mensch als „homo mutan(du)s"

Der beschriebene Fall wie auch das folgende Kapitel greifen die Ausführungen von Steinherr (Steinherr i.d.B., S. 45-79) auf und führen diese, ausgehend von einer Diskussion über Menschenbilder, auf einer systemtheoretischen und psychologischen Ebene weiter. Sieht man sich die Ausführungen des Lehrers hinsichtlich des transportierten Menschenbildes genauer an, so wird sehr schnell klar, dass Erziehung vor allem unter Aspekten wie Disziplinierung und Leistungsorientierung gesehen wird. Der zu erziehende junge Mensch wird hier im Kern als ein unfertiges, erziehungsbedürftiges Wesen gesehen, bei dem die Persönlichkeitsentwicklung auf die Anforderungen der Wissensgesellschaft abzielt. Diesem Grundgedanken der Erziehung begegnet man des Öfteren; so sorgt aktuell in den USA Amy Chuas Buch „Battle Hymn of the Tiger Mother" für Furore. Auch im deutschsprachigen Raum wird diese Diskussion geführt. So schreibt beispielsweise die Bundesvereinigung deutscher Arbeitgeber (1998) in ihrem Positionspapier:

„Die Schule hat die Aufgabe, durch Erziehung und Bildung junge Menschen zur Bewältigung der gesellschaftlichen Herausforderungen zu befähigen. Indem sie sowohl ein breites Grundlagenwissen als auch Schlüsselqualifikationen vermittelt, ermöglicht sie eine qualifizierte Berufsausbildung und ein qualifiziertes Hochschulstudium und legt die Grundlagen für eine lebenslange Weiterbildung. Sie trägt dabei mehr als bisher den Erfordernissen der Dienstleistungs- Informations- und Wissensgesellschaft Rechnung. [...] Schule als Teil des Gesamtsystems Gesellschaft muss sich den Anforderungen aus Wirtschaft und Gesellschaft öffnen, auf die Veränderungen des Umfelds reagieren und dieses Umfeld durch eigenes Tun mitgestalten."

Dass Kinder und Jugendliche mitunter als Menschen gesehen werden, die im Sinne der Werte und Normen der älteren Generation nicht geeignet sind, die in sie gesetzten Erwartungen zu erfüllen, ist nicht neu:

– „Unsere Jugend ist heruntergekommen und zuchtlos. Die jungen Leute hören nicht mehr auf ihre Eltern. Das Ende der Welt ist nahe." (Keilschrifttext aus Ur um 2000 v. Chr.)

– „Der Lehrer fürchtet und hätschelt seine Schüler, die Schüler fahren den Lehrern über die Nase und so auch ihren Erziehern. Und überhaupt spielen die jungen Leute die Rolle der alten und wetteifern mit ihnen in Wort und Tat, während Männer mit grauen Köpfen sich in die Gesellschaft der jungen Burschen herbeilassen." (Dialog des Sokrates in Platons Staat, ca. 370 v. Chr.)

– „Die Welt macht schlimme Zeiten durch. Die jungen Leute von heute denken an nichts anderes als an sich selbst. Sie haben keine Ehrfurcht vor ihren Eltern oder dem Alter. Sie sind ungeduldig und unbeherrscht. Sie reden so, als wüssten sie alles, und was wir für weise halten, empfinden sie als Torheit. Und was die Mädchen betrifft, sie sind unbescheiden und unweiblich in ihrer Ausdrucksweise, ihrem Benehmen und ihrer Kleidung." (Mönch Peter, 1274)

– „Ich finde nur erschreckend, dass die Teens von heute ja scheinbar vieles für ihre Glückseligkeit haben, dennoch aber nie mit einem Lächeln uns begegnen. Im Gegenteil: Sie schauen noch gleichgültiger drein... Und das macht mir Angst. " (Manfred Schneider, Ich verstehe die heutige Jugend nicht!, Blogeintrag auf kinder.de vom 21. 01. 2009)

Die unveränderte Übernahme des eigenen Menschenbildes als Grundlage der Erziehung in der Schule ist jedoch nicht ausreichend, denn zwischen den Generationen ändern sich die maßgeblichen Werte und Normen. Nimmt man als Ansatz einen Zeitraum von 2000 Jahren[1], so kommt man auf 80 bis 100 Generationen, die sich von Christi Geburt bis heute in unserem Siedlungsgebiet zu dem entwickelt haben, was wir heute als Gesellschaft vorfinden. Diese Entwicklung erfolgte nicht autark, sondern war vielfältigen kulturellen und religiösen Einflüssen ausgesetzt, welche die Veränderung der Gesellschaft fundamental beeinflussten. Hinzu kommt noch, dass die Entwicklung von der Stammesgesellschaft hin zu unserer heutigen demokratischen Gesellschaft kein linearer Prozess des kontinuierlichen Fortschritts war, sondern die einzelnen Aspekte unserer derzeitigen Wertordnung zu verschiedenen Zeitpunkten unterschiedliche Wertschätzung erhielten. Darüber hinaus ist auch die Identitätsentwicklung des Menschen stark geprägt von einer Veränderung der eigenen Werte und Ansichten. Es verwundert daher nicht, dass die Kontexte von einer Generation zur nächsten sich soweit verändern, dass die Wahrnehmung junger Menschen im eigenen Kontext eine andere ist, als die der eigenen Jugend.

Über den Begriff *Erziehung* wurden, auch unter Eindruck der Veränderung von Normen und Wertvorstellungen in der Gesellschaft, im Laufe der pädagogischen Entwicklung die unterschiedlichsten Definitionen, Theorien und Systeme erarbeitet (vgl. Kiel i.d.B., S. 9-14). Diese können zwischen den Polen der so genannten inhaltsleeren Definitionen (z.B. Brezinka, 1990) und der inhaltsvollen Definitionen (z.B. Schneewind, 2002) strukturiert werden. Beide Richtungen stoßen dabei auf Kritik: Während bei inhaltsleeren Definitionen nicht beschrieben wird, wie die sozialen Handlungen auszusehen haben, durch welche die psychischen Dispositionen verändert werden sollen und welches Erziehungsziel angestrebt wird, transportieren inhaltsvolle Definitionen Werte und Normen, die nicht immer den gesellschaftlichen und wissenschaftlichen Konsens treffen. Weitgehende Einigkeit herrscht darüber, dass Erziehung immer abhängig ist von der jeweiligen Perspektive, unter welcher der Erziehungsprozess stattfinden soll. Die aktuelle Perspektive ist, ausgehend von den Ideen der Aufklärung, der mündige, selbstbestimmte und eigenständig handelnde Mensch, der sein Leben gestalten und planen kann (vgl. Steinherr i.d.B., S. 45-79). Das z. B. von Meinberg (1988) beschriebene Erziehungsziel fordert das Menschenbild, welches seit der Aufklärung weiten Teilen der Erziehungswissenschaft und der Gesellschaft als Basis ihrer Theorien und Handlungen dient.

„Das Bild vom selbständigen, über sich selbst bestimmenden Menschen schließt die Auffassung aus, dass dieser Mensch zur Zielscheibe manipulatorischer Akte und zum kopfnickenden, duckmäuserischen Befehlsempfänger eines fremden

---

1 Bei dem genannten Zeitraum beginnen wir am Zeitpunkt der Zeitenwende, als auf dem Gebiet des heutigen Deutschland noch die Stammesgemeinschaft das wesentliche Element der politischen und gesellschaftlichen Ordnung war.

Willens degradiert wird. Der autonome Mensch darf nicht Mittel zum Zweck anderer werden, er ist Zweck seiner selbst. Dieses Menschenbild fungiert, in aller Kürze, als Ziel der Erziehung, sofern diese zur Selbständigkeit erziehen will." (Meinberg, ebd., S. 5)

Alternative Auffassungen über die Natur des Menschen im pädagogischen Kontext können zwischen der Ansicht einer hohen Dominanz angeborenen Verhaltens (Pinker, 2002) über die klassische und operante Konditionierung (Edelmann, 2000) hin zur selbstgesteuerten inneren Strukturierung von Informationen und Handlungen im Sinne der konstruktivistischen Erkenntnistheorie (von Glasersfeld, 1987) in beinahe beliebiger Zusammensetzung beschrieben werden.

Angesichts des angesprochenen permanenten Wechsels von Wichtigkeitseinschätzungen der Werte und Normen ist es nachvollziehbar, dass sich auch die Perspektiven, die Ziele und die Methoden der Erziehung über die Jahrtausende hinweg geändert haben. Für die Erarbeitung eines – für den jeweiligen Kontext passenden – Erziehungsansatzes spielt dabei das Menschenbild eine wichtige Rolle.

4.2 Historische Entwicklung von Menschenbildern

Die grundsätzliche Frage nach dem Wesen des Menschen prägt die philosophische und soziologische Diskussion über den gesamten Entwicklungszeitraum des Menschen. Bekannt sind unter anderem folgende Definitionen:

- Der Mensch als *animal rationale*, also als vernunftbegabtes und denkendes Lebewesen. Bei dieser Definition geht es, neben der grundsätzlichen anthropologischen Verschiedenheit zwischen Mensch und Tier, auch um die Fokussierung des Aspekts geistiger Existenz und den Dualismus zwischen Trieb und Vernunft. Analog geht es bei der Definition des Menschen als *zoon logon echon* („Lebewesen mit Sprache", Aristoteles) um das gemeinschaftliche Verstehen und Handeln des Menschen.
- Mit der Beschreibung des Menschen als *homo faber* („schaffender Mensch"), in der Moderne, bekannt durch Max Frischs gleichnamigen Romantitel, wird als ein wesentliches Merkmal des Menschen der komplexe Gebrauch von Werkzeugen angesehen. Entsprechend wird er als individueller Schöpfer von Gütern und Kunstwerken anerkannt, weshalb in der Renaissance erstmalig Künstler ihre Werke signieren.
- Arthur Schopenhauer definiert den Menschen als *animal metaphysikum*. Hiermit wird die Eigenart des menschlichen Bewusstseins angesprochen. Der Mensch entwickelt, um mit Hartmut von Hentigs Worten zu sprechen, etwa ein Bewusstsein für die Geschichtlichkeit der eigenen Existenz, er hat eine

Wachheit für philosophische und religiöse Fragen wie die nach dem Sinn des Lebens, nach Gott, nach der Möglichkeit von Freiheit (von Hentig, 2007).

– Bekannt ist auch die auf Aristoteles zurückzuführende Definition des Menschen als *zoon politikon*. Sie besagt, dass der Mensch ein soziales, auf Gemeinschaft angelegtes und Gemeinschaft bildendes Lebewesen ist, dass Menschen also von Grund auf bestrebt sind, unterschiedliche Formen von Gemeinwesen zu entwickeln und zu verbessern.

– Eher in neuerer Zeit entstanden ist die Fassung des Menschen als *homo oeconomicus* (Pareto, 1906, zitiert nach Eisenmann, 1989). Diese Bezeichnung führt in die Frühzeit unseres gegenwärtigen Wirtschaftssystems und erklärt vor allem gesellschaftliche Makrophänomene und nicht individuelles Verhalten. Nach dieser Definition ist der Mensch vor allem durch die Befriedigung individueller Bedürfnisse und Maximierung des eigenen Nutzens gekennzeichnet. Dabei handelt er rational und aus Eigeninteresse.

Diese Definitionen sind jedoch keine Menschenbilder im eigentlichen Sinne, sondern in erster Linie Beschreibungen der wesentlichen Aspekte des Menschen mit unterschiedlichen Schwerpunkten. Die genannten Aspekte schließen einander nicht aus, durch die Bildung des jeweils gegenteiligen Begriffs kann kein kontrastierendes Menschenbild charakterisiert werden. (Beispielsweise kann der Mensch nicht als animal irrationale gesehen werden.) Menschenbilder als Grundlage von Erziehung bzw. im Kontext des Erziehungshandelns müssen jedoch kontrastierend sein, um unterschiedliche Erziehungsansichten mit Hilfe eines kontinuierlichen Rasters beschreiben und bewerten zu können

Aus wissenschaftlicher Sicht sind neben den philosophischen Definitionen auch die im jeweiligen Kontext prägenden psychologischen und pädagogischen Leitprinzipien bedeutsam. Beispielhaft genannt werden sollen hier nur die unterschiedlichen Ansichten über die Natur des Wissens- und Kompetenzerwerbs; Lernen kann zum Beispiel unter der Perspektive der fremdgesteuerten Verhaltensänderung (z.B. Skinner, 1982) als Informationsaufnahme und -verarbeitung (z.B. Hebb, 1975) oder als selbstgesteuerter Konstruktionsprozess (z.B. v. Glasersfeld, 1996) gesehen werden (vgl. auch Gagné, 1985).

Die Bedeutung der Menschenbilder als Beobachtungs- und Bewertungsraster erzieherischen Handelns im Kontext der wissenschaftlichen Forschung beschreibt Fahrenberg wie folgt:

„Die Psychologie der Menschenbilder hat mehrere ineinander verschachtelte Perspektiven. Welche grundlegenden Annahmen über den Menschen sind bei den Einzelnen bzw. in der Bevölkerung vorzufinden und welche sind aus den Lehrbüchern der Psychologie zu entnehmen? Die hier getroffene Unterscheidung zwischen den wissenschaftlichen Persönlichkeitstheorien und den Annahmen der psychologischen Alltagstheorien kann nicht sehr scharf sein. Auch in die

Menschenbilder im Erziehungsprozess |87

wissenschaftlichen Theorien mischen sich oft noch sehr vorläufige Annahmen und in die Alltagstheorien durchaus auch psychologische Wissenskomponenten aus der Forschung." (Fahrenberg, 2008, S. 67)

Je nach subjektiver Auffassung des Individuums oder der Gemeinschaft über das Menschenbild unterscheiden sich demnach auch die Auffassungen über erzieherische Handlungen, Perspektiven, Methoden und Ziele. Schwierig ist es jedoch, die unterschiedlichen, vielfältigen und oftmals nicht trennscharf unterscheidbaren Menschenbilder als eine Art Beobachtungsraster zu strukturieren, um damit eine theoriegeleitete Analyse von Erziehungsfällen durchführen zu können.

Menschenbilder sind häufig durch Kontraste gekennzeichnet und fordern die Polarität heraus. Diese Kontraste können helfen, Erziehungshandeln besser zu begreifen und ein Erklärungsmodell für die Absichten und sozialen Handlungen des Erziehers zu liefern. Die unterschiedlichen Menschenbilder dienen uns damit zur theoriegeleiteten Analyse von Erziehungsfällen, indem deren kontrastierende Ausprägung ein Raster für die Beobachtung bieten kann.

Vorschläge zur Strukturierung von Menschenbildern sind in erster Linie in der Kultur- und Milieuforschung zu suchen, die den Versuch unternimmt, Menschen und deren Lebensweise zu beschreiben und zu strukturieren (vgl. Liebenwein i.d.B., S. 161-181). Diese Lebensstile lassen sich begrifflich eng mit der Definition des Menschenbildes verknüpfen, da auch diese die Werthaltungen und Einstellungen als zentralen Differenzierungspunkt sehen. So stellen beispielsweise Thompson, Ellis und Wildavsky (1990) die Frage nach sozialen Mustern und Dimensionen, die menschliches Verhalten und damit auch erzieherisches Handeln erklären können. Dabei definieren sie fünf Lebensstile (hierarchisch orientierte Lebensstile, egalitäre Lebensstile, individualistische Lebensstile, Fatalisten und Eremiten), die sie nach den Kategorien Gruppenzugehörigkeit und Hierarchieorientierung anordnen. Gruppenzugehörigkeit bezeichnet dabei das Ausmaß, in dem das Individuum die soziale Gemeinschaft für sich als bestimmend definiert und nach deren Vereinbarungen sein Leben gestaltet, sein Handeln also vor allem von der Gruppe determiniert wird. Hierarchieorientierung bezeichnet das Ausmaß, in dem ein Individuum gegebene Gesetze, Regeln und Ordnungen akzeptiert, sich an diese Vorschriften gebunden fühlt und damit weniger individuelle Entscheidungen trifft (genauer unter Kiel, 1990). Im Zusammenhang mit Lebensstilen wird oft auch von den so genannten sozialen Milieus gesprochen; bekannt sind dabei vor allem die SINUS-Milieus (SINUS-Sociovision, 2009; vgl. Liebenwein i.d.B., S. 161-181). Der Milieubegriff geht im Gegensatz zu dem der *Schicht* davon aus, dass der Lebensstil nicht nur von äußeren Umständen, wie zum Beispiel der individuellen materiellen Ausstattung, sondern auch von inneren Werthaltungen geprägt wird (vgl. Kiel, 1990). Ein soziales Milieu beschreibt somit eine Gruppe, die sich in Lebensauffassung und Lebenseinstellung ähnelt (SINUS-Sociovision, ebenda; vgl. auch Bartz & Tippelt, 2003).

Die vorgestellten Vorschläge zur Strukturierung von Lebenseinstellungen und individuell unterschiedlich wichtigen Werten können eine Grundlage für die Analyse von Erziehungshandlungen bieten. Für die – in diesem Kapitel beabsichtigte – polarisierende Darstellung von Werthaltungen und damit Erziehungshandlungen sind diese Strukturierungen jedoch nur begrenzt geeignet. Aus diesem Grund sollen die Menschenbilder daher nach dem im vorangegangenen Kapitel vorgestellten Kontrast *Freiheit vs. Zwang* (Steinherr, i.d.B., S. 45-79) strukturiert werden. Diese Polarisierung führt zu unterschiedlichen Erziehungsansichten, die im Folgenden in ihren extremen Ausprägungen vergleichend dargestellt werden.

4.3 Menschenbilder als Grundlage von Erziehungszielen und Erziehungshandeln

Menschenbilder, also die Wertvorstellungen, die ein Einzelner vom Wesen eines Menschen hat, bestimmen zu einem großen Teil die jeweilige Zielsetzung des erzieherischen Handelns. Dieses Menschenbild wird von jedem Einzelnen entwickelt, dabei haben die individuell wichtigen Werte eine hohe persönliche Gültigkeit, sie sind aus der Erziehung und der individuellen Lebenserfahrung entstandene persönliche Konstruktionen und Interpretationen der Welt. (Fahrenberg, 2004)

Unterschiedliche Ansichten über die Entwicklung eines Menschen und die Möglichkeiten der Einflussnahme auf diese Entwicklung führen zu den verschiedensten Theorien und Systemen über Erziehungsprozesse. Meinberg (1988) z.B. sieht Menschenbilder als zentral für die beiden in der pädagogischen Praxis maßgeblichen Erziehungsaspekte an: die pädagogischen Ziele und die pädagogischen Maßnahmen.

„Welche Einwirkung die jeweils ‚richtige' ist, entzieht sich angesichts der Vielfalt möglicher Handlungsweisen sowie der Unabgeschlossenheit und Einmaligkeit erzieherischer Situationen einer letzten Festlegung. Von daher ist auch die Hoffnung auf kochbuchartige Erziehungsrezepte trügerisch. […] Die Suche nach […] dem vermeintlich besten Vollzug der Erziehung wird mit Sicherheit von der Ablehnung oder Zustimmung zu bestimmten Menschenbildern beeinflusst. Sehr oft kommt es vor, dass man sich gegen bestimmte Erziehungsmaßnahmen ausspricht, weil sie sich nicht mit dem jeweils favorisierten Menschenbild vereinbaren lassen." (Meinberg, ebd., S. 6f)

Zwar sind abstrakte Grundorientierungen wie *der emanzipierte Mensch* oder *die freie Entfaltung der Persönlichkeit* in unserer Gesellschaft relativ unstrittig, jedoch als Basis für Erziehungsziele unbrauchbar, da diese nur ungenügend in konkrete Handlungen umgesetzt werden können (Brezinka, 2003). Stattdessen ist es wichtig, das Menschenbild im Kontext der kulturellen und gesellschaftlichen Aufgaben und Anforderungen zu sehen. Flechsigs (1996) Kernmodell der Didaktik zeigt die Wichtigkeit des Menschenbildes im Kontext des Unterrichtens. Dieses Modell kann für den Erziehungsbegriff adaptiert werden. So basiert das Erziehungshandeln im Wesentlichen auf einem methodischen Kern aus Instruktionen, Rollen und Tätigkeiten. Lehrerhandeln, auch im Sinne von erziehendem Unterricht, stellt damit eine Beziehung her zwischen den Methoden des Unterrichtens, den Vorgaben und den Einstellungen bezüglich des Menschen und der Gesellschaft. Abbildung 2 illustriert Flechsigs Kernmodell der Didaktik adaptiert an den Erziehungsbegriff.

Analog zu reformpädagogischen oder konstruktivistischen Überlegungen sind die Methoden jedoch nicht starr, sondern werden den Vorüberlegungen zum Lernkontext bzw. spontan auftretenden Ereignissen oder Erkenntnissen angepasst. Die Bewertung der Vorüberlegungen bzw. die Reaktion auf Ereignisse im Unterrichtsgeschehen benötigen jedoch – analog zu Meinbergs Verweis auf die Beeinflussung des pädagogischen Handelns durch das Menschenbild – einen Bezugsrahmen. Dieser wird im Wesentlichen von den Werten des Lehrenden determiniert, dem von Flechsig so genannten historischen Bezugsrahmen, der vor allem die Welt- und Menschenbilder des Lehrenden enthält und als Bewertungsgrundlage und als Zielkorridor für die Gestaltung des Erziehungshandelns dient.

Abb. 2: Kernmodell der Didaktik von Flechsig, adaptiert an den Erziehungsbegriff. Quelle: Ewald Kiel: Einführung in die Schulpädagogik (Vorlesung).

Verkürzt gesagt heißt dies für die Diskussion *Freiheit vs. Zwang*: Individuelle Menschenbilder und Erziehungsansichten sind im Wesentlichen von der eigenen Historie und Ausbildung – und damit vom individuellen bzw. kulturell bedeutsamen Wertekanon – geprägt. Diese Prägung bestimmt das Erziehungsziel wesentlich mit und kann exemplarisch durch die unterschiedlichen pädagogischen Strömungen und Epochen, die zum Teil bereits im letzten Kapitel ausführlich angesprochen wurden, beschrieben werden. Als weitere Beispiele seien hier die Nature vs. Nurture-Diskussion (Ridley, 2003), die Diskussion um freien Willen vs. persönlichem Determinismus (Mainzer, 2005), die Frage nach der Gleichheit oder Ungleichheit des Menschen (Ladwig, 2004) oder die Diskussion über den Einfluss von Medien auf die menschliche Entwicklung (McLuhan, 1992; Tulodziecki et al., 1995) genannt. Auch baut das gesamte Rechtssystem auf der Frage „Was ist der Mensch?" auf (Essler, 2008).

Auch der eingangs geschilderte Fall kann diese Diskussion illustrieren. So seien an dieser Stelle die Sätze nochmals aufgelistet, die Hinweise zu der Einstellung des Lehrers seinen Schülerinnen und Schülern gegenüber geben können.
- *Wenn man die Kinder machen lässt, was sie wollen, werden sie schnell undiszipliniert.*
- *Es ist ein großes Problem, die Kinder zu einem standardisierten Arbeiten zu bringen.*
- *Ich gebe bei jeder Arbeitsanweisung genaue Vorgaben.*
- *Die Kinder setzen mein Feedback direkt in Handlungen um.* .
- *Ich habe festgelegte Kriterien, nach denen ich benote.*

Das an sich kreative Fach „Kunstunterricht" wird vom Lehrer im Kontext mit Disziplin- und Outputproblemen geschildert. Er orientiert sich dabei an einem von ihm gesetzten Standard hinsichtlich Arbeitsverhalten und Qualität des Produkts. Sein Ziel ist es dabei, dass alle Kinder das von ihm vorgegebene Kriterium (genaue Abarbeitung der fünf Anforderungspunkte bezüglich der Gestaltung der Collage) erreichen. Die Schülerin, die das gezeigte Bild gemalt hat, erreicht dieses Ziel augenscheinlich nicht. Die Reaktion des Lehrers folgt dem von ihm gesetzten Schema: Trotz einer auf den ersten Blick gut gemachten Collage wird die Bewertung der Arbeit um eine Notenstufe nach unten gesetzt, da ein Kriterium von der Schülerin nicht erreicht wurde. Dabei verknüpft der Lehrer seine präzisen Arbeitsanweisungen mit einem durchaus positiven Ziel: Die Schülerinnen und Schüler sollen zunächst einmal lernen, handwerklich geschickt mit den unterschiedlichen Materialien umzugehen. Die klaren Anweisungen dienen dazu, Feedback zu geben, das die Kinder sofort umsetzen können.
Dieser Fall illustriert sehr gut das bekannte Freiheit vs. Zwang-Problem des Erziehungskontexts. Zum einen ist es das Ziel des Kunstlehrers, die Schülerinnen und Schüler zur Freiheit, in diesem Falle zu einer freien Entfaltung der Kreativität

zu erziehen: Der Lehrer nennt mehrmals das angestrebte Ziel der Kreativität. Auf der anderen Seite sieht der Lehrer die Notwendigkeit, zum Erwerb der Kreativität zunächst einmal diszipliniert, fleißig und standardisiert vorzugehen, um den Umgang mit den Materialien zu erlernen und seiner Kreativität Ausdruck verleihen zu können.

Auf welchen Menschenbildern diese und anders gelagerte Grundsätze beruhen, soll im Folgenden näher beleuchtet werden.

4.4 Menschenbilder in der Diskussion „Freiheit vs. Zwang"

Die Perspektiven, die in diesem Kapitel eingenommen werden sollen, werden durch den Diskurs zwischen Freiheit und Zwang im erzieherischen Handeln angestoßen. Dieser Diskurs wurde bereits in Kapitel 3 dieses Bandes mit Kant begonnen, der in seiner Erziehungsdiskussion diese beiden Pole des erzieherischen Handelns nennt (vgl. Steinherr i.d.B., S. 45-79), und wird im vorliegenden Kapitel weitergeführt. Die Begriffe Freiheit und Zwang werden im Folgenden als Eckpunkte der theoretischen Aufarbeitung des Erziehungsbegriffes im Kontext der Menschenbilder genutzt.

Die beiden Extremformen Freiheit und Zwang seien hier nochmals charakterisiert:

– Zum einen kann bei der Erziehung die Selbstbestimmung des Kindes im Mittelpunkt stehen. Die Handlungen des Erziehers werden von dem Ziel bestimmt, die natürliche Lernfähigkeit und Lernbereitschaft individuell zu fördern. Gudjons benennt dieses Grundverständnis als „begleitetes Wachsenlassen" (Gudjons, 2006, S. 182). Diese Erziehungsansicht wird im Folgenden mit dem Begriff *Freiheit* beschrieben.

– Erziehung kann zum anderen unter dem Aspekt gesehen werden, dass der Erzieher die bestimmende Rolle einnimmt. Das zu erziehende Kind wird dabei eher als Objekt betrachtet. Gudjons spricht in diesem Zusammenhang vom Grundverständnis der Erziehung als „herstellendes Machen" (Gudjons, ebd.). Dieses Erziehungsverständnis wird im Folgenden mit dem Begriff *Zwang* beschrieben, wenngleich dieser Begriff nicht unbedingt meint, im Erziehungshandeln vorrangig mit den Aspekten Drohung und Bestrafung zu operieren. Alle Formen von Grenzsetzungen fallen unter den Begriff *Zwang*.

Viele der im letzten Kapitel aufgeführten Erziehungsansichten stehen in der Tradition der humanistischen Menschenbilder, die unter anderem von Maslow oder Rogers geprägt wurden und deren Akzente auf spezifisch menschlichen Eigenschaften wie der Kreativität, der Fähigkeit zur Wertschätzung oder der Selbstverwirklichung liegen.

Hierbei ist ein grundsätzliches *Paradox* zu erkennen: Einerseits ist es das Ziel, den Menschen zur Freiheit, also zu mündigem und selbstgesteuertem Handeln zu erziehen, andererseits sucht Erziehung dieses Ziel durch Vorgaben und Handlungen zu erreichen. Erziehung möchte sich selbst überflüssig machen, indem sie das zu erziehende Individuum aus der Erziehung entlässt, dass es mündig und also frei wird. Dieses Ziel sucht die Erziehung allerdings zu erreichen, indem sie Zwang ausübt, also Grenzen setzt und Richtungen vorgibt. Schluß (2007), der sich in seinen Ausführungen sehr stark auf Kant bezieht, nennt dieses Dilemma ein logisches Paradox:

„Wie soll die Ausübung von Zwang dazu führen, dass dieser verschwindet? Ist es nicht vielmehr wahrscheinlich, dass durch die Ausübung von Zwang in der Erziehung dieser auf Dauer gestellt wird? Wenn man einmal daran gewöhnt ist, wird man ihn nicht mehr missen wollen. Man wird sogar unfähig werden, diesen Zwang zu entbehren. Er macht insofern abhängig, als der zu Erziehende geradezu entwöhnt wird, selbstverantwortliche Entscheidungen zu treffen, weil die Erziehung diese Entscheidungen für ihn trifft." (Schluß, 2007, S. 37f; vgl. auch Steinherr i.d.B., S. 45-79)

Wenn Schluß darauf hinweist, dass Zwangsmaßnahmen eher zur Anpassung als zur Freiheit führen, spricht er ein allgemeines Problem der Erziehung an: Ein vages Erziehungsziel wie *Selbstbestimmung* legt konkrete erzieherische Handlungsweisen noch nicht fest. Diese müssen in Hinblick auf das Ziel erst ausgewählt werden, und dabei besteht die große Gefahr des Irrtums: Das Erziehungshandeln ist dann nicht zielführend, vielleicht sogar kontraproduktiv. *So ist im oben dargestellten Beispiel des Kunstunterrichts zu bezweifeln, dass die Maßnahmen des Lehrers der Kreativitätsförderung dienen, auch wenn er diese beabsichtigt.*

Außerdem ist das Erziehungsziel *Selbstbestimmung* in der Geschichte der Pädagogik keineswegs unumstritten, wie im Folgenden deutlich wird. Beispielhaft werden Erziehungstheorien vorgestellt, die sich mittels der Pole *Freiheit und Zwang* kontrastieren lassen. Damit kann gezeigt werden, wie unterschiedliche Menschenbilder zu unterschiedlichen Schwerpunkten des erzieherischen Handelns führen können. Um den Zusammenhang zwischen den unterschiedlichen Menschenbildern, die in Bezug auf die beiden Pole Freiheit und Zwang dargestellt werden, und den verschiedenen Theorien des erzieherischen Handelns zu illustrieren, werden nun, ergänzend zu Kapitel 3, fünf weitere Ansätze vorgestellt. Diese Ansätze untergliedern sich in zwei systemtheoretische und zwei lernpsychologische Theorien, wobei jeweils eine Theorie den Freiheitsgedanken im Erziehungsprozess in den Vordergrund stellt, die andere hingegen den Gedanken der Erziehung durch Zwang fokussiert. Als Synthese der vorgestellten theoretischen Bezugsrahmen, welche die Diskussion *Freiheit vs. Zwang* unter dem Aspekt des Menschenbildes führen, und als logische Weiterführung des bereits von Steinherr (Steinherr i.d.B., S. 45-79) ausführlich beschriebenen Autonomieansatzes von Kant („Wie kultiviere ich Freiheit bei dem Zwange") kann die abschließend vorgestellte Theorie von Klaus Schneewind gesehen werden. Dabei wird jeweils wie folgt vorgegangen:

– Um das erzieherische Handeln unter der vorgestellten Erziehungstheorie anhand des Falles zu illustrieren, wird zu Beginn jedes Abschnitts eine Interpretation des Falles unter dem jeweiligen theoretischen Bezugsrahmen vorgestellt.
– Anschließend wird die Erziehungstheorie kurz vorgestellt.
– Zuletzt wird das dieser Theorie zugrunde liegende Menschenbild herausgearbeitet.

4.5 Systemtheoretische Erziehungstheorien und ihre zugrunde liegenden Menschenbilder

Systemtheorien als – meist disziplinübergreifende – Modelle zur Beschreibung komplexer Zusammenhänge versuchen, Wirkungen und Wechselwirkungen unterschiedlicher Operationen bzw. Handlungen in strukturierten und kohärenten Systemen (z.B. Gesellschaft, Unternehmen oder Schule) zu erklären. Dabei wird in der Regel herausgearbeitet, welche systemischen Reaktionen durch welche Einwirkungen begründet sind – und durch welche Einwirkungen gewünschte Reaktionen hervorgerufen werden können(vgl. Weiß i.d.B., S. 15-43). Bekannte Systemtheorien der Jahre 1920 – 1980 sind z.B. die Kybernetik (Norbert Wiener), die soziologische Systemtheorie (Talcott Parsons) oder die Chaostheorie (u.a. Mitchell Feigenbaum). Die Systemtheorien der letzten 20 Jahre des vorangegangenen Jahrhunderts fokussierten dabei die Grenzen der Vorhersagbarkeit durch die Selbstreferenzialität eines Systems. Hierunter fallen die Autopoiesis (Humberto Mantura), die Kybernetik 2. Ordnung (Heinz v. Foerster) oder der radikale Konstruktivismus (Ernst von Glasersfeld). Die im Folgenden vorgestellten systemtheoretischen Ansätze von Erziehung orientieren sich an der Diskussion *Freiheit vs. Zwang*: Die Akzeptanz der weitreichenden Unvorhersagbarkeit von Reaktionen eines selbstreferentiellen Systems und die daraus resultierenden Konsequenzen am Beispiel von Niklas Luhmann vs. die systemische Vorhersagbarkeit bzw. Generierung erwünschten Verhaltens am Beispiel der Arbeiten von Michel Foucault. Beide Modelle werden im Rahmen des vorgestellten Falles herausgearbeitet.

4.5.1 Michel Foucault: Disziplin und Strafe

Illustration der Theorie durch den Fall

Setzt der Lehrer das vorgegebene Ziel in das Zentrum seiner unterrichtlichen Über-legungen (Alle Anforderungen müssen erfüllt sein, damit die Kinder das hand-werkliche Können erwerben), so kann dieses Ziel am effektivsten dadurch erreicht werden, dass der Handlungsrahmen, also die Grenzen der individuellen Freiheit, möglichst eng gesteckt werden. Setzt man dies als alleinige Prämisse für das erzieherische Handeln des Lehrers fort, so könnte die geschilderte Unterrichtsstunde nach den folgenden Überlegungen geplant werden:

„Es ist mir wichtig, den Kindern in der Grundschule das handwerkliche Können zu vermitteln. Da ich nicht davon ausgehen kann, dass die Kinder von heute alle handwerklich begabt sind, muss dies durch Strenge, Fleiß und standardisiertes Arbeiten im Unterricht erworben werden. Zu unserer Zeit war dies ganz anders, wir haben noch viel gespielt und gebastelt. Dies holen wir daher in der Schule in einem geregelten, geordneten und unfallgeschützten Rahmen nach. Dieses Ziel ist am besten umzusetzen, indem ich die Vorgaben sehr genau aufstelle und auch den Umgang mit den Farben und die Größe und Anordnung der Blätter exakt und präzise vorgebe; am besten schriftlich und durch ein gelungenes Beispielbild von mir veranschaulicht. Ich lege größten Wert darauf, dass die Materialien geordnet und gemeinsam geholt werden, dass Zeitungspapier unterzulegen ist, um die Bänke nicht zu beschmutzen, dass nur ausgewählte Farbstifte verwendet werden dürfen, dass gesittet und ordentlich gearbeitet wird (insbesondere darf nicht gestört, der Platz verlassen oder miteinander gesprochen werden), dass die Vorgaben erfüllt wer-den und der Fokus der Konzentration und Arbeitshaltung auf der Bildbearbeitung liegt. Die Einhaltung dieser Regeln wird von mir durch ständige und räumlich wechselnde Präsenz im Klassenraum kontrolliert. Fehlverhalten und unbotmäßige Auslegungen der Vorgaben werden angemahnt und gegebenenfalls für alle sichtbar unter Berufung auf das Schulrecht (z. B. Verweise) sanktioniert."

Diese Handlungsoptionen lassen sich auf die Foucaultsche Theorie der Über-wachung und Strafen beziehen.

Beschreibung der Grundgedanken

Ein Kerngedanke der Arbeit von Michel Foucault (* 15. Oktober 1926 in Poi-tiers; † 25. Juni 1984 in Paris) ist das System der gesellschaftlichen Machtver-hältnisse. Dabei analysiert er den Begriff ohne positive oder negative Assoziati-onen, sondern beschreibt die Macht vielmehr als Dispositiv, also eine ordnende Gesamtheit von Einrichtungen, Institutionen, aber auch Gesetzen, Diskursen, Wissen, Entscheidungen und Lehrsätzen, welche die ordnende innere Struktur einer Gesellschaft darstellen. Seine Analyse charakterisiert jedoch in erster Linie eine Gesellschaft, die durch Zwang strukturiert wird. Eine Veränderung oder

Entwicklung von Macht geht dabei von einer bestehenden Problemlage innerhalb der Gesellschaft aus. Innerhalb des Netzes der Beziehungen und der Kräfteverhältnisse dieser Gesellschaft entstehen oder entwickeln sich hierarchische Strukturen und Verbindungen. Dabei wird der Begriff *Macht* bei Foucault nicht personalisiert gesehen, sondern als strukturelles Prinzip der Kräfteverbindungen zwischen Individuen oder Institutionen, wobei die bestehenden Machtverhältnisse durch das Wirken der beteiligten Personen und das interagieren lokaler Machtverhältnisse verändert, angepasst oder verstetigt werden. Zentral ist hier der Aspekt der Entpersonalisierung der Macht: „Die Macht ist nicht etwas, was man erwirbt, wegnimmt, teilt, was man bewahrt oder verliert." (Foucault 1983; S. 115). Vielmehr gibt es Individuen, die bestimmte Positionen im Kräfteverhältnis der Gesellschaft besetzen.

Als Paradebeispiel einer sich entwickelnden Machtstruktur nennt Foucault das System des modernen Strafvollzugs. (Foucault, 1994). Im Vergleich zu den Gefängnissen des Mittelalters, in denen die Macht direkt mit der Methode des Marterns ausgeübt wurde, funktioniert das heutige System durch Kontrolle und Disziplinierung. Ausgehend von Jeremy Benthams[2] Utopie des Panoptikums konstruiert Foucault eine Architektur, in dem die Überwacher in einem zentralen Turm sind, und die einzelnen Zellen in einem ringförmigen Gebäude so um diesen Turm untergebracht sind, dass permanente Überwachung, Kontrolle und Sanktionierung stattfinden kann. Während die Individuen keine Privatsphäre beanspruchen können, bleibt der Machthaber im zentralen Turm unsichtbar und darf wählen, wen er wie lange observiert (Foucault 1978). Die Befolgung von Befehlen und Regeln muss nicht mehr durch ständige Gewaltwirkung erzwungen werden, sondern sie erfolgt über die Disziplinierung der Individuen, die Gewalt einschließt, diese aber nicht zum allgegenwärtigen Merkmal macht. Dabei nennt Foucault folgende Machtstrukturen (Kögler, 2004):

– *Einschließung der Individuen*. Das Individuum wird in einen abgeschlossenen Bereich eingeschlossen. Jeder Austausch zwischen eingeschlossenem Bereich und der Außenwelt wird kontrolliert bzw. weitestmöglich unterbunden.

– *Parzellierung*. Jedem Individuum wird ein fester Platz und eine feste Funktion innerhalb der Machthierarchie zugewiesen. Dadurch können die Individuen kontrolliert werden.

– *Hierarchisierung*. Jedes Individuum bekommt einen gewissen Rang und Status. Durch diese steht er zu den anderen Individuen in einem bestimmten Abstand. Das Individuum versucht sich den Normen, die der Klassifikation zu Grunde liegen, anzupassen.

– *Panoptische Überwachung*. Ein Kontrolleur kann mit einem Blick alles überwachen, ohne selbst gesehen zu werden.

---

2 Jeremy Bentham: Utilitarist des 18. Jahrhunderts

– *Kenntlichmachung der Delinquenz.* Zur Abschreckung werden Strafen deutlich und nachvollziehbar vorgeführt.

Im Idealtypus des (in der Praxis glücklicherweise nie umgesetzten) Panoptikums werden Gesetze und Werte der Institution normiert und die Individuen durch ein System von permanenter, jedoch nicht direkt wahrnehmbarer Kontrolle und Disziplinierung mit der Zeit zu eigenen Überwachern, die auch ohne direkte Kontrolle ihr Verhalten den Regeln entsprechend anpassen, sich selbst kontrollieren und eine eigene kollektive Identität generieren, die primär durch das System der Machtausübung gekennzeichnet ist.

Das zugrunde liegende Menschenbild

Foucault vertritt dabei eine pragmatisch-darwinistische Position: Systeme, in denen die gegebenen Machtstrukturen die Produktivität steigern und die Kosten für die Herrschaft verringern, setzen sich zwangsläufig gegenüber anderen Systemen durch. Im Kontext der Schule bzw. der Erziehung kommt an dieser Stelle der Leistungsgedanke bzw. das bekannte Schlagwort von der Leistungsgesellschaft zum Tragen. Eine Definition dieses Begriffes erscheint zunächst einfach:

„Unter Leistungsgesellschaft wird ein Sozialsystem verstanden, in dem Rollen und ihre Belohnungen in einem offenen Wettbewerb nach persönlicher Befähigung zugewiesen werden und Leistung als zentraler Wert gilt, der durch Sozialisation vermittelt und als Handlungsmotiv verinnerlicht wird. Geschlossene Sozialsysteme wie ständische und Kastengesellschaften sind die wichtigsten Antonyme. Sozialistische wie kapitalistische Industriegesellschaften verstehen sich als Leistungsgesellschaften; sie unterscheiden sich hinsichtlich der Bewertungsinstanzen (politisch-administrative Zentrale vs. Markt) und des Ausmaßes der Belohnungen im Schichtungssystem" (Endruweit & Trommsdorff, 1989, S. 321).

Als Leistungsgesellschaften werden also – im Unterschied zu einer Ständegesellschaft – soziale Gruppierungen bezeichnet, in welchen der Erwerb von Funktionen und Ämtern, der soziale Status und materielles Einkommen auf der Grundlage erbrachter und bewertbarer persönlicher Leistung bestimmt werden. Daraus resultierende soziale Ungleichheiten werden unter Berufung auf die Leistung als strukturbestimmendem Verteilungsmaßstab allgemein akzeptiert. Die Leistungsgesellschaft zeichnet sich daher durch flexible Übergänge zwischen den Schichten und die Möglichkeit von Karrieren aus.

Legt man die Vorbereitung der Kinder und Jugendlichen auf die Leistungsgesellschaft als alleinigen Maßstab und Aufgabe der Schule fest, so ergibt sich dadurch unweigerlich eine herausragende Selektions- und Allokationsfunktion des Systems. Analog zu Foucault wird damit die Entwicklung des Einzelnen nicht an erster Stelle gesehen. Durkheim kritisiert bereits 1902 diese Ansicht:

„Der Erzieher hätte also nichts Wesentliches zum Werk der Natur beizutragen. Er schafft nichts Neues. Seine Rolle würde sich darauf beschränken zu verhindern, daß diese bestehenden Wirkkräfte nicht durch Nichtstun verkümmern oder von ihrer normalen Richtung abgelenkt werden oder sich zu langsam entwickeln. [...] Im allgemeinen sind wir nicht durch unsere intellektuelle oder soziale Veranlagung für eine bestimmte Funktion prädestiniert. Der Durchschnittsmensch ist außerordentlich plastisch. Er kann in sehr verschiedenen Berufen eingesetzt werden. Wenn er sich also spezialisiert, und wenn er sich eher unter dieser als unter jener Form spezialisiert, so nicht aus Gründen, die ihm innewohnen; Notwendigkeiten seiner Natur zwingen ihn nicht dazu." (Durkheim, 1984, S. 45f)

Eng verbunden mit dieser Auffassung der Integration des Jugendlichen in die Gesellschaft ist der Punkt der Leistungsdiagnostik als ein Instrument der Überprüfung, ob die gestellten Erwartungen erfüllt werden oder nicht. Diese outputorientierte Form der Diagnostik stellt, legt man den Foucaultschen Ansatz zugrunde, die (quasi permanente) Beobachtung einer machtausübenden Institution dar, zumal sich diese eng mit den Anforderungen der Arbeitsgesellschaft vernetzt (beispielsweise über Abschlusszeugnisse, welche die Qualifikation für die verschiedenen Berufe beurkunden sollen). Weitere Beispiel dafür sind die Bestrebungen der Qualitätssicherung von Schulen und Erziehungseinrichtungen oder die augenfällig häufig durchgeführte schul- und länderübergreifende Leistungsdiagnostik an Schulen.

Das hierbei zugrunde liegende Menschenbild kann man, legt man die Foucaultschen Theorien in ihrer Reinform zugrunde, wie folgt beschreiben: Kinder und Jugendliche sind durch das System Schule zu einem nützlichen Glied der Gesellschaft zu erziehen. Es liegt in der Natur des Kindes, dass es zu Beginn seiner Schulzeit auf diese Rolle nicht vorbereitet ist, es ist sozusagen ein ungeschliffener Diamant, der durch erzieherische Einwirkung auf die Anforderungen der Leistungsgesellschaft vorbereitet werden muss. Unsere Leistungsgesellschaft als hierarchisches System verlangt es, dass jedes Individuum darin den Platz findet, auf dem es die für die Gesellschaft optimale Leistung bringt. Die notwendigen diagnostischen Mittel für die letztendliche Zuweisung des Individuums liegen in der Hand des Systems Schule, die mit Hilfe von hierarchischen Strukturen und Methoden der Kontrolle dafür Sorge zu tragen hat, dass das Individuum sich den vorgegebenen Normen anpasst. Menschen werden also durch die Schule dahin erzogen, ihre Rolle optimal auszufüllen.

4.5.2 Niklas Luhmann: Der Mensch als selbstreflexives System

Als Kontrast zu Foucault soll im Folgenden Niklas Luhmanns systemtheoretischer Ansatz beschrieben werden. Eine Interpretation des Falles unter den zugrunde liegenden Aspekten soll die Luhmannschen Annahmen zunächst illustrieren.

Illustration der Theorie durch den Fall

Der Schwerpunkt der Unterrichtsplanung könnte vor allem auf den kreativen Prozess gelegt werden.

Dabei bedeutet Kreativität die Fähigkeit, aus formbaren Medien[3] etwas Neues, Ansprechendes oder künstlerisch Wertvolles zu gestalten. Kreative Prozesse können nach Weiß (2008) gefördert werden durch die Gestaltung einer entsprechenden Lehr- und Lernumgebung und vor allem durch das Anbieten von Problemen und Aufgaben, die einen kreativen Prozess fördern. Eine gute Problemstellung kennzeichnen dabei folgende Punkte:

- Sie ist authentisch und setzt an der Lebenswelt der Kinder an.
- Sie ist interessant.
- Sie ist komplex und bietet mehrere Lösungsmöglichkeiten.
- Sie eröffnet einen analysierbaren Möglichkeitsraum.
- Sie bietet keine einzig richtige Lösung, sondern ein für die gegebenen Voraussetzungen optimales Ziel.

Kreative Problemstellungen sind jedoch durch geschlossene Unterrichtsformen nur sehr schwer zu verwirklichen.

Der Lehrer könnte also ein eher offenes Unterrichtsszenario erwägen und z.B. folgende Überlegungen anstellen:

„Das Lernziel dieser Unterrichtsstunde ist ein psychmotorisches: Die Schülerinnen und Schüler sollen lernen, den kreativen Handlungsrahmen einer künstlerischen Aufgabe zu erkennen und den Handlungsablauf zu simulieren, zu manipulieren und zu festigen, indem sie eine durchaus präzise, aber im Kern offene Vorgabe mit ihrer eigenen künstlerischen Freiheit ausfüllen. Eine Vorgabe könnte beispielsweise sein: Es muss ein Igel zu sehen sein, der in einem Laubhaufen wohnt. Allerdings ist dieses Lernziel nur schwer als problemorientierte Lernaufgabe umzusetzen. Eine Möglichkeit könnte sein, das Thema mit Hilfe eines narrativen Ankers, also einer interessanten und herausfordernden Geschichte, in eine Aufgabenstellung/Herausforderung umzugestalten. Vielleicht hilft mir der an die Schule angeschlossene Kindergarten: Die Kunstecke des Kindergartens muss doch sowieso neu gestaltet werden: Dreckige graue Wände, versetzt mit Farbspritzern und Leimresten, das Ganze gar-

---

3 *Formbare Medien sind Handwerkszeug und Materialien, welche die Richtung des Handelns nicht vorgeben, im geschilderten Fall Stifte und Papier. Nicht-formbare Medien sind beispielsweise Modellbausätze oder vorgefertigte Möbelteile für die Endmontage zu Hause.*

niert mit einer wenig ansprechenden Fliesenwand neben dem Waschbecken aus den
fünfziger Jahren. Hier lässt sich doch sicher was machen. Ich denke, man könnte
die Kindergartenleitung für das Thema durchaus begeistern. Und wenn man die
Collagen der Kinder mit Plastikfolie überzieht, ist das Gesamtkunstwerk sogar wit-
terungsbeständig. Warum also erweitern wir die Aufgabenstellung nicht so: Es soll
eine Ecke im Kindergarten neu gestaltet werden. Das Thema ist „Natur im Herbst".
Hier müsste ich natürlich etwas über die Natur im Herbst erzählen, insbesondere
über Winterschläfer und Winterruher, die sich ihr Fettpolster anfressen oder ihre
Vorräte sammeln und sich dann zurückziehen. Das Ganze soll dann nicht als Ein-
zelzeichnung angefertigt werden, sondern als Tapete. Ich könnte als Beispiel einige
Materialien aus der herbstlichen Natur mitbringen, dazu einige Zeichnungen von
Tieren, die Kinder aber auffordern, selbst hinaus zu gehen und weitere Bausteine
für die große Collage zu sammeln und Tiere zu malen. Damit können die Kinder
gemeinsam an dem Bild arbeiten und somit die ersten Schritte in der Bedienung des
Handwerkzeugs selbst erfahren..."
Diese Handlungsoptionen lassen sich auf die Luhmannsche Theorie über den
Menschen als Nicht-Trivialmaschine beziehen.

Beschreibung der Grundgedanken

Niklas Luhmann (* 8. Dezember 1927 in Lüneburg; † 6. November 1998 in
Oerlinghausen bei Bielefeld) stellt in seinen Arbeiten die Betrachtung des Systems in den Vordergrund. Abweichend von traditionellen Definitionen, die ein
System als eine Anordnung von zusammenwirkenden Einzelteilen definieren,
welche auf äußere Anregungen oder Einflüsse bestimmte Reaktionen zeigen,
die analysiert und strukturiert werden können (Frey & Bossert, 2008), betrachtet Luhmann das Geschehen innerhalb eines Systems als Ganzes. Systeme
entstehen dadurch, dass ein auf sich selbst bezogenes Geschehen abgrenzbar
und unterscheidbar wird. Das Andere bezeichnet Luhmann als die Umwelt des
Systems. Strukturprinzipien des Systems sind damit nicht mehr nur die hierarchischen und strukturellen Unterschiede der einzelnen Elemente, sondern
die verschiedenen Teilbereiche, die jeweils mit Hilfe einer eigenen Logik kommunizieren (Luhmann, 1987). Auf die Gesellschaft übertragen heißt das: Das
Gesellschaftssystem definiert sich nicht aus den individuellen Ordnungen der
Elemente, sondern aus der sichtbaren Wirksamkeit der einzelnen Teilbereiche
(z.B. Recht, Politik, Wissenschaft, Erziehung), die strukturell aneinander gekoppelt sind.
Statt Eigenschaften und Anordnung der einzelnen Teilbereiche rückt deren
Wechselwirkung untereinander in das Zentrum der folgenden Betrachtung.
Am Beispiel einer Computersoftware soll das Zusammenwirken innerhalb eines
sehr einfachen Systems beschrieben werden:

Jedes Computerprogramm besteht aus einer Reihe von Befehlen, die – sofern fehlerfrei erstellt – streng logisch aneinandergereiht sind. Am Anfang dieser Kette steht eine Eingabe, beispielsweise über die Tastatur des Computers, an deren Ende die Ausgabe, beispielsweise am Monitor. Innerhalb des Systems wird die Eingabe durch entsprechende Schritte so weiterverarbeitet, dass eine erfolgreiche Ausgabe stattfinden kann. Das System selbst, betrachtet man es eingehender, besteht wieder aus einer Zusammenarbeit verschiedener Systeme. So nimmt das Eingabesystem die Impulse der Tastatur an, digitalisiert diese nach einem vorgegebenen Code und übergibt das Ergebnis an das eigentliche Programm. Innerhalb des Programms übernehmen so genannte Klassen die Weiterverarbeitung des übergebenen Codes. Eine gute Klasse ist so programmiert, dass die Eingabe und die Ausgabe nach genau definierten Regeln festgelegt sind und abweichende Inputs zurückgewiesen werden. Im System „Klasse" sind also die Regeln exakt festgelegt; das Zusammenwirken innerhalb der Klassen wird analog dem Zusammenspiel der einzelnen Klassen streng abgeschirmt durch eingebettete wechselwirkende Systeme durchgeführt[4].

Ein solches streng logisches und analysierbares System ist von einer Gestalt, die Heinz von Foerster (1993) als Trivialmaschine bezeichnet. Foerster (1993) beschreibt die Merkmale einer solchen Trivial-Maschine wie folgt:

– Das System lässt sich präzise beschreiben, es ist in seiner Wirkungsweise rekonstruierbar.
– Es funktioniert unabhängig von seiner eigenen Vergangenheit, der Faktor „Zeit" ist damit abstrahierbar.
– Die Wirkungen sind voraussagbar, aufgrund der einfachen, d.h. linearen Kausalstruktur (wenn – dann).
– Es gilt das Perfektionsprinzip, Abweichungen sind Störungen.

Psychische und soziale Systeme (d.h. Individuen und menschliche Gruppen) auf eine solch exakte Weise zu beschreiben und zu analysieren ist, im Gegensatz zu Computerprogrammen oder Maschinen, nicht möglich. Das Steuerungsverhältnis innerhalb sozialer Systeme kann nicht mit den Kriterien der Trivialmaschine beschrieben werden. Crook (1994) weist darauf hin, dass insbesondere die parallele Verarbeitung von Prozessen, die hohe Fehlerrobustheit und die Abkehr vom binären Entscheidungsanspruch auf Fragestellungen die Fähigkeiten und Möglichkeiten psychischer und sozialer Systeme weit über die von Trivialmaschinen erheben. Luhmann spricht hier von Nicht-Trivialmaschinen.

---

4 Innerhalb einer Klasse wird die Verarbeitung der Eingabe mit Hilfe so genannter Funktionen und Zuweisungsoperatoren vorgenommen. Diese wiederum kommunizieren mit den in einem Rechenwerk grundlegenden Operationen: Addition, Vorzeichenwechsel und Kommaverschiebung. Alle Computerprogramme sind letzten Endes auf diese drei Operationen zurückzuführen.

Diese „reagieren (…) typisch selbstbestimmt und zuverlässig. Wenn man es empathisch ausdrücken will, könnte man sagen, sie reagieren frei." (Luhmann, 1987, S. 16)

Das zugrunde liegende Menschenbild

Luhmann greift bei der Betrachtung von Nicht-Trivialmaschinen einen Grundgedanken auf, der auch im Konstruktivismus eine bedeutsame Rolle spielt: Die Selbstreferenzialität eines Systems (Luhmann, 2005). Das bedeutet, dass Nicht-Trivialmaschinen nicht in erster Linie auf den Input reagieren, sondern vor allem auf sich selbst. Sie reflektieren die eigenen Erfahrungen und Erwartungen. Menschliches Handeln kann also nicht vorhergesagt – und damit in letzter Konsequenz auch nicht erzogen werden.

Luhmann definiert Erziehung als „eine auf Veränderung von Personen gerichtete Veranstaltung sozialer Systeme, die an Resultaten orientiert sei" (Luhmann, 2005, S. 117). Damit müsse sie Personen wie Trivialmaschinen behandeln, d.h., sie ist darauf angelegt, einen Menschen dazu zu bringen, berechenbare, zuverlässige Antworten zu geben. Da der Mensch aber frei reagiert, kommt es zwangsläufig zu Konflikten.

Auch die Interaktion in einer Schulklasse ist, als Ganzes gesehen, ein selbstreferentielles System in Form einer Nicht-Trivialmaschine, da auch in einem sozialen System die Steuerung und die Vorhersage des Outputs nicht funktionieren. Eine exakte Unterrichtsplanung, beispielsweise durch Lehrpläne oder geplantes Lehrerhandeln, ist damit nicht möglich. Der Lehrer selbst ist nur ein Faktor des Geschehens und kann seine Wirkung auf das Gesamtsystem nicht kontrollieren, sondern nur seine Form der Kommunikation im System beisteuern. Daher sollte man den Lehrer nicht als Unterrichtsplaner oder ‚Beibringmaschine' sehen, sondern als jemanden, der günstige Rahmenbedingungen erkennt oder schafft, dass sinnvolle Ereignisse mit einer höheren Wahrscheinlichkeit eintreten, oder der hilft, dass die auftretenden Ereignisse produktiv für das Gesamtsystem umgesetzt werden. Der Lehrer ist also nicht Lenker, er trägt vielmehr dazu bei, dass das Unterrichtsgeschehen einen für das Gesamtsystem positiven Verlauf nimmt. Luhmann übt damit auch Kritik an dem von seinem Unterricht zu sehr überzeugten Lehrer und an der zunehmend zu beobachtende Output-Orientierung der Schule, die den Schüler wie eine Trivialmaschine behandelt und den Grad der Bildung mit – nur scheinbar – objektiven Tests zu messen sucht. Gerade in eher kreativ geprägten Situationen ist jedoch eine Bewertung und Beurteilung von Schülerleistungen sehr schwierig. Cohen (1993) empfiehlt sogar, kooperative kreative Prozesse der Schülerinnen und Schüler nicht zu bewerten, da dies die intrinsische Motivation stark beeinträchtigen kann. Auch Prenzel (1997) spricht dem Beschneiden der Autonomie eine demotivierende Rolle zu. Bohl (2006) stellt fest, dass offene Unterrichtsszenarien kein adäquates Bewertungsschema haben.

Zusammengefasst gilt damit für das Menschenbild Luhmannscher Prägung: Der Mensch ist ein Wesen, das seine Handlungen zu einem großen Teil selbstgesteuert plant und durchführt. Erzieherische Einflussnahme ist der Versuch, durch kommunikative Handlungen die Selbstreflexion des Menschen von außen anzustoßen. Ob dieser Versuch gelingt, ist grundsätzlich unsicher.

4.6 Lernpsychologische Erziehungstheorien und ihre zugrunde liegenden Menschenbilder

Ein weiterer Aspekt der Fallbearbeitung im Handlungsraum *Freiheit vs. Zwang* liegt in der psychologischen, genauer gesagt in der kognitionspsychologischen Betrachtungsweise der Aussagen. Auch für diesen Kontext existieren unterschiedliche Theorien und Systeme der menschlichen Entwicklung, die in letzter Instanz von anthropologischen Überzeugungen geprägt werden. An dieser Stelle soll zunächst eine Fallinterpretation helfen, die jeweiligen theoretischen Aspekte besser zu verstehen. Den Anfang macht dabei Burrhus Frederic Skinner, als Vergleich dazu werden weiter unten die Theorien von Ernst von Glasersfeld beschrieben.

4.6.1 Burrhus Frederic Skinner: Belohnung und Bestrafung

Illustration der Theorie durch den Fall
Der Lehrer könnte sich auch folgende Gedanken machen:
„Natürlich weiß ich selbst, wie schwer die von mir gewählte Aufgabe ist. Einen guten Künstler zeichnet in erster Linie die meisterliche Bedienung seines Handwerkszeugs aus. Erst durch die Kompetenz, die eigenen kreativen Ideen auch mit den dafür erforderlichen Werkzeugen umsetzen zu können, entsteht wahre Kunst. Das können die Kinder natürlich noch nicht umsetzen. Also werde ich versuchen, die Arbeitsschritte des Malens in möglichst kleine, aufeinander aufbauende Handgriffe aufzuteilen und zunächst einmal diese Handgriffe schulen. Ich könnte den Kindern zeigen, wie man mit einer Schere den Igel so präzise ausschneidet, dass die Umrandung vollständig zu sehen ist, jedoch nichts vom weißen Hintergrund. Das muss man natürlich erst einmal üben, bevor man zum nächsten Schritt gehen kann; und zwar nicht nur mit einem Igel, sondern gleich mit zehn. Gut ausgeschnittene Igel würde ich sofort belohnen. Mit einem goldenen Fleißstern. Wer zehn dieser Sterne gesammelt hat, bekommt eine Eins. Schlecht ausgeschnittene Igel bekommen einen schwarzen Stern. Goldene und schwarze Sterne heben sich auf; ein Überhang von zehn schwarzen Sternen führt zu einer schlechten Note.
Danach kommt das Ausmalen dran. Ziel dabei ist es, dass die gesamte Fläche des Igels sauber ausgemalt wird, keine leeren Stellen zu sehen sind und die Farbe gleich-

mäßig deckt. Das ist eine schwere Aufgabe, besonders an den Rändern. Daher sollen die Kinder zunächst einmal die nötigen Handgriffe auf mehreren Bögen weißen Papiers üben, bevor sie sich daran machen, die Igel auszumalen. Auch hierbei wird wieder mit den Sternen belohnt und bestraft. Denn auch hierfür gilt der alte Satz: Übung macht den Meister. Ich muss dabei die Kinder natürlich genau beobachten und neue Techniken erst dann zeigen, wenn keine Fehler mehr gemacht werden."

Eine Interpretation der Situation auf diese Weise beruht auf der Theorie von Skinner, dem so genannten operanten Konditionieren. Diese Theorie als Bezugsrahmen für das unterrichtliche Handeln hätte, in seiner extremen Form angewendet, eine möglichst genaue und exakte Beherrschung der handwerklichen Fertigkeiten der Kinder zum Ziel.

Der Schwerpunkt im Kunstunterricht läge auf einer exakten Einschulung der Handhabung des Materials, des Pinsels und der Farben sowie des Verhaltens im Unterricht. Der kreative Prozess steht dabei weniger im Vordergrund.

Beschreibung der Grundgedanken

Burrhus Frederic Skinner (* 20. März 1904 in Susquehanna, Pennsylvania; † 18. August 1990 in Cambridge, Massachusetts) gilt als der prominenteste Vertreter des so genannten Behaviorismus. Diese lernpsychologische Forschungsausrichtung wurde Anfang des 20. Jahrhunderts nach den Arbeiten von Thorndike und Watson begründet und war in erster Linie der Versuch, die Psychologie forschungsmethodisch näher an die Naturwissenschaften zu rücken. Zuvor war die gängige, von Freud begründete Analysemethode die Selbstbeschreibung des Patienten, mit welcher qualitative Aussagen über die Veränderung des menschlichen Geistes nur sehr schwer zu treffen waren.

Skinner sieht Lernprozesse im Wesentlichen als einen durch Belohnung und Bestrafung gesteuerten Vorgang. Kerngedanken der Theorie des Behaviorismus sind demzufolge Hinweisreize und die positive Verstärkung (Belohnung) des erwünschten Verhaltens bzw. die negative Verstärkung (Bestrafung) unerwünschten Verhaltens. Den intern ablaufenden kognitiven Prozessen beim Lernen wird keine Aufmerksamkeit geschenkt. Zwar geht Skinner nicht soweit, den Lernenden als "Black Box"[5] zu betrachten, erkennt also auch Gedanken, Gefühle und spontane Verhaltensweisen an, sieht aber doch die Konsequenzen des menschlichen Verhaltens als Angelpunkt für dessen Veränderung: Verhalten

---

5 Der Begriff „Black Box" wurde im Kontext des frühen Behaviorismus von Watson im zweiten Jahrzehnt des letzten Jahrhunderts (Watson, 1997) geprägt und ist eine Metapher für sämtliche internalen psychischen und kognitiven Prozesse, die sich (noch) nicht mit naturwissenschaftlichen Methoden objektiv messen, beschreiben und reproduzieren lassen. Aufgrund dieser fehlenden objektiven Messmethoden war die Verarbeitung von Hinweisreizen für die Psychologie nicht interessant. Wichtig war nur, dass zuletzt das als erwünscht festgelegte Verhalten (z.B. richtige Antworten) gezeigt wird.

wird durch seine Konsequenzen geformt („selection by consequences"). Skinners *Reinforcement Theory* postuliert, dass Menschen sich am wahrscheinlichsten in einer gewünschten Art und Weise verhalten, wenn sie dafür belohnt werden. Belohnungen sind am effektivsten, wenn sie unmittelbar auf das erwünschte Verhalten folgen.

Die bekanntesten Untersuchungen von Skinner sind seine Experimente mit Tieren, bei denen er die Veränderung des Verhaltens durch nachfolgende Konsequenzen untersuchte. In einem Experiment wurde in einem Kleintierkäfig ein Hebel angebracht, der so beschaffen war, dass eine Ratte physiologisch in der Lage war, diesen zu drücken. Skinner entdeckte dabei, dass die Häufigkeit der Hebeldrücke seiner Ratten nicht allein von vorhergehenden Stimuli abhängig war (wie dies Watson und Pawlow betont hatten), sondern vor allem von Reizen, die erst nach einem Hebeldruck folgten, beispielsweise eine Futterpille. Skinner erkannte, dass Verhaltensweisen nicht nur (wie die Reflexe) nach dem von Pawlow postulierten, relativ starren Reiz-Reaktions-Schema ablaufen, sondern maßgeblich durch die auf das Verhalten folgenden Konsequenzen beeinflusst werden. Er prägte für die so beim Testtier aufgebauten Bewegungsabfolgen den Fachausdruck operantes Verhalten. Den Vorgang, in dessen Verlauf das operante Verhalten erzeugt wird, bezeichnete er als operante Konditionierung.

Im Unterschied zur klassischen Konditionierung wird bei der operanten Konditionierung spontanes Verhalten durch die folgende Konsequenz gefördert oder vermindert. Als am wirkungsvollsten haben sich im Tierexperiment positive Verstärker herausgestellt, also eine Belohnung zum Beispiel durch Futter. Allerdings können auch Vermeidungsreaktionen durch entsprechende Bestrafungen konditioniert werden.

Während die klassische Konditionierung also stets auf einem bereits weitgehend vorhandenen Verhaltensrepertoire aufbaut und dieses im Grunde nur variiert, können mit Hilfe der operanten Konditionierung sehr vielfältige neue Verhaltensmuster erzeugt werden (gleichwohl müssen natürlich auch hier die grundlegenden Bewegungsabfolgen – zumindest als physiologisch möglich – schon vorher existieren). Die Dressur von Tieren basiert seit langem schon auf den von Skinner systematisch erforschten Techniken der Verhaltensformung.

Abb. 3: Operant konditionierter Elefant als Beispiel für die komplexe Dressurfähigkeit höher entwickelter Tiere. Foto: Lerche.

Das zugrunde liegende Menschenbild

Die in diesem Aufsatz geführte Diskussion über Freiheit vs. Zwang im behavioristischen Bezugsrahmen ist am besten zu verstehen, wenn man Skinners utopischen Roman Walden Two analysiert. Dieser Roman entstand 1948, noch unter dem Eindruck des zweiten Weltkriegs, und schildert das Leben einer durch operante Konditionierung geformten Gemeinschaft, einer kleinen Gemeinde mit zirka tausend Einwohnern. Die Kinder werden gemeinschaftlich auf Grundlage des Konditionierungsparadigmas, nach Möglichkeit vor allem durch positive Verhaltenskonsequenzen, erzogen. Strafen sind nur „ultima ratio" und gelten als Unfreiheit. Frei ist ein Mensch, wenn er überwiegend durch für ihn positive Verhaltenskonsequenzen konditioniert wird. Es gibt kein Geld, nichts hat einen Preis, die Arbeit beschränkt sich auf vier Stunden am Tag und weniger. Die Menschen werden konditioniert, einen gerechten Anteil für ihre Arbeit zu fordern und nicht zum Konsumismus angeregt wie im Kapitalismus. Allerdings wird Walden Two, wegen der in ihm propagierten, von vielen als manipulativ bewerteten Sozial- und Verhaltenstechniken auch als „negative Utopie" empfunden: Der Roman lässt die Frage offen, wer das Recht (die Allmacht) haben soll, die gesellschaftlichen Rahmenbedingungen und auch die ethischen Normen festzulegen, die das Zusammenleben der Angehörigen dieser Gesellschaft bis ins Kleinste bestimmen.

In den 1950er Jahren entwickelte Skinner auf der Grundlage seiner tierexperimentellen Studien und seiner in Walden Two beschriebenen lerntheoretischen Erwägungen „Lernmaschinen" und die Methode des „programmierten Lernens", die darauf beruhen, den gesamten Lernstoff in kleine Untereinheiten zu zerlegen, deren korrekte Wiedergabe „belohnt" wird durch die Erlaubnis, den nächsten Lernschritt zu unternehmen, so dass man im Selbststudium schrittweise sich Wissen aneignen und den Lernerfolg auch selbst kontrollieren kann. Diese Vorgehensweise war in den 1960er Jahren auch in Deutschland unter jungen Lehrkräften recht populär, geriet dann aber weitgehend in Vergessenheit und feierte erst durch die „modernen" PC-gestützten Sprachlernprogramme ein gewisses Comeback. Auch die so genannten Sprachlabors verdanken ihre Existenz letztlich den Skinnerschen Überlegungen.

Abbildung 3 zeigt einen thailändischen Elefanten beim Malen eines Bildes. Diesem Prozess liegt jedoch keine Kreativität zugrunde; Elefanten können, aufgrund der im Vergleich zu anderen Tieren relativ hohen Handlungsintelligenz, sehr komplex konditioniert werden. Die langjährige Zusammenarbeit zwischen dem Elefanten und seinem Mahut ermöglicht den Erwerb erstaunlicher Fähigkeiten wie beispielsweise das Malen eines Bildes. Von einem kreativen Prozess kann in diesem Zusammenhang jedoch nicht gesprochen werden, da die Bewegungen des Elefanten durch genaues Training im Vorfeld festgelegt wurden. Die Elefanten erkennen nicht, dass sie Elefanten malen, ihnen fehlt das Symbolverstehen als Grundlage der Kreativität. Dass es sich bei der – durchaus beeindruckenden – handwerklichen Leistung des Elefanten nicht um das Ergebnis eines kreativen Prozesses handeln kann, zeigt auch, dass alle von diesem Elefanten gemalten Bilder sich wie ein Ei dem anderen gleichen.

Durch diese Illustrationen kann auf das dieser Theorie zugrunde liegende Menschenbild geschlossen werden: Es gibt einen gültigen, sozusagen erwünschten, Verhaltenskanon, auf den hin der einzelne Mensch zu erziehen ist. Jeder Mensch kann durch Methoden der Belohnung und Bestrafung dahin konditioniert werden, das erwünschte Verhaltensmuster in unterschiedlichen Kontexten zu zeigen. Selbstreflexion, wie sie beispielsweise für Luhmann maßgeblich ist, wird in diesem Menschenbild nicht fokussiert, es wird vielmehr davon ausgegangen, dass Verhalten und Verhaltensänderung von außen steuer- und kontrollierbar ist.

4.6.2 Ernst von Glasersfeld: Erziehung als soziales Aushandeln

Illustration der Theorie durch den Fall

Eine weitere Interpretationsmöglichkeit des Falles könnte in folgender Aussage münden:

„Kunst bedeutet in erster Linie Kreativität. Das ist etwas, was ich nicht schulen, sondern wo ich maximal den selbstgesteuerten Erwerb unterstützen kann, denn ich kann doch den Kindern nicht meinen Geschmack eintrichtern. Das mit dem Übertragen von Wissen à la Nürnberger Trichter funktioniert ja ohnehin nicht. Ich kann nicht sagen: Das ist die Wirklichkeit und so muss das Bild aussehen. Kinder konstruieren sich ihre Wirklichkeit selbstgesteuert und autonom. Das heißt: Ich kann Anreize bieten, aber Lernen muss man immer noch selbst, und damit liegt die Verantwortlichkeit für den Lernerfolg in erster Linie bei den Kindern. Ich kann nur versuchen, die Umgebung so gut wie möglich zu gestalten, um den Kindern einen möglichst großen Handlungsraum zu bieten. Das heißt also: Möglichst viele Materialien, möglichst wenig Regeln. Am besten gestalte ich eine Lerntheke, lege also viele Blätter und Zweige, Papier, Kleber, Buntstifte und andere Gestaltungsmöglichkeiten bereit und geben den Kindern ein paar Ideen in Form von Schilderungen und Geschichten. Die Kinder werden, bei vorhandenem Interesse, selbstgesteuert und in Gruppen ihre Ideen austauschen und umsetzen."

Der Lehrer geht davon aus, dass es keine ontologische Wirklichkeit gibt, sondern die wahrgenommene Umwelt individuell so konstruiert wird, dass ein bewusstes und erfolgreiches Handeln in ihr möglich wird. Grundsatz ist dabei die Viabilität (Brauchbarkeit) von Erkenntnissen: Wenn etwas für mich passt, ist es richtig. Aber etwas wird nicht nur deshalb richtig, weil es ein anderer zu mir sagt.

Auf den Fall bezogen heißt das: Eine reine Beschreibung der Fertigkeiten und Kompetenzen reicht oftmals nicht aus. Der Kunstlehrer beschreibt die vorgegebenen Standards sehr präzise und geht davon aus, dass die Schülerinnen und Schüler seine Worte in der von ihm intendierten Weise interpretieren. Möglicherweise jedoch sind das geteilte Wissen oder die geteilten Kompetenzen so gering, dass diese die Anforderungen des Lehrers nicht oder nur unzulänglich mit ihrem vorhandenen Wissen und Handlungsrepertoire interpretieren können; sie hätten also keine Vorstellung von den Tätigkeiten, die auszuführen wären. Vielleicht interpretierte die Schülerin des Beispielbildes die Anweisung „Überschneiden der Blätter" anders, als vom Lehrer intendiert.

Diese Interpretation des Falles verläuft entlang einer radikal konstruktivistischen Perspektive, wie sie beispielsweise von Ernst von Glasersfeld vertreten wird.

Beschreibung der Grundgedanken

Der radikale Konstruktivismus ist eine von Ernst von Glasersfeld (* 8. März 1917 in München, †12. November 2010 in Leverett) geprägte Theorie des Wissens, die sich deutlich von dem beschriebenen operanten Konditionieren unterscheidet. Die Kernaussage des radikalen Konstruktivismus besagt, dass eine Wahrnehmung niemals ein Abbild der Realität liefert, sondern immer eine Konstruktion aus Sinnesreizen und Gedächtnisleistung eines Individuums ist. Deshalb ist Objektivität im Sinne einer Übereinstimmung von wahrgenommenem (konstruiertem) Bild und Realität unmöglich. Ausnahmslos jede Wahrnehmung ist subjektiv und selbst konstruiert. Von Glasersfeld stellt sich damit gegen die ontologische Wahrheitslehre.

Der radikale Konstruktivismus besagt, dass das gesamte Wissen nur in den Köpfen von Individuen existiert, und dass ein denkendes Individuum sein Wissen nur auf der Grundlage der eigenen Erfahrung über seine Körpersinne zusammenfügen kann. Kein Individuum kann die Grenzen seiner persönlichen Erfahrung überschreiten. Die Erkenntnis eines „objektiven Wissens", der Wahrheit, der ontologischen Realität ist daher nicht möglich. Auch wenn viele Menschen die gleiche wissenschaftliche Erkenntnis für sich erfolgreich verwenden, wird diese dadurch nicht objektiv wahr, sondern nur für diese Gruppe viabel, also brauchbar.

Jede Wahrnehmung ist das Ergebnis eines Sinnesreizes und dessen Verarbeitung im Nervensystem. Die Veränderung von Sinnesdaten in elektrische Impulse im Nervensystem macht es unmöglich, einen Rückschluss zu ziehen auf die Natur des Dings an sich, d. h. auf die ursprüngliche Beschaffenheit des auslösenden Agens. So schreibt von Glasersfeld: „Niemand wird je imstande sein, die Wahrnehmung eines Gegenstands mit dem postulierten Gegenstand selbst, der die Wahrnehmung verursacht haben soll, zu vergleichen" (v. Glasersfeld, 1992, S. 12). Erkenntnis liefert damit kein Bild der realen Welt, sie liefert nur eine subjektive Konstruktion, die zur Welt bzw. auf die wahrgenommenen Informationen *passt*.

Das zugrunde liegende Menschenbild

Es ist nicht zu verleugnen, dass trotz der umfangreichen Auseinandersetzung mit konstruktivistischen Thesen und auch vieler Diskussionen über das Lehren an sich, bislang noch keine umfassende Didaktik im Bereich des radikalen Konstruktivismus erarbeitet wurde (Müller, 2001). Dem radikalen Konstruktivismus zufolge müsste jede Form von Lernen auf die eigene, subjektive Weise ablaufen, ohne Eingreifen, nur verbunden mit einer Wegbereitung durch den Lehrer. Wissen sollte auch nach Müller (2001) aktiv aufgebaut werden, doch dies ist seiner Ansicht nach in der Praxis aufgrund der Umstände, z.B. institutionellen Vorgaben, nicht immer möglich. Deswegen sollte man in Instruktion und Konstruktion keine Gegensätze sehen, sondern eine Möglichkeit, Unterricht neu und mit konstruktivistischen Zügen zu gestalten. Das Ziel ist somit nicht, den gesamten Unterrichtsstoff selber erfinden und entdecken zu lassen, sondern der Lehrer sollte ein Gefühl dafür bekommen, welche Methode zu welcher Zeit die richtige ist, um ein möglichst gutes Ergebnis zu erzielen.[6] Hier muss auch wieder auf die gesellschaftlichen Gegebenheiten geachtet werden: Um in einer Kultur leben zu können, ist es unumgänglich, Voraussetzungen zu erwerben, die notwendig sind, um in ihr zu bestehen.

Es ist nun das Bestreben vieler der moderateren Formen des Konstruktivismus, keine reinen, oft sehr abstrakten Theorien zu erschaffen, sondern ein Konzept bzw. eine Sichtweise, die speziell in der Praxis angewandt werden kann. Unterricht im Sinne konstruktivistischer Thesen soll verständlich und greifbar gemacht werden. Nach Müller (2001) gibt es viele Unterschiede zwischen radikalkonstruktivistischer Erkenntnistheorie und konstruktivistischer Lerntheorie; doch trotz aller Eigenarten wird auch hier von einer Konstruktion der eigenen Wirklichkeit ausgegangen. Jeder Mensch baut im Hinblick auf seine ganz eigenen Erfahrungen Wissen aktiv auf und gestaltet seine Welt. Lernen ist damit keine Aufnahme von Informationen, sondern ein aktives und selbstgesteuertes Interpretieren dieser Informationen. Effektives Lernen basiert auf Absichten, Selbststeuerung, Ausarbeitungen und repräsentativer Begriffsbildung des einzelnen Lerners. Dieser Prozess wird durch mehrere Aspekte wie das Vorwissen und die spezielle Aufgabenstellung beeinflusst. Folglich kann man auch Wissen nicht einfach durch Instruktion „weitergeben". Was wir wissen, stammt also nicht aus irgendeiner externen Quelle, sondern ist von jedem Einzelnen von uns generiert. Ob und was gelernt wird, hängt damit in starkem Maße vom Vorwissen, von der Vorerfahrung und von Überzeugungen der Lernenden ab. Wegen dieser interindividuell variierenden Vorbedingungen ist es notwendig, dass Lernende ihre Aktivitäten selbst steuern können. Dabei sind Lernprozesse in einer konstruktivistischen Sichtweise nie nur individuelle Vorgänge; sie beziehen immer soziale Prozesse mit ein. Die Wissenskonstruktion eines Einzelnen ist beeinflusst durch den sozialen Kontext, in dem das Lernen stattfindet (Gräsel et al., 1997; Levine, Resnick & Higgins, 1993, vgl. auch Kiel & Braune i.d.B., S. 207-221).

Aebli weist in diesem Zusammenhang darauf hin,
„daß es kein Wissen gibt, das man dem Schüler einfach geben könnte. Er muss es in jedem Falle selber aufbauen. Wir können ihm dazu nur Anstöße geben

---

6 Im unterrichtlichen Kontext sind vor allem abgeschwächte Formen des Konstruktivismus populär, welche vor allem den Prozess des Wissenserwerbs in den Fokus stellen (z.B. Kersten Reich, 2006)

und es richtig anzuleiten versuchen, wo er aus eigener Kraft nicht dazu gelangt. Wir müssen – mit anderen Worten – in seinem Denken und Verhalten Prozesse anzubahnen versuchen, bei deren Lösung er zu den Handlungsschemata, den Operationen und Begriffen gelangt, die wir ihm vermitteln wollen." (Aebli, 1993, S. 28)

Dass der Kommunikationsprozess nicht als alleiniges Übertragen von Wissen gesehen werden kann, zeigt folgender Versuch: In einem Seminar zum Thema *Konstruktivismus* wurden die Studierenden gebeten, sich paarweise Rücken an Rücken zu setzen. Ein Studierender bekam ein Bild, auf dem ein Stoffbär zu sehen war, ein anderer Schüler musste den Bären zeichnen. Dabei durfte er sich nur auf die Beschreibungen seines Partners stützen, das Bild selbst bekam er nicht zu Gesicht. Die Kommunikation wurde dabei bewusst eingeschränkt, um die Auswirkungen von geringem geteilten Wissens auf den Prozess der Wissensübermittlung zu zeigen: Weder durfte das Bild beim Namen genannt, noch Analogien verwendet werden; erlaubt waren nur Beschreibungen aus dem geometrischen Bereich, zum Beispiel: „Zeichne einen Kreis in der Mitte des Bildes. Zeichne einen Kreis innerhalb dieses Kreises, so dass seine Unterseite die Unterseite des größeren Kreises berührt." Abbildung 4 zeigt die unterschiedlichen Ergebnisse dieses Versuchs: Wegen des geringen gemeinsamen Vorwissens wurde der Bär von manchen Zeichnern nicht oder nur sehr spät als solcher erkannt, was unterschiedliche Interpretationen der Beschreibungen ergab.

Ausgehend vom Menschenbild aus konstruktivistischer Perspektive ändert sich sowohl die Rolle des Erziehenden wie auch die Rolle des Edukanden. Letzterem wird, analog zu Luhmann, ein hoher Anteil an freier Selbstreflexion bei der Planung und Durchführung der eigenen Handlungen zugeschrieben. Der Mensch definiert sein Menschenbild in erster Linie selbst. Dies geschieht ausschließlich auf der Basis seines Konstrukts der Umwelt als Ergebnis mannigfaltiger Auseinandersetzungen mit der (sozialen und physikalischen) Umwelt. Eine Beschreibung oder Diagnose eines Menschen durch einen anderen ist damit nicht möglich, man kann einem Subjekt Handlungen und Reaktionen lediglich – um mit Glasersfeld zu sprechen – unterschieben, das heißt: Man konstruiert implizite Wahrscheinlichkeiten für die Ausführung von Handlungen bei seinem Gegenüber. Damit ändern sich die Grundeinstellungen des gemeinsamen Erziehungs- und Lernprozesses zuallererst für den Erziehenden (Harteis, Gruber & Lehner, 2006):

– Erzieherisches Handeln stellt lediglich ein Angebot von Informationen und Werkzeugen zur Verfügung, die Zöglinge sind jedoch für den Konstruktionsprozess und damit auch für den Erfolg des Erziehungsprozesses selbst verantwortlich.

– Erziehung erfolgt durch soziales Aushandeln.

– Die Rolle der Erziehenden ändert sich von einer Erziehungsautorität hin zur Moderation und Begleitung des Erziehungsprozesses, mit der der selbstgesteuerte Erwerb von Fähigkeiten, Fertigkeiten und Einstellungen der Kinder begleitet und unterstützt wird.

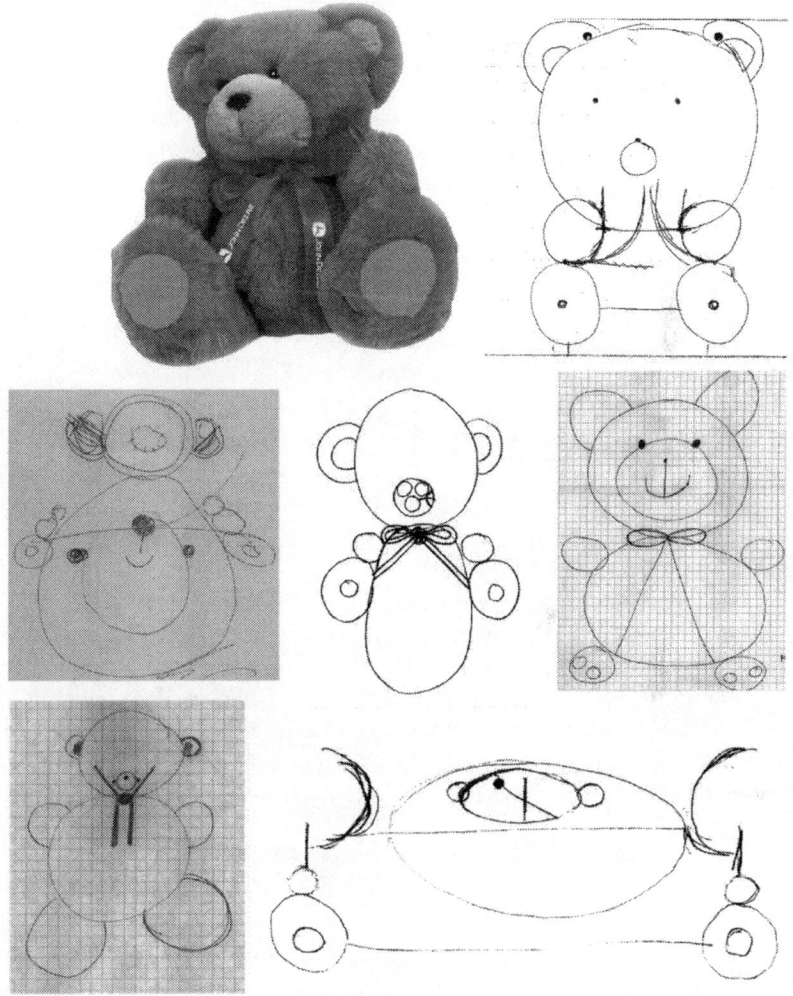

Abb. 4: Ergebnisse eines Versuchs im Seminar *Konstruktivismus*: Die Interpretation der Beschreibungen des Bären (oben links) lediglich durch geometrische Angaben wurden von den Studierenden unterschiedlich gelöst.

4.7 Klaus Schneewind: Freiheit in Grenzen

Im Vorhergehenden wurden vier Erziehungstheorien dargestellt, von denen zwei den Freiheitsgedanken in den Vordergrund stellen, zwei eine Erziehung durch Zwang fokussieren. Den Schluss des Kapitels soll nun Klaus Schneewinds Konzept *Freiheit in Grenzen* als gelungene Synthese der Pole *Freiheit* und *Zwang* bilden. Diesem Erziehungsmodell liegt ein humanistisch- demokratisches Menschenbild zugrunde, welches sich gleichzeitig der individuellen Entwicklung wie auch der Gemeinschaftlichkeit verpflichtet fühlt. Es zielt eindeutig darauf, den Menschen zur Freiheit, zum mündigen und selbstgesteuerten Handeln zu leiten. Dabei berücksichtigt es aber auch, dass dies nicht ohne sinnvolle Grenzsetzungen geschehen kann. Schneewinds Ansatz kann damit als Aufgreifen des Kantischen Paradoxes „Wie kultiviere ich die Freiheit bei dem Zwange?" in der modernen Erziehungsdiskussion angesehen werden (vgl. Steinherr i.d.B., S. 45-79)

Illustration der Theorie durch den Fall
Die Fallbearbeitung wird als fiktives Interview von Klaus Schneewind und dem Lehrer unseres Falles geführt. Die Aussagen von Klaus Schneewind stammen dabei aus einem Interview. welches er am 26.11.2003 in der Süddeutschen Zeitung gegeben hat.
Lehrer: Woher kommt es, dass viele meiner Kinder meine Anweisungen nicht so präzise ausführen, wie ich es will?
Schneewind: Ein zentraler Punkt ist wohl, dass es in den Jahren um 1970 einen massiven Umbruch bei den Wertvorstellungen der Eltern gegeben hat. Seitdem legen viele Eltern gesteigerten Wert darauf, dass sich ihr Kind entfalten kann – „mein Kind soll viele Freiräume genießen, es soll Lebensqualität haben", lauten die Ziele der Eltern. Gleichzeitig finden es Eltern heute nicht so wichtig, dass sich ein Kind in seine Umwelt einfügen kann und dass es Pflichten erfüllt.
Lehrer: Aber deswegen werden die Kinder doch nicht gleich verhaltensauffällig?
Schneewind: Aber im Alltag entstehen massive Probleme. Denn diese Eltern setzen ihren Kindern wenige Grenzen, weil sie ja den Freiraum der Kinder möglichst wenig beschränken wollen. Kinder aber gehen häufig an die Grenzen dessen, was Eltern zulassen – das ist normal und gehört zu jeder Kindheit. Irgendwann sind diese Eltern mit ihrer Toleranz am Ende, und die Situation kippt. Dann reagieren sie plötzlich autoritär und greifen durch. Später haben sie Schuldgefühle, weil sie so bestimmend waren – und lassen ihren Kindern dann wieder alles durchgehen, um die Schuldgefühle zu besänftigen. Den Kindern aber fehlt eine klare Markierung dessen, was von den Eltern geduldet wird und

was nicht. Was die Kinder dadurch letztendlich lernen, ist, dass sie nur genügend Zoff machen müssen, um das zu bekommen, was sie wollen.

Lehrer: Was muss ich denn dann als Lehrer machen? Was ist denn der ideale Unterrichtsstil?

Schneewind: Ich bezweifle, dass es den gibt. Schließlich gibt es weder perfekte Eltern noch perfekte Kinder. Aber eine Fülle von empirischen Daten zeigt, dass eine bestimmte Erziehungshaltung für Kinder förderlich ist. Ich würde dieses Prinzip als „Freiheit in Grenzen" bezeichnen. Das bedeutet, dass Erziehende ihren Kindern die Möglichkeit geben, sich entsprechend ihren Neigungen zu entwickeln. Andererseits setzen Erziehende Grenzen, wo die Freiheiten anderer tangiert sind. Und ein drittes Merkmal: Bei Konflikten gehen diese Erziehenden mit den Kindern in einer wertschätzenden Weise um.

Lehrer: Wie könnte das bei meinen zehn- bis elfjährigen Kindern aussehen?

Schneewind: Ich kann mich an eine Studentin erinnern, die im Seminar von ihrem elfjährigen Sohn erzählt hat. Er hatte sich einen Kassettenrecorder auf die Wiese gelegt und wollte nun zu einem Freund radeln. Die Mutter wollte, dass der Sohn zuerst den Recorder wegräumt. Seine Antwort: „Das mache ich, wenn ich wiederkomme." Die Mutter wusste nicht recht, wie sie das verhindern sollte – und es hat eine Weile gedauert bis ihr die Lösung klar wurde. Die Lösung heißt: „Du fährst nicht weg, bevor du den Recorder aufgeräumt hast." Das gibt dem Kind die Verantwortung für den Kassettenrecorder, setzt eine Grenze und lässt einen Freiraum. Denn der Sohn kann sich entscheiden, was er tut. Insofern ist der Satz auch kein autoritärer Befehl.

Wie könnte also erzieherisches Handeln gestaltet werden, welches auf die Schneewindschen Theorien Bezug nimmt?

Ein Vorschlag könnten die folgenden Überlegungen des Lehrers sein:
„Meine Überlegungen, eine Erwartung vorzugeben und gleichzeitig einen Freiraum zur Entfaltung der eigenen Kreativität zu erhalten, waren grundsätzlich richtig. Mein Fehler war aber möglicherweise, dass ich die Grenzen zu eng gesetzt und damit den Entfaltungsspielraum zu stark eingeschränkt habe. Damit nehme ich dem Schüler Jürgen die Möglichkeit, einschätzen zu können, welche Erwartungen genau bestehen (Grenzen) und welche Möglichkeiten er hat, die Freiheiten innerhalb des Handlungsraums zu nutzen. Das heißt für mich konkret, dass ich zum einen meine Erwartungen an die Kinder weiterhin zum Ausdruck bringe, zum anderen damit rechne, einzelnen Schülern in einem erweiterten Handlungsraum individuelle Hilfen zur Analyse und Entdeckung eigener Möglichkeiten geben zu müssen. Dabei muss ich vor allem darauf achten, welche Anregungen von den Kindern kommen und nicht im Prozess die Grenzen enger ziehen, wenn ein Schüler mit meinen Anforderungen nicht zurechtkommt. Denn dadurch werde ich unvorhersagbar und wirke autoritär. Gleichzeitig muss ich deutlich machen, dass Reaktionen, die die

Grenzen überschreiten, nicht toleriert werden. Dies gilt insbesondere für Verhaltensweisen, die im Unterricht nicht passend sind und den Verlauf extrem stören. So sollte beispielsweise eine Verweigerung der Arbeit angesprochen und im Dialog mit dem Schüler gelöst werden, wobei ich keinen Hehl aus meiner Meinung machen brauche, allerdings auch echtes Interesse am Schüler und dessen Beweggründen für sein Handeln zeigen sollte. So finden wir am besten gemeinsam eine Lösung für unser Problem."

Beschreibung der Grundgedanken

Nach Klaus Schneewind häufen sich die Belege dafür, dass immer mehr Kinder und Jugendliche in der heutigen Zeit Persönlichkeits- und Verhaltensstörungen aufweisen, was unter anderem damit zusammenhängt, dass die Erziehungskompetenz von Eltern abnimmt. Dennoch sieht er die Gesamtsituation nicht negativ:

„Zum einen hat es, beginnend mit Homer und seitdem in allen Epochen der Menschheitsgeschichte, immer wieder Klagen der Erwachsenengeneration über die Disziplin- und Sittenlosigkeit der nachfolgenden Generation und eine Verherrlichung der ‚guten alten Zeit' gegeben. Zum anderen gilt für den weitaus größten Teil heutiger Familien, dass das Verhältnis zwischen Eltern und Kindern überwiegend positiv und für die Kinder entwicklungsförderlich ist" (Schneewind, 2002, S. 6).

Die Definition des Schneewindschen Erziehungsbegriffes *Freiheit in Grenzen* muss zunächst durch die Abgrenzung von den beiden Gegenentwürfen *Freiheit ohne Grenzen* (antiautoritäre Erziehung) und *Grenzen ohne Freiheit* (autoritäre bzw. autokratische Erziehung) geschehen. (Vergleiche hierzu auch die Erziehungsstile *Permissiv/Vernachlässigend* und *Autoritär* nach Tausch & Tausch, 1971).

Der Erziehungsstil *Freiheit ohne Grenzen* ist vor allem durch elterliche Nachgiebigkeit und, in manchen Fällen, durch Unengagiertheit gekennzeichnet. Die Wertschätzung kann also hoch (Eingehen auf die Bedürfnisse der Kinder) oder gering (Vernachlässigung) sein. Die Anforderungen der Eltern an die Kinder sind sehr niedrig oder zu vage, so dass die Kinder nicht verstehen, ob oder was überhaupt von ihnen gewünscht wird. Schneewind sieht die Gefahr dieses Erziehungsstils im möglichen Erwerb einer Perspektiv- und Antriebslosigkeit.

Der Erziehungsstil *Grenzen ohne Freiheit* ist dadurch gekennzeichnet, dass Eltern nur sehr wenig auf die Bedürfnisse der Kinder eingehen, ihnen damit also eine sehr geringe Wertschätzung oder gar Liebe entgegenbringen. Andererseits werden aber hohe Forderungen gestellt, deren Nichterfüllung mit entsprechend strengen Sanktionen geahndet wird. Wird Gewalt als Möglichkeit der Problemlösung im elterlichen Haushalt vorgelebt, kann sie von den Kindern in die eigenen Handlungsoptionen übernommen werden. Gewaltfreie Konfliktbearbeitung, etwa durch Kommunikation, wird nicht gelernt.

Im favorisierten Konzept *Freiheit in Grenzen* gestehen Eltern ihren Kindern innerhalb der gesetzter Grenzen altersgemäßen Freiraum zu, damit diese ihre eigenen Erfahrungen machen und die Konsequenzen des eigenen Handelns erkennen können. Dies unterstützt sie in ihrer Entwicklung zu eigenständigen Persönlichkeiten. Eltern sollten ihre erzieherische Einstellung in ihren Erziehungshandlungen deutlich zu erkennen geben. Konkret heißt dies für die drei zentralen Merkmale von „Freiheit in Grenzen" (Schneewind, 2002, S. 11)

Elterliche Wertschätzung äußert sich darin, dass Eltern
– die Einmaligkeit und Besonderheit ihrer Kinder anerkennen;
– dass sie ihre Kinder in allen Situationen respektvoll behandeln;
– dass sie ihre Kinder unterstützen und ihnen helfen, wann immer sie das brauchen;
– dass sie sich freuen, mit ihren Kindern zusammen zu sein und gemeinsame Aktivitäten genießen.

Fordern und Grenzensetzen bedeutet, dass Eltern
– ihren Kindern etwas zutrauen und Forderungen stellen, die ihre Entwicklung voranbringen;
– dass sie Konflikte mit ihren Kindern nicht scheuen, aber konstruktiv austragen;
– dass sie ihren Kindern gegenüber eine eigene Meinung haben und diese überzeugend vertreten;
– dass sie klare, dem Entwicklungsstand angemessene Grenzen setzen und auf deren Einhaltung bestehen.

Gewährung von Eigenständigkeit heißt für die Eltern
– dass sie ihre Kinder mit ihren Bedürfnissen und Ansichten ernst nehmen;
– dass sie prinzipiell gesprächs- und kompromissbereit sind;
– dass sie ihren Kindern ein Optimum an eigenen Entscheidungen ermöglichen und dadurch die Entscheidungsfähigkeit und Selbstverantwortlichkeit stärken;
– dass sie ihren Kindern Möglichkeiten eröffnen, eigene Erfahrungen zu sammeln.

Schneewind stellt dabei heraus, dass diese Prinzipien nicht nur für die elterliche Erziehung gelten:

„Im Übrigen verstärken und festigen andere Erwachsene, mit denen die Kinder in Berührung kommen und die eine ähnliche autoritative Haltung an den Tag legen wie ihre Eltern, die positive Weiterentwicklung der Kinder. In diesem Sinne ist das Konzept „Freiheit in Grenzen" nicht nur familienspezifisch anwendbar, sondern eignet sich auch als generelle Leitidee für andere Sozialisations- und Entwicklungskontexte innerhalb von Gesellschaften wie der unsrigen, die sich einem freiheitlich-demokratischen Werteprofil verpflichtet fühlen" (Schneewind, 2002, S. 12). Schneewind erkennt also die Veränderung der Werte und Normen zwischen den verschiedenen Generationen an und setzt diese konstruktiv in dialogischer Form um, indem er beide Seiten, den Erziehenden und den Edukanden (und damit auch ihre jeweiligen Menschenbilder), in Interaktion treten lässt, um gemeinsam die individuellen Erziehungsziele und das jeweilige Erziehungshandeln zu planen und durchzuführen.

Der Schneewindsche Erziehungsansatz lässt sich auch für die schulische Erziehung anwenden, *Freiheit* und *Grenzen* sind hier allerdings zusätzlich institutionell geprägt: Erziehung in der Schule ist nicht allein autonome Aufgabe des Lehrenden, es gibt vorgegebene – in der Regel institutionelle – Grenzen. Zur systemtheoretischen Darstellung eignet sich das Mehrebenenmodell von Bronfenbrenner (vgl. Weiß i.d.B., Kap. 2.2.2, S. 19-22; Saalfrank i.d.B., S. 123-160).
– Das Makrosystem (Grundgesetz, Erziehungs- und Unterrichtsgesetze auf Länderebene) gibt Gesetze und Verordnungen als Rahmen vor, der nicht überschritten werden darf. Zudem bestimmt es die Grundzüge des Menschenbildes.
– Das Mesosystem (Verwaltungs- und Schulebene) nimmt diesen Rahmen auf und gestaltet ihn für alle Mikrosysteme aus. Hier sollten Einigungsprozesse zur Schaffung einer einheitlichen Erziehungshaltung an einer Schule stattfinden.
– Das Mikrosystem (Ebene der Schulklasse) ergänzt diese Konkretisierung um die individuellen Voraussetzungen (z.B. Persönlichkeiten, Kontext, Probleme, Rahmenbedingungen) und führt Erziehung aus.

Hinzu kommt noch das Exosystem, beispielsweise in Form von Presse (gibt ein Meinungsbild, welches die Konzeption und Handlungen beeinflussen kann) und Wissenschaft (liefert unerlässliche Informationen für die Ausgestaltung von Erziehung in der Schule).

Somit bedeutet Erziehung in der Schule, dass es selbstverständlich Grenzen des Handelns gibt, welche – im Idealfall – Konsens innerhalb der Mikrogesellschaft „Klasse" sind, allerdings auch im Zweifelsfall vom Lehrer bestimmt werden können. Am besten initiiert der Lehrer in einer neuen Klasse die Aushandlung der Grenzen in den ersten Unterrichtsstunden und präzisiert diese bei unvorhergesehenen Präzedenzfällen, oder er greift die spontane Initiative der Klasse für Regelabänderungen auf.

Dies fordert vom Lehrer natürlich eigene Ansichten und Einstellungen zu Erziehungsfragen, verbunden mit der Fähigkeit, diese argumentativ zu vertreten. Erziehung gelingt im Kontext *Schule* in der Regel dann am besten, wenn die Schwerpunkte, die vom Lehrer gesetzt werden, mit denen vergleichbar sind, die vom Mesosystem Schule vermittelt werden. Ein Einigungsprozess innerhalb der Schule über Menschenbilder und Erziehungsziele ist daher in jedem Fall ratsam und geboten.

Das zugrunde liegende Menschenbild

Schneewinds Menschenbild ist das von der Aufklärung geprägte Ideal des selbstständigen, über sich selbst bestimmenden Menschen, der an demokratischen Prozessen verantwortungsvoll teilnehmen kann. Damit muss Erziehung dialogisch sein, sie kann weder als bloße Tradierung der eigenen und der gesellschaftlichen Wertvorstellungen auf den Zögling funktionieren noch kann *nicht erzogen* werden, wie die *Antipädagogik* fordert (vgl. Steinherr i.d.B., Kap. 3.5, S. 72-74). Der Erziehungsstil *Freiheit in Grenzen* ist den Stilen *Grenzen ohne Freiheit* und *Freiheit ohne Grenzen* also eindeutig vorzuziehen. Auf der Ebene des konkreten Erziehungshandelns besteht allerdings ein Spielraum für unterschiedliche Gewichtungen der Wertvorstellungen, unterschiedliche Ansichten und Erwartungen über Erziehungsziele und -haltungen, und methodische Überzeugungen. Wichtig ist es daher, sich zu bemühen, die subjektiven Voraussetzungen (Welche Ansichten habe ich? Was bringt der Zögling mit?) und die intersubjektiven Vereinbarungen (Welche Anforderungen gelten im aktuellen gesellschaftlichen Kontext?) zu erkennen und in Bezug auf die eigenen Erziehungshandlungen zu reflektieren.

4.8 Aufgaben

4.8.1 Fallbasierte Aufgabe[7]

Die Klasse 9b ist eine von vier neunten Klassen eines mathematisch-naturwissenschaftlichen Gymnasiums in einer größeren Stadt. Die Schule besuchen etwa tausend Schülerinnen und Schüler. Da es sich um eine der Computer- bzw. Laptopklassen der Schule handelt, hat jeder Schüler auch einen eigenen Laptop sowie freien Internetzugang. Insgesamt gibt es an der Schule sechs Laptopklassen in den Jahrgangsstufen sieben bis neun.
Die Klasse gilt in der Schule nicht als „Problemklasse", trotzdem kommt es bei manchen Lehrern gelegentlich zu Unterrichtsstörungen. In der Regel

---

7 Für die Recherche und Aufarbeitung des Falles danke ich Herrn Andreas Schwarzbach.

herrscht ein angenehmes soziales Klima in der Klasse, der Umgang miteinander ist meist freundlich und respektvoll.

Lehrer Baum ist 35 Jahre alt und unterrichtet seit drei Jahren Erdkunde und Wirtschaft an der Schule. In der Klasse 9b unterrichtet er Erdkunde, außerdem ist er der Klassenlehrer. Lehrer ist er aus Leidenschaft geworden, deshalb versucht er auch, seinen Unterricht möglichst interessant und abwechslungsreich zu gestalten.

Bei seinen Kollegen ist er beliebt und gilt als freundlich, engagiert und hilfsbereit. Im Privatleben ist er glücklich verheiratet und Vater einer zweijährigen Tochter.

Im Erdkundeunterricht der Klasse 9b wird an diesem Tag die naturräumliche Gliederung Nordamerikas in Gruppenarbeit durchgenommen. Die dreißig Schüler sitzen jeweils in Fünfergruppen zusammen und bearbeiten die Aufgaben. Manche Schüler verwenden dafür den Atlas und das Schulbuch, andere wiederum benutzen ihren Laptop, um im Internet zu recherchieren. Die Schüler diskutieren in Zimmerlautstärke miteinander und sind relativ konzentriert. Der Lehrer geht durch den Klassenraum, bleibt ab und zu bei einer Gruppe stehen und diskutiert mit den Schülern über die Aufgaben. Gerade ist er bei der Gruppe angekommen, die in der hintersten Ecke des Klassenzimmers sitzt. Er setzt sich mit dem Rücken zur restlichen Klasse und es entsteht folgendes Gespräch:

EVA: „ Herr Baum, wir verstehen das nicht ganz. Warum gibt es in Salt Lake City nur 110 mm Niederschlag pro Jahr und in Los Angeles 373 mm? Ich finde dazu auch nichts im Internet. Die zwei Städte liegen doch so nah nebeneinander!"

LEHRER BAUM: „Habt ihr euch schon mal die Atlaskarte angeschaut? Da solltet ihr sicher Informationen finden! "

EVA: „Ja, da haben wir gesehen, dass die ganz nah nebeneinander liegen."

LEHRER BAUM: „Ich denke, da könnt ihr noch viel mehr herausfinden, so wie ich euch kenne! Schaut mal..."

Plötzlich wird es lauter im vorderen Teil des Klassenzimmers. Der Lehrer dreht sich um und sieht folgende Situation: In der Gruppe vorne am Fenster bearbeiten zwar die Schülerinnen Lisa und Miriam mit Hilfe des Schulbuchs die Aufgaben, aber gleichzeitig sitzen Marvin, Stefan und Luca lachend hinter ihrem Laptop. Der Lehrer hört folgende Satzfetzen:

MARVIN: „ Schreib mal, ..., die ist eh so ne, ..."

STEFAN: „ ... die Fotos! Hahaha, die hat ja, ..."

Lehrer Baum glaubt zu erkennen, dass die Internetseite *Facebook* auf dem Laptop der drei Schüler geöffnet ist.

Aufgabenbeschreibung
Wie würden Sie jetzt spontan reagieren? Machen Sie sich Notizen und diskutieren Sie eventuell darüber.
Entwerfen Sie in der Gruppe ein Rollenspiel der Figuren Lehrer Baum, Marvin und Stefan, welches nach den Erziehungsstilen
– Freiheit in Grenzen
– Grenzen ohne Freiheit
– Freiheit ohne Grenzen
geführt wird. Die erziehende Person ist dabei jeweils der Lehrer Baum. Führen Sie anschließend das Rollenspiel im Seminar durch.

Aufgabenerläuterung
Halten Sie sich bei den Gesprächen eng an die Aspekte zu den von Schneewind vorgestellten Erziehungsstilen. Setzen Sie die Richtlinien in ein authentisches Unterrichtsgespräch um und versuchen Sie, den jeweiligen Erziehungsstil möglichst genau zu treffen und alle Aspekte zu berücksichtigen.

Aufgabenbegründung
Das Ziel dieser Aufgabe liegt darin, die Unterschiede der von Schneewind beschriebenen Erziehungsstile als Erziehungsgespräch umzusetzen, um die von Schneewind dargestellten Handlungsmuster mit authentischem Inhalt zu füllen.

4.8.2 Vertiefungsaufgabe 1

Aufgabenbeschreibung
Wählen Sie aus den beschriebenen Menschenbildern zwei aus: Das, mit dem Sie sich am meisten, und das, mit dem Sie sich am wenigsten identifizieren können. Entwickeln Sie einen Unterrichtsentwurf, in dem mögliches Erziehungsverhalten aus Sicht der beiden Menschenbilder deutlich wird. Beachten Sie dabei insbesondere folgende Dimensionen:
– Disziplin
– Leistungsbewertung
– Persönlichkeitsentwicklung

Aufgabenerläuterung
Ausgangspunkt dieser Aufgabe sind die Theorien von Luhmann, Foucault, Skinner und von v. Glasersfeld. Beschreiben Sie zunächst möglichst genau, wie die institutionellen Voraussetzungen (Gesetze, Verordnungen, Lehrplan, Schule) gestaltet sein sollten, wenn die Theorie in ihrer Reinform die einzige und gängige Theorie des Unterrichtens wäre.

Aufgabenbegründung

Kerngedanke dieser Aufgabe ist die Verknüpfung der vorgestellten Theorien mit der Auffassung von Erziehung in der Schule. Sie sollen erkennen, welche Auswirkungen die vorgestellten Theorien auf den Unterricht und die Schule haben könnten. Anschließend können Sie beurteilen, welche Aspekte der Theorien von Luhmann, Foucault, Skinner und von v. Glasersfeld im Unterricht Ihrer Schule Gültigkeit haben.

4.8.3 Vertiefungsaufgabe 2

Aufgabenbeschreibung

Moderne Erziehungstheorien fokussieren Erziehung ohne Demütigung (z. B. Margalit[8] bzw. (als normatives Beispiel) die UN-Konvention). Untersuchen Sie für zwei der hier vorgestellten Theorien, inwiefern Potenzial für

a) Demütigung und

b) Wertschätzung

enthalten ist. Welche Konsequenzen ergeben sich jeweils für erzieherisches Handeln?

Aufgabenerläuterung

In diesem Aufsatz werden verschiedene Erziehungstheorien hinsichtlich der zugrunde liegenden Menschenbilder vorgestellt. Beschreiben Sie für zwei der hier vorgestellten Theorien die zugrunde liegenden Menschenbilder in eigenen Worten. Erörtern Sie anschließend, welchen Stellenwert die Aspekte „Demütigung" und „Wertschätzung" in diesen Menschenbildern einnehmen und illustrieren Sie die Konsequenzen für den Erziehungsprozess und mögliche Auswirkungen auf den zu Erziehenden.

Aufgabenbegründung

Auch in dieser Aufgabe ist der Kerngedanke die Verknüpfung zwischen den Menschenbildern und dem erzieherischen Handeln, wobei hier der Fokus auf den Folgen für den zu Erziehenden liegt. Eine theoretische Vorwegnahme dieser Folgen hilft Ihnen dabei, eigenes Handeln im jeweiligen Kontext besser einschätzen zu können.

---

8 Margalit, A. (1999). Politik der Würde. Über Achtung und Verachtung. Frankfurt a. M.: Fischer.

4.9 Literatur

Barz, H. & Tippelt, R. (2003). Bildung und soziales Milieu: Determinanten des lebenslangen Lernens in einer Metropole. *Zeitschrift für Pädagogik, 48* (3), 323-340.

Brezinka, W. (1990). *Grundbegriffe der Erziehungswissenschaft. Analyse, Kritik, Vorschläge.* München: Ernst Reinhardt.

Brezinka, W. (2003). Erziehungsziele. Konstanz, Wandel, Zukunft. In W. Brezinka (Hrsg.), *Erziehung und Pädagogik im Kulturwandel* (S. 56-639). München: Ernst Reinhardt.

Bohl, T. (2006). *Prüfen und Bewerten im offenen Unterricht.* Weinheim: Beltz.

Bundesvereinigung der Deutschen Arbeitgeberverbände (1998). *Schule in der modernen Leistungsgesellschaft.* Positionspapier des BDA.

Cohen, E. (1993). Bedingungen für produktive Kleingruppen. In G. L. Huber (Hrsg.), *Neue Perspektiven der Kooperation* (S. 45-53). Hohengehren: Schneider.

Crook, C. (1994). *Computers and the collaborative experience of learning.* New York: Routledge.

Durkheim, É. (1984). *Erziehung, Moral und Gesellschaft.* Vorlesung an der Sorbonne 1902/1903. Frankfurt/Main: Suhrkamp.

Edelmann, W. (2000). *Lernpsychologie.* Weinheim: Psychologie Verlags Union.

Eisermann, G. (1989). *Max Weber und Vilfredo Pareto.* Tübingen: J. C. B. Mohr.

Endruweit, G. & Trommsdorff, G. (1989). *Wörterbuch der Soziologie,* Stuttgart: Ferdinand Enke.

Essler, W. K. (2008). Als Mensch den Menschen erkennen… In D. von Ganten, V. Gerhardt, J.-C. Heilinger & J. Nida-Rümelin (Hrsg.), *What is Man? / Was ist der Mensch?* (S. 68-73). Berlin, New York: de Gruyter.

Fahrenberg, J. (2004). *Annahmen über den Menschen. Menschenbilder aus psychologischer, biologischer, religiöser und interkultureller Sicht.* Heidelberg: Asanger.

Fahrenberg, J. (2008). Die Wissenschaftskonzeption der Psychologie bei Kant und Wundt. *e-Journal Philosophie der Psychologie, 10,* http://www.jp.philo.at/texte/FahrenbergJ2.pdf

Flechsig (1996). *Kleines Handbuch didaktischer Modelle.* Eichenzell: Neuland.

Foerster, H. V. (1993). *Wissen und Gewissen. Versuch einer Brücke.* Frankfurt am Main: Suhrkamp.

Foucault, M. (1993). *Der Wille zum Wissen. Sexualität und Wahrheit 1.* Frankfurt am Main: Suhrkamp.

Foucault, M. ([9]1994). *Überwachen und Strafen. Die Geburt des Gefängnisses.* Frankfurt am Main: Suhrkamp.

Frey, T. & Bossert, M. (2008). *Signal- und Systemtheorie.* Wiesbaden: Vieweg + Teubner.

Gagne, R. (1985). *The Conditions of Learning.* New York: Holt, Rinehart & Winston.

Glasersfeld, E. v. (1987). *Wissen, Sprache und Wirklichkeit.* Wiesbaden: Vieweg.

Glasersfeld, E. v. (1992). Konstruktion der Wirklichkeit und der Begriff der Objektivität. In H. Gumin & H. Meier (Hrsg.), *Einführung in den Konstruktivismus* (S. 9-39). München: Piper.

Glasersfeld, E. v. (1996). *Der Radikale Konstruktivismus,* Frankfurt am Main: Suhrkamp.

Hansmann, O. (2006). Jean-Jacques Rousseau (1712–1778). Über die Kunst der Erziehung zur moralischen Freiheit in der entfremdeten Welt. In B. Dollinger (Hrsg.), *Klassiker der Pädagogik.* Wiesbaden: VS Verlag für Sozialwissenschaften.

Hebb, D. O. (1975). *Einführung in die moderne Psychologie.* Weinheim: Beltz.

Heid, H. (1996). Was ist offen im offenen Unterricht? *Zeitschrift für Pädagogik, 34* (Beiheft), 159 – 172.

Hentig, H. v. ([7]2007). *Bildung. Ein Essay.* Weinheim und Basel: Beltz.

Hobmair, H. (2002). *Pädagogik.* Troisdorf: EINS.

Kant, I. (²1982). *Ausgewählte Schriften zur Pädagogik und ihrer Begründung*. Paderborn: Schöningh.

Kemnitz, H. & Sandfuchs, U. (2006). Geschichte des Unterrichts. In K.-H. Arnold, U. Sandfuchs & J. Wiechmann (Hrsg.), *Handbuch Unterricht* (S. 26–37). Bad Heilbrunn: Klinkhardt.

Kögler, M. (2004). *Michel Foucault*. Stuttgart: J. B. Metzler.

Ladwig, B. (2004). Gerechtigkeit. In G. Göhler, M. Iser & I. Kerner (Hrsg.), *Politische Theorie. 22 umkämpfte Begriffe zur Einführung* (S. 119-136). Wiesbaden: VS Verlag für Sozialwissenschaften.

Levine, J. M., Resnick, L. B. & Higgins, E. T. (1993). Social foundations of cognition. *Annual Review of Psychology, 44*, 585-612.

Luhmann, N. (1987). *Soziale Systeme. Grundriß einer allgemeinen Theorie*. Frankfurt am Main: Suhrkamp.

Luhmann, N. (2005). Sozialisation und Erziehung. In D. Lenzen (Hrsg.), *Schriften zur Pädagogik* (S. 111-117). Frankfurt am Main: Suhrkamp.

Mainzer, K. (²2005). Determinismus. In J. Mittelstraß (Hrsg.), *Enzyklopädie Philosophie und Wissenschaftstheorie* (S. 167-169). Stuttgart: J.B. Metzler.

McLuhan, M. (1992). *Die magischen Kanäle. ,Understanding Media'*. Düsseldorf: Econ.

Meinberg, E. (1988). *Das Menschenbild in der modernen Erziehungswissenschaft*. Darmstadt: Wissenschaftliche Buchgesellschaft.

Pinker, S. (2002). *Wie das Denken im Kopf entsteht*. München: Kindler.

Prenzel, M. (1997). Sechs Möglichkeiten, Lernende zu demotivieren. In H. Gruber & A. Renkl (Hrsg.), *Wege zum Können. Determinanten des Kompetenzerwerbs* (S. 32-44). Bern: Huber.

Reich, K. (2006): *Konstruktivistische Didaktik*. Weinheim: Beltz.

Rethschulte, C. (1995). *Daniel Gottlob Moritz Schreber: seine Erziehungslehre und sein Beitrag zur Körperbehindertenhilfe im 19. Jahrhundert. Genese und historische Einordnung*. Heidelberg: Ed. Schindele.

Ridley, M. (2003). *Nature Via Nurture: Genes, Experience, and What Makes Us Human*. New York, NY: HarperCollins.

Rousseau, J.-J. (1998). *Émile oder Über die Erziehung*. Paderborn: Schöningh UTB.

Schluß, H. (2007) Erziehung zur Freiheit? Zur vermeintlich paradoxen Beziehung von Erziehungszielen und Erziehungsverhältnissen. *Die Deutsche Schule, 99* (1), 37-49.

Schneewind, K.A. (2002). Freiheit in Grenzen – Wege zu einer wachstumorientierten Erziehung. In H.-G. Krüsselberg & H. Reichmann (Hrsg.), *Zukunftsperspektive Familie und Wirtschaft* (S. 213-262). Grafschaft: Vektor-Verlag.

Schneewind, K.A. (2010). *„Freiheit in Grenzen" – Begründung eines integrativen Medienkonzepts zur Stärkung elterlicher Erziehungskompetenzen* [www-Dokument, entnommen am 25. 05. 2010]. http://www.paed.uni-muenchen.de/~ppd/freiheit/freiheit3/F-i-G_Medienkonzept.pdf

Schwarzbach, A. (2010). *Erziehung in der Schule in Theorie und Praxis. Fallstudie zur Gestaltung von Erziehungssituationen im Unterricht*. Unveröff. Zulassungsarbeit. München: Ludwig-Maximilians-Universität, Lehrstuhl für Schulpädagogik.

Sinatra, G. M. & Mason, L. (2008). Beyond knowledge: Learner characteristics influencing conceptual change. In S. Vosniadou (Ed.), *International Handbook of Research on Conceptual Change* (pp. 560-582). Berlin, Heidelberg: Springer.

Skinner, B. F. (1982). Was ist Behaviorismus? Reinbek bei Hamburg: Rowohlt.

Tausch, R. & Tausch, A.-M. (1971). Erziehungspsychologie. Psychologische Prozesse in Erziehung und Unterricht. Göttingen: Hogrefe.

Tulodziecki, G., Schlingmann, A., Mose, K., Mütze, Ch., Herzig, B. & Hauf-Tulodziecki, A. (1995). *Handlungsorientierte Medienpädagogik in Beispielen*. Bad Heilbrunn: Klinkhardt.

Watson, J. B. (1997). Behaviorismus. Eschborn bei Frankfurt am Main: Klotz.

5 Erziehung zwischen Familie und Schule
Wolf-Thorsten Saalfrank

Aggressivität – ein Zeichen von Männlichkeit?
In einer vierten Grundschulklasse wird seit längerer Zeit ein Junge bei den dort unterrichtenden Lehrkräften durch sein Verhalten auffällig. Selbst durch kleinere Provokationen seiner Mitschüler fühlt der Junge sich unverhältnismäßig heftig herausgefordert, sodass er neben verbaler Aggression auch zu körperlicher Gewalt neigt, bis hin zu der Tatsache, dass er auf Mitschüler mit Stühlen losgeht. Der Schüler selbst stammt aus einer deutschen Familie, die im Rahmen der SINUS-Milieus der Bürgerlichen Mitte zuzuordnen ist. Die Mutter ist Hausfrau, der Vater hat eine Bürotätigkeit in einem mittelständischen Unternehmen. Außerdem hat der Junge noch eine elf Jahre ältere Schwester, die jedoch auswärts studiert und nur am Wochenende zu Hause ist. Die schulischen Leistungen des Jungen bewegen sich im oberen Mittelfeld. Die Lehrer tendieren zu einer Realschulempfehlung, was auch im Sinne der Eltern ist. Nachdem die Gewaltausbrüche in der Schule immer massiver werden und auch durch Einzelgespräche mit dem Schüler nicht in den Griff zu bekommen sind, werden die Eltern zum Gespräch gebeten. Es kommen beide Eltern. Während des Gesprächs weint die Mutter fast die ganze Zeit und merkt nur an, dass sie zu Hause selbst keine Möglichkeit sieht, erzieherisch auf ihren Sohn einzuwirken. Der Vater wirft seiner Frau einen abwertenden Blick zu und äußert im Gegensatz zu ihr Bewunderung für seinen Sohn. Er betont, dass er das Verhalten seines Sohnes „pfiffig" finde und die ganze Aufregung nicht verstehe. Er sehe auch keinen Grund mit seinem Sohn darüber zu sprechen, da er die Art und Weise, wie dieser Konflikte löst, als gut und männlich bezeichne. Mit den Eltern kann somit keine einvernehmliche und einheitliche erzieherische Linie gefunden werden. Aus diesem Grund wird versucht, über Vereinbarungen und Regeln mit dem Jungen dessen Aggressionen zumindest bedingt zu kanalisieren. Im Klassenzimmer bekommt er einen Einzelplatz unmittelbar vor der Lehrkraft.

5.1 Erziehungsverantwortlichkeiten

Wer ist verantwortlich, wenn Erziehung scheitert? Der obige Fall macht diese Kontroverse sehr deutlich und zeigt gleichzeitig auch den Rahmen auf, der für dieses Kapitel leitend ist. So geht es zum einen um die Diskrepanz zwischen Elternhaus und Schule in Erziehungsfragen, aber auch um die Rolle des Staates in diesem Kontext, dem quasi eine Funktion als Regulativ beim Scheitern von Erziehung zukommt. Eine weitere Frage, die in diesem Kontext eine Rolle spielt, ist die nach den rechtlichen Möglichkeiten, sowohl auf der Seite der Familie als auch der Schule, um Erziehungsmaßnahmen durchzusetzen bzw. um Unterstützung in Erziehungsfragen zu erhalten. Die Betrachtung des rechtlichen Kontextes außerhalb der Schule im Hinblick auf Erziehungsfragen ist auch für Lehrkräfte von Bedeutung, da im Sinne einer Kooperation mit Institutionen der Kinder- und Jugendhilfe sowie natürlich auch in Beratungsgesprächen mit Eltern Kenntnisse in diesem Bereich notwendig und angebracht sind (vgl. zu den folgenden Ausführungen bes. Saalfrank, 2009).

So werden im Folgenden im Hinblick auf die drei Ebenen Familie, Staat, und Schule auch die Unterschiede deutlich, die zwischen diesen einzelnen Ebenen bestehen, wobei als vierte Perspektive noch die der Erziehungswissenschaft hinzukommt. Ausgehend vom ökosystemischen Ansatz Bronfenbrenners (vgl. Weiß i.d.B., Kap. 2.2.2, S. 19-22) mit dem Zögling als Mikrosystem, bildet der Staat das Makrosystem und die Schule zusammen mit der Familie das Mesosystem, in dem bestimmte erzieherische Handlungen ablaufen. Die Ebenen stehen in Wechselbeziehung zueinander. Die Erziehungswissenschaft, die hier als weitere Betrachtungsebene hinzukommt, kann im Anschluss an Bronfenbrenner als Exosystem verstanden werden, da diese Erkenntnisse die anderen Systemebenen tangieren und keinen unmittelbaren, sondern nur einen mittelbaren Einfluss auf die anderen Ebenen haben (vgl. Bronfenbrenner, 1981).

An dem oben geschilderten Fall werden vor allem die Diskrepanzen zwischen elterlichem und schulischem Erziehungshandeln deutlich, d.h. es können unterschiedliche Systemkonflikte ausgemacht werden, die sich wiederum aus den unterschiedlichen Verantwortlichkeiten der einzelnen Systemebenen ergeben. So kann man hier drei verschiedene Erziehungsvorstellungen identifizieren, die in dem geschilderten Elterngespräch aufeinanderprallen: Die Lehrerin und der Vater, die direkt ihre unterschiedlichen Erziehungskonzepte äußern, und die Mutter, die möglicherweise andere Vorstellungen hat, diese jedoch nicht klar artikuliert bzw. artikulieren kann.

Dieses Problem, das aus dem Fall abgeleitet werden kann, stellt für die in die folgenden Ausführungen eingebettete Fallinterpretation den entsprechenden Hintergrund dar.

5.2 Erziehung in der Familie

Die Familie, gleich, in welcher Zusammensetzung sie sich zeigt, ist die primäre Sozialisationsinstanz des Kindes, wo es, bevor es in die Schule kommt, zentrale Impulse erhält, um in die Gesellschaft hineinzuwachsen. Neben den Eltern kommt zwischenzeitlich noch frühkindlichen Betreuungs- und Erziehungsinstitutionen wie Kinderkrippen und Kindertagesstätten eine steigende Bedeutung zu, trotzdem bleibt die Familie in der Regel die prägende Instanz vor Schuleintritt.

5.2.1 Das Grundrecht auf Erziehung liegt bei den Eltern – Art 6, 2 GG

In Art. 6 GG (Grundgesetz), noch vor der Beschreibung des Schulwesens, geht die Verfassung auf die Familie ein und schützt das familiäre Erziehungsrecht als ein Grundrecht (Avenarius, 2010, S. 333 ff). Mit Bezug auf Art. 7 GG sind somit von Seiten des Grundgesetzes zwei Sozialisationsinstanzen durch den Staat unmittelbar geschützt, die Schule und das Elternhaus. Bevor auf das Verhältnis von Elternhaus und Schule eingegangen wird, zunächst einige Anmerkungen zu Art. 6 GG. In Art. 6 Abs. 2 und 3 GG werden die Beziehungen zwischen Eltern und Kindern geregelt, und zwar in pflegerischer und erzieherischer Hinsicht (Abs. 2) sowie in räumlicher Hinsicht (Abs. 3). Räumliche Hinsicht meint hier das Zusammenleben der Kinder mit den unmittelbar Erziehungsberechtigten, d. h., dies kann der alleinerziehende Elternteil sein, genauso wie die Adoptiv- oder Stieffamilie (Pieroth & Schlink, 1998, S. 157, Rn. 642). Anders ausgedrückt schützt Abs. 3 vor dem willkürlichen Eingriff des Staates und der Trennung der Kinder von ihren Eltern. Eine Trennung darf nur geschehen, wenn Eltern bei der Erziehung der Kinder versagen oder die Kinder zu verwahrlosen drohen. Der Eingriff des Staates wiederum muss auf einer gesetzlichen Grundlage erfolgen, dies ist hier das Bürgerliche Gesetzbuch (BGB) in Verbindung mit dem Kinder- und Jugendhilfegesetz (KJHG,) und muss immer dem Wohl des Kindes dienen. Ein weiterer Bereich ist der des Sorgerechts.

Mit der Regelung des Sorgerechts, nach der die Eltern Rücksicht auf die zunehmende Einsichts- und Verantwortungsfähigkeit der Kinder nehmen müssen, trifft er („der Staat" Anm. d. Verf.) den Ausgleich zwischen dem Elternrecht und den erstarkenden Grundrechten der heranwachsenden Kinder. Bei Interessenkollisionen zwischen dem Kind und seinen Eltern kommt den Interessen des Kindes grundsätzlich der Vorrang zu (Pieroth & Schlink, 1998, S. 161, Rn. 658).

Ein weiterer Eingriff in das elterliche Erziehungsrecht ist durch die Schulpflicht bzw. die Schulhoheit gegeben. Art. 6 und Art. 7 GG stehen mit gleichrangigen Rechten nebeneinander, jede Instanz für ihr Gebiet. Dennoch werden durch das Elternrecht der Schule auch Grenzen gesetzt, und zwar dahin gehend, dass die Schule den elterlichen Gesamtplan für die Erziehung zu respektieren hat (§ 1626 ff. BGB). Hat der Staat gegenüber den Eltern nach Art. 6 Abs. 2 GG ein Wächteramt, so hat er jedoch im Schulwesen einen eigenen Erziehungsauftrag. Elterliche und schulische Erziehung sind demnach aufeinander abzustimmen, d.h.:

Die Befugnisse des Staates reichen um so weiter, je mehr die Bildung und Erziehung der nachwachsenden Generation in der modernen demokratischen Industriegesellschaft zur Aufgabe gestellt ist, wo es also um die staatsbürgerliche Erziehung und die Vorbereitung auf das Berufsleben geht. Die Reichweite des staatlichen Erziehungsauftrags ist dagegen um so begrenzter, je mehr die ‚Richtung', die das einzelne Kind in seiner Entwicklung nehmen soll, zur Entscheidung steht (Avenarius, 2010, S. 335).

Avenarius weist an gleicher Stelle darauf hin, dass Eltern vom Staat jedoch nicht eine Schule nach ihren speziellen Wünschen verlangen können, d.h. weder eine bestimmte innere und äußere Gestalt bzw. eine besondere weltanschaulich oder religiös geprägte Schule. Hier müssen die Eltern auf Privatschulen mit einer diesbezüglichen Ausrichtung zurückgreifen.

In einigen Landesverfassungen finden sich Differenzierungen, damit klar zwischen Aufgaben der Familie und Aufgaben der Schule unterschieden werden kann, so unter anderem in Baden-Württemberg in Art. 12 Abs. 2 und Art. 15 Abs. 3 BaWüVerf, in Nordrhein-Westfalen Art. 8 Abs. 1 S. 2 NWVerf. Die Eltern haben aufgrund ihres Erziehungsrechts in der Familie folgende Rechte (Richter, 1989, S. 693, Rn. 29):

• Eltern haben das Recht, den Bildungsweg ihres Kindes zu bestimmen, wobei es hier auch Unterschiede in den Bundesländern gibt. Während beispielsweise in Rheinland-Pfalz und Hessen die Eltern die freie Wahl nach Beendigung der Grundschule haben und die Grundschulempfehlung keine hohe rechtliche Bindung hat, ist es in Baden-Württemberg oder auch in Bayern vom Erreichen eines bestimmten Notenschnitts nach Ende der 4. Klasse abhängig, welche Schulform besucht werden kann (vgl. § 88 SchulG BW). In Bayern haben die Eltern noch die Möglichkeit, den Notenschnitt zu umgehen, indem sie das Kind am Probeunterricht der Wunschschulform teilnehmen lassen. Sollte der Probeunterricht erfolgreich absolviert werden, besteht die Möglichkeit, auch mit einem schlechteren Schnitt (2,33 in den Hauptfächern für Gymnasium und 2,66 für Realschule) die andere, also höhere Schulform zu besuchen.

• Es gibt Abwehrrechte gegenüber staatlichen Eingriffen durch Familien-, Jugend- und Schulpolitik, wodurch die familiäre Erziehung in ihrem Bestand gesichert und nicht in schulische bzw. institutionelle Formen überführt werden kann (wobei gleichzeitig nicht die Elementarerziehung oder auch das Ganztagsschulwesen verboten werden können).

• Eltern haben das Recht auf Information über schulische Bildungsinhalte (z.B. Sexualkunde) sowie des Lern- und Leistungsstands.

• Die Eltern haben das Recht, durch entsprechende Gremien am Schulleben und an Entscheidungen mitzuwirken.

Zusammenfassend kann man festhalten:

Die gemeinsame Erziehungsaufgabe von Eltern und Schule, welche die Bildung der Persönlichkeit des Kindes zum Ziel hat, verlangt ein sinnvoll aufeinander bezogenes Zusammenwirken der beiden Erziehungsträger. Gemeint sind damit nicht in erster Linie Formen der ‚kollektiven' Elternmitbestimmungen in der Schule. Das Grundrecht aus Art. 6 Abs. 2 GG ist ein Individualrecht, das jedem Elternteil einzeln zusteht. Es kann nicht durch Mehrheitsbildung ausgeübt werden. Dieses Individualrecht wird allerdings bei der Erziehung in der Schule nicht nur durch die Gestaltungsbefugnisse des Staates, sondern ebenso durch die kollidierenden gleichen Grundrechte anderer Eltern begrenzt. (Glotz & Faber, 1994, S. 1381, Rn. 21)

Bezieht man diesen Rahmen, den das Grundgesetz setzt, auf den vorliegenden Fall, werden schon auf der Makroebene deutliche Diskrepanzen zwischen den einzelnen Subsystemen erkennbar. Die Konflikte des staatlichen Systems, das hier in Form der Schule repräsentiert wird, und des Systems der Familie bzw. der Eltern ergeben sich insbesondere daraus, dass elterliche und schulische Erziehung wenig aufeinander bezogen bzw. aufeinander abgestimmt werden. Alle rechtlichen Regelungen sehen das Kindeswohl im Zentrum des Handelns; so verlangen die grundgesetzlichen Regelungen ein Zusammenwirken von Schule und Elternhaus, um der Entwicklung des Kindes zu entsprechen und es zu fördern. Doch diesem Anspruch konnte im Rahmen des Gesprächs nicht Genüge geleistet werden.

Der Vater hat die von der Lehrerin geschilderte Problematik nicht verstanden bzw. die Bedeutsamkeit des Vorfalls nicht für dringlich erachtet und war so als Ansprechpartner für eine gemeinsame Handlungsstrategie nicht zu gewinnen. Die Schule hat zwar den elterlichen Gesamtplan für die Erziehung des Kindes zu respektieren, jedoch nur, wenn hierbei die Grenzen anderer, hier die der Mitschüler und der anderen Eltern, nicht verletzt werden. Diese werden jedoch durch das hohe Aggressionspotenzial des Jungen ständig berührt. Als Lehrkraft muss man nicht nur die Erziehungsvorstellungen einzelner Eltern respektieren, sondern die Erziehungsrechte aller Eltern im Blick haben und versuchen, einen Ausgleich anzustreben.

Einen anderen Aspekt, der in diesen Kontext gehört, liefert die Schultheorie, die der Schule eine kustodiale Funktion zuweist. Diese Funktion sieht die Schule quasi als Aufbewahrungsanstalt. Nach Flechsig & Haller (1975) erhalten Lehrer von der Gesellschaft einen erheblichen Anteil ihres Gehalts schlicht dafür, dass sie Kinder und Jugendliche während bestimmter Zeiten des Tages beaufsichtigen, anders gesagt: Sie werden nur z. T. für die Vermittlung von Qualifikationen und Haltungen bezahlt. Lehrer können disziplinarisch dafür belangt werden, wenn sie ihre kustodialen Funktionen versäumen. Wenn Eltern nun ihre Kinder der Schule anvertrauen, damit diese hier beaufsichtigt werden, dann selbstverständlich unter der Voraussetzung, dass sie unbeschadet wieder nach Hause zurückkehren. Ein sinnvoll aufeinander bezogenes Zusammenwirken der beiden Erziehungsträger Schule und Elternhaus kann demnach nur geschehen, wenn beide Systemebenen sich aufeinander zu bewegen.

Unter verfassungsrechtlicher Sicht kann man den vorliegenden Fall für gescheitert ansehen, da die Erziehungsvorstellungen der beiden Systemebenen unvereinbar erscheinen. Zur Lösung dieses Falls müssen andere Ebenen und mögliche andere Handlungsalternativen herangezogen werden, was im weiteren Verlauf gezeigt wird.

5.2.2 Wenn elterliche Erziehung scheitert – Das Kinder- und Jugendhilfegesetz

Erziehung ist ein Unterfangen, das, wie eingangs erwähnt, auch scheitern kann, aus welchen Gründen auch immer. Eine Möglichkeit besteht in der Verletzung der Bestimmungen des BGB, das insbesondere die einzelnen Rechtsverhältnisse der verschiedenen Familienmitglieder untereinander regelt. Im Hinblick auf die Erziehung ist der § 1631 des BGB maßgebend. Hier heißt es:

§ 1631 Inhalt und Grenzen der Personensorge
(1) Die Personensorge umfasst insbesondere die Pflicht und das Recht, das Kind zu pflegen, zu erziehen, zu beaufsichtigen und seinen Aufenthalt zu bestimmen.
(2) Kinder haben ein Recht auf gewaltfreie Erziehung. Körperliche Bestrafungen, seelische Verletzungen und andere entwürdigende Maßnahmen sind unzulässig.
(3) Das Familiengericht hat die Eltern auf Antrag bei der Ausübung der Personensorge in geeigneten Fällen zu unterstützen.

Neben den ausführlichen Bestimmungen des Bürgerlichen Gesetzbuchs zu allen Fragen von Ehe und Familie, von Scheidung, Vormundschaft und Adoption sowie Vermögens- und Personensorge für das Kind greift ein weiteres Gesetz den vom Grundgesetz geforderten rechtlichen Rahmen auf und formuliert Hilfen und Möglichkeiten, wenn die elterliche Erziehung versagt. Dies drückt sich insbesondere in Abs. 3 aus, der die Familiengerichte als Instanz erwähnt, die den Eltern Unterstützung bei der Personensorge gewähren kann. Genauer wird dies im Kinder- und Jugendhilfegesetz (KJHG) ausgeführt.

Mit dem KJHG erfüllt der Staat insbesondere sein Wächteramt über das Wohl des Kindes und beschreibt, wann, wo und wie er eingreifen darf, kann und soll. So heißt es in § 1 KJHG: Jeder junge Mensch hat ein Recht auf Förderung seiner Entwicklung und auf Erziehung zu einer eigenverantwortlichen und gemeinschaftsfähigen Persönlichkeit.

Die Weiterentwicklung des Kinder- und Jugendhilfegesetzes (KJHG) in Verbindung mit der Einführung des Kinder- und Jugendhilfeweiterentwicklungsgesetzes (KICK) muss auch vor dem Hintergrund der seit 1992 mit der Ratifizierung der UN-Kinderrechtskonvention permanent währenden Verbesserung der Kinderrechte und des Kinderschutzes gesehen werden. Zur Veränderung des Kinderschutzes haben aber auch Fälle von Vernachlässigung von Kindern mit Todesfolge sowie das Versagen der Jugendämter beigetragen. Das KJHG ist Teil der Sozialgesetze (SGB VIII) und dient als Instrumentarium zur Prävention und Intervention, aber auch zur Hilfestellung im Rahmen des Schutzes von Kindern und Jugendlichen. Wichtigstes Ziel der hier verankerten Rechtsvorschriften ist vor allem die Förderung der Entwicklung von Kindern und Jugendlichen sowie deren Integration in die Gesellschaft durch allgemeine Förderangebote und Leistungen, die jeweils unterschiedliche Lebenssituationen betreffen.

KICK kann als Ergänzung zum KJHG verstanden werden, da hier einige Aspekte, gerade in der Zusammenarbeit auf kommunaler Ebene, beschrieben werden. Dieses Gesetz verbessert

- den Schutz von Kindern und Jugendlichen bei Gefahren für ihr Wohl,
- die fachliche und wirtschaftliche Steuerungskompetenz des Jugendamtes,
- die Wirtschaftlichkeit von Leistungen der Kinder- und Jugendhilfe sowie
- die Datenlage in der Kinder- und Jugendhilfe
- und unterstützt die durch das Tagesbetreuungsausbaugesetz initiierte Verbesserung der Kinderbetreuung. (Bundesfamilienministerium, 2008)

Wichtig ist auch, dass das KJHG in § 27 einen Rechtsanspruch auf Unterstützung festschreibt. Das bedeutet einmal, dass sich die Personensorgeberechtigten, meistens die Eltern, an das Jugendamt wenden können, wenn sie feststellen, dass sie eine dem Kindeswohl angemessene Erziehung selbst nicht mehr gewährleisten können. Unterstützung kann in der Form von Beratung, aber auch in Form konkreter sozialpädagogischer Unterstützung erfolgen. Doch nicht nur die Eltern, sondern auch das einzelne Kind und der Jugendliche haben das Recht, sich in allen Fragen der Erziehung etc. an das Jugendamt zu wenden (§ 8 KJHG).

Erziehungshilfe kann in verschiedenen Bereichen und in verschiedenen Dimensionen gewährt werden, die sich je nach der Notwendigkeit und dem Grad des staatlichen Eingriffs in die familiären Strukturen richten. Die folgenden beiden Übersichten geben einen Überblick über Möglichkeiten der staatlichen Erziehungshilfe.

Tab. 1: Möglichkeiten der staatlichen Erziehungshilfe 1

Arbeitsformen	Angebote	Hauptzielgruppen
Familien-unterstützende Hilfen	Erziehungsberatung sozialpädagogische Familienhilfe soziale Gruppenarbeit Erziehungsbeistände	Eltern mit Kindern aller Altersgruppen Familien mit jüngeren Kindern ältere Kinder und Jugendliche
Familien-ergänzende Hilfen	gemeinsame Wohnformen für Väter/Mütter und Kinder Tagesgruppen sozialpädagogische Tagespflege	alleinerziehende Eltern mit Kindern unter 6 Jahren Kinder bis 14 Jahre Kinder im Vor- und Grundschulalter
Familien-ersetzende/ -ergänzende Hilfen	Vollpflege Heimerziehung/sonstige Wohnformen intensive sozialpädagogische Einzelbetreuung	insbesondere jüngere Kinder Kinder/Jugendliche/junge Volljährige Jugendliche und Heranwachsende

Tab. 2: Möglichkeiten der staatlichen Erziehungshilfe 2

Familienunterstützende Hilfen	Gruppenorientierte Hilfen	Einzelfallorientierte Hilfen
Vollzeitpflege in Pflegefamilien	Heimerziehung und sonstige betreute Wohnformen	intensive sozialpädagogische Einzelbetreuung
Pflegefamilien professionelle Pflegefamilien Verwandtenpflege (professionelle Heimerziehung in Familien)	Erziehungsstellen (professionelle Heimerziehung in Familien) Kinderhäuser Regelungen in Heimen (8–10 Kinder) Wohngruppen Erlebnispädagogische Projekte betreutes Einzelwohnen flexible Betreuung	flexible Formen der Betreuung flexible Einzelbetreuung betreutes Einzelwohnen

Während Tabelle 1 (Kinder- und Jugendhilfe, 2007, S. 35) einen Überblick auf familienbezogene Hilfen gibt, zeigt die Tabelle 2 (Kinder- und Jugendhilfe, 2007, S. 37) abgestufte Hilfen von der Familie über Gruppen bis hin zur Einzelfallhilfe, die oft auch in Fällen der Krisenintervention greift.

Der Fokus auf das Kindeswohl zieht bei allen Maßnahmen, die das KJHG vorschlägt, immer auch die Frage nach sich, wann eine Entscheidung zur Trennung von Kindern und Sorgeberechtigten für das Kind zu einer Entlastung beiträgt oder zu eher zu einer Belastung führt. Insbesondere bei Trennungen, die nicht nur kurzfristiger Natur, sondern längerfristig angelegt sind, ist das Bedenken der Folgen der Trennung stets mit zu berücksichtigen. So hängen viele Maßnahmen davon ab, wie die Fremdunterbringung erlebt und von den Kindern und Jugendlichen interpretiert wird. Deshalb werden in den Entscheidungsprozess Kinder und Jugendliche immer auch mit eingebunden. „Ein zentrales Qualitätskriterium für die Jugendhilfe ist, ob es ihr jeweils gelingt, Schutz, Hilfe und Unterstützung konkret erfahrbar zu machen." (Kinder- und Jugendhilfe, 2007, S. 38)

Deutlich wird an den verschiedenen Formen der Erziehungshilfe, dass, mit dem Fokus auf das Kindeswohl, die Familie als zentrale Instanz gestärkt werden soll. Hilfen, die Familien in Erziehungsfragen unterstützen bzw. ergänzen, sind in der Auflistung dieser Möglichkeiten an vorderster Stelle. Die Kinder- und Jugendhilfe versteht sich als Hilfe für Kinder, Jugendliche und deren Erziehungsberechtigte und kann neben Familie, Schule und anderem ebenfalls eher als eine zentrale Sozialisationsinstanz verstanden werden, die Hilfestellungen beim Aufwachsen in besonderen Fällen bzw. Situationen gibt. Daneben bietet die Jugendhilfe nicht nur für Eltern, sondern auch für Lehrkräfte ein wichtiges Kooperationsinstrumentarium in Erziehungsfragen. Wichtige Zielsetzungen des KJHG, die sich auch aus den oben aufgeführten möglichen Maßnahmen ergeben, sind (Kinder- und Jugendhilfe, 2007, S. 6 ff):

- Krisenintervention, z.B. als Hilfe für Kinder und Eltern in Notsituationen, bei Familien mit Erziehungsschwierigkeiten, bei sexuellem Missbrauch und anderen Formen von Gewaltanwendungen durch Erwachsene, Drogenkonsum, Gewalt unter Jugendlichen.
- Vorbeugung, Hilfestellung und Schutz von Kindern und Jugendlichen, Mädchen und Jungen, jungen Frauen und jungen Männern.
- Verpflichtende Hilfe der Jugendämter sowie Schaffung eines Rahmens für die Unterstützung von Sorgeberechtigten, Müttern und Vätern zum Wohl der Kinder.
- Hilfe für Kinder und Jugendliche, damit diese ein Recht und eine Stimme erhalten.

Wie gezeigt liefert das Grundgesetz einen Rahmen, der jedoch nicht hinreichend spezifiziert ist, um Lösungsoptionen z.B. für spezielle Lehrer-Eltern-Konflikt bereitzustellen. Aus diesem Grund wird das Grundgesetz durch Spezialgesetze ergänzt, die hier weitere Handlungsräume eröffnen und sowohl der Lehrkraft als auch den Eltern entsprechende Hilfsangebote bereitstellen. Die rechtlichen Regelungen des KJHG bieten einen sehr breiten Handlungsrahmen an unterstützenden Maßnahmen für Familien oder auch einzelne Familienmitglieder. Lehrkräfte können hier auf entsprechende Beratungsangebote verweisen.

Im vorliegenden Fall könnte ein Ansatzpunkt für ein Folgegespräch die Situation der Mutter sein, wobei dieses im günstigsten Fall ohne den Vater stattfindet, damit die Mutter im Gespräch offener sein und für die Erziehungsarbeit gewonnen werden kann. Für die Mutter könnte das Angebot von Hilfsmaßnahmen, die im Rahmen KJHG möglich sind, eine Chance sein, um sowohl in der Beziehung zu dem Sohn als auch gegebenenfalls in der Beziehung zum Ehemann notwendige Handlungsalternativen zu erwerben.

Denkbar wären hier Erziehungs- und Familienberatungsstellen als erste Anlaufpunkte. Die verschiedenen Formen der Erziehungshilfe haben als Ziel das Kindeswohl und damit verbunden die Stärkung der Familie als zentrale Instanz. Das bedeutet, dass die Jugendämter zur Hilfe sowie zur Schaffung eines Rahmens für die Unterstützung von Sorgeberechtigten, Müttern und Vätern zum Wohl der Kinder verpflichtet sind.

Dieses Selbstverständnis des KJHG bzw. davon abgeleitet der Jugendämter könnte für die Lehrkraft ein Anhaltspunkt des Handelns sein. Da die Jugendhilfe nicht nur für Eltern, sondern auch für Lehrkräfte ein wichtiges Kooperationsinstrumentarium in Erziehungsfragen darstellt, könnte die Lehrkraft beispielsweise bei einem begründeten Verdacht von Gewalt in der Familie das Jugendamt kontaktieren. Diese Kontaktaufnahme würde sich insbesondere bei einem erneuten Scheitern eines möglichen Gesprächs mit der Mutter anbieten.

Generell gilt zu beachten, dass die Gefahr der Überschreitung von Grenzen der familiären Privatsphäre im geschilderten Fallbeispiel recht groß sein kann. D.h. es ist wichtig, dass die Lehrkraft sich nicht in Belange der Familie einmischt, sondern nur Anregungen gibt bzw. gegebenenfalls Kontakte zu staatlichen Institutionen der Erziehungshilfe herstellt. Im Rahmen des schulischen Kontextes können es in einem ersten Schritt auch noch andere Instanzen sein, die sich diesem Fall annehmen, wie Beratungslehrer oder Schulpsychologen. Einer Lehrkraft fehlt es in der Regel an beraterischen Kompetenzen, um hier entsprechend zu agieren.

5.3 Erziehung in der Schule

Mit dem Beginn der Schulpflicht und dem Eintritt in die Schule wird für Kinder Erziehung in einem ganz anderen Kontext erfahrbar. Die Schule als sekundäre Sozialisationsinstanz mit ihrem ganz eigenen Regel- und Ordnungssystem von klassenkonformer Belehrung und methodisch angeleitetem Lernen in einem rechtlich festgelegten und normierten Rahmen will möglicherweise andere Verhaltensweisen erzeugen als die, die in der Familiensituation angedacht und gelebt werden. Giesecke (1995, S. 96) weist in diesem Kontext darauf hin, dass die Schule einen Beitrag dazu leisten muss, die Kinder und Jugendlichen vom Elternhaus zu emanzipieren. Dies ergibt sich daraus, dass die Schule als sekundäre Sozialisationsinstanz auf die Familie folgt, d.h. in biografischer Hinsicht später in den Sozialisationsprozess eintritt und dann parallel zu den Eltern handelt, jedoch mit anderen Intentionen. Diese anderen Intentionen ergeben sich durch den ihr eigenen Erziehungs- und Bildungsauftrag, hier gelten spezifische Regeln und Vorgaben sowie andere Interaktionsmuster, mit denen die Kinder in den gesellschaftlichen Kontext eingeführt werden.

5.3.1 Schule als sekundäre Sozialisationsinstanz – Der Erziehungs- und Bildungsauftrag der Schulen

In allen Bundesländern ist in den Landesverfassungen, den Schulgesetzen und Schulordnungen bzw. in den Lehrplänen der spezifische Erziehungs- und Bildungsauftrag der Schule festgeschrieben. Zunächst kurz zu den Landesverfassungen, die im Hinblick auf Erziehung sehr uneinheitlich sind. In Bayern und Baden-Württemberg haben wir zwei Bundesländer, die sehr ausführlich auf Erziehung in der Schule eingehen und hier auch verschiedene Erziehungsziele nennen. In Hamburg hingegen findet sich in der Landesverfassung weder ein Hinweis auf die Schule noch auf deren erzieherische Aufgaben und Ziele (Saalfrank, 2005, S. 47 f).

Mit Blick auf Schulgesetze und Lehrpläne lässt sich hinsichtlich allgemeinbildender Schulen (wie Grund- und Hauptschulen) sagen, dass die erzieherische Arbeit der Lehrkräfte besonders betont wird, während sie in den weiterführenden Schulen (wie Realschule und Gymnasium) nicht mehr die gleiche herausragende Bedeutung hat.

Im Rahmen des erzieherischen Handelns in der Schule ist der Aspekt des *Schulverhältnisses* von Bedeutung. Während das Schulverhältnis früher ein besonderes Gewaltverhältnis war, so ist es aufgrund einer Bundesverfassungsgerichtsentscheidung von 1972 deshalb geändert worden, weil ein besonderes Gewaltverhältnis nicht mit dem Rechtsstaats- und Demokratieprinzip vereinbar ist (Avenarius, 2000, S. 428). Die Rechtslage vor dem Urteil des Bundesverfassungsgerichts im Jahre 1972 bedeutete, dass alle, die in einem besonderen Gewaltverhältnis zum Staat stehen (z.B. Schüler, Soldaten, Strafgefangene) ihrer Grundrechte nicht immer und nicht in jeder Situation (z.B. Meinungsfreiheit) teilhaftig waren und ihnen somit aus dem Gewaltverhältnis resultierend Schranken auferlegt werden konnten, was dadurch letztendlich auch Konsequenzen hatte für das erzieherische Handeln in der Schule. Mit dem Urteil von 1972 entschied das Bundesverfassungsgericht, dass jeder zu jeder Zeit seine Grundrechte ausüben darf und es keine Schranken seitens des Staates geben kann. Somit wird heute nur noch vom Schulverhältnis gesprochen.

Die Lehre vom besonderen Gewaltverhältnis ist mit dem Rechtsstaats- und Demokratieprinzip des Grundgesetzes nicht vereinbar. [...] das Schulverhältnis ist daher ein gesetzlich geordnetes öffentlich-rechtliches Rechtsverhältnis. [...] Eingriffe in Grundrechte des Schülers bedürfen [...] einer gesetzlichen Grundlage [...] (Avenarius, 2000, S. 428).

Insbesondere aus dem Rechtsstaats- und dem Demokratieprinzip ist auch der Gesetzesvorbehalt abzuleiten. Dies geht von der Wesentlichkeitstheorie (Hesse, 1995, S. 220, Rn. 509) des Bundesverfassungsgerichts aus, die klärt, wann förmliche Gesetze und wann untergesetzliche Regelungen durch die Verwaltung erfolgen können. Immer wesentlich sind demnach Entscheidungen, die Grundrechte beschränken oder durch die kollidierenden Grundrechte gegeneinander abgegrenzt werden können. Sobald also Grundrechte in irgendeiner Art tangiert werden, muss der parlamentarische Gesetzgeber eine entsprechende Rechtsnorm verabschieden, sonst besteht die Möglichkeit der Schulverwaltung, über Rechtsverordnungen, Erlasse etc. bestimmte schulische Angelegenheiten zu regeln.

Das Parlament kann und soll nicht sämtliche Details festlegen. Im Gegenteil, die Schule verträgt eine gesetzliche Regelung nur in den Grundzügen. Die Ausgestaltung der Einzelheiten des Schulverhältnisses – durch Rechtsverordnungen und Verwaltungsvorschriften wie auch durch selbst gesetzte Regeln der schulischen Organe – gehört zu den Aufgaben der Schulverwaltung und der Schule. (Avenarius, 2000, S. 325 f)

Da das Schulverhältnis ein besonderes Rechtsverhältnis darstellt, ist der Schüler als Person nicht ein Objekt der Schule. Ausgehend von Art. 1 Abs. 1 GG schreibt Avenarius:

Die Schule ist um des Schülers willen da. Mag der Schüler noch so unreif, unfähig, uneinsichtig oder eigenwillig sein: er ist in seiner Menschenwürde [...] und als Träger von Grundrechten zu respektieren (Avenarius, 2010, S. 329 f).

Grundrechte der Schüler sind vor allem in Art. 2 Abs. 1 GG und hier i. V. m. Art. 3 GG und Art 20 GG zu sehen, und zwar in der Persönlichkeitsentfaltung eines jeden Kindes. Hinsichtlich des staatlichen Schulsystems sichert dieses Selbstentfaltungsrecht der Kinder den Eltern das Recht zu, in Erziehungsfragen ihr eigenes Erziehungsinteresse zu bekunden und durchzusetzen, und es gewährleistet somit auch ein „Mindestmaß an staatlicher Offenheit für die ‚Vielfalt der Anschauungen in Erziehungsfragen', soweit sich diese Offenheit ‚mit einem geordneten staatlichen Schulsystem verträgt". (Glotz & Faber, 1994, S. 1374, Rn. 11)

Die Entfaltungsfreiheit der Schüler findet jedoch da ihre Grenzen, wo die Freiheit der anderen berührt wird (Art. 2 Abs. 1 GG). Die in der Schule festgelegten Spielregeln eines geordneten Miteinanders sind deshalb für die Schüler maßgeblich und verbindlich. Aus dem Grundrecht der Schüler ergibt sich, in Verbindung mit dem Sozialstaatsprinzip (Art. 20 Abs. 1 GG), dass der Staat gleiche Bildungschancen für alle zu schaffen hat, d.h., dass die Schulen sowohl soziale als auch entwicklungsbedingte Determinanten zu berücksichtigen haben und nicht nur eine reine Leistungsdifferenzierung bei der Ausgestaltung des Schulwesens. Dies lässt sich wie folgt zusammenfassen:

Zu diesem nach dem Sozialstaatsgebot vom Staat zu garantierenden Minimumstandard gehört die Existenz und Fortentwicklung eines ausgebauten Bildungswesens mit ausreichenden Bildungschancen für alle Bürger. Im Schulwesen wird diese sozialstaatliche Grundverpflichtung auch durch die in Art 7 Abs. 1 GG verankerte Staatsverantwortung gestützt, die dem Ziel dient, ein Schulsystem zu gewährleisten, das allen jungen Bürgern gemäß ihren Fähigkeiten die dem heutigen gesellschaftlichen Leben entsprechenden Bildungsmöglichkeiten eröffnet (Glotz & Faber, 1994, S. 1376, Rn. 13).

Dieses Überschreiten der Grenzen wurde bereits angesprochen, und es liegt im Sinne der kustodialen Funktion in der Verantwortung der Lehrkraft, dass dieses Überschreiten nicht zu einer Störung des Miteinanders führt. Die Lehrkraft hat hier ebenfalls durch entsprechende Spezialgesetze (Schulgesetze, Schulordnung etc.) die Möglichkeit einzugreifen bzw. durch erzieherisches Handeln sowie durch Ordnungsmaßnahmen das geschilderte Fehlverhalten zu sanktionieren. Die Handlungsräume, die sich hierbei eröffnen, werden nun in den folgenden Kapiteln thematisiert.

5.3.2 Verweise, Nachsitzen, Schulausschluss – Der Bereich der Erziehungs- und Ordnungsmaßnahmen

Erzieherisches Tätigwerden einer Lehrkraft kann präventiv und interventiv erfolgen, wobei sowohl eine effektive Klassenführung (Kiel, 2007) als auch die in allen Schulgesetzen und Schulordnungen gesetzlich festgeschriebenen Erziehungs- und Ordnungsmaßnahmen gleichermaßen präventiven wie interventiven Charakter haben. Die Bandbreite von Auffälligkeiten im Schulalltag geht von Störungen des Unterrichts über Prügeleien auf dem Schulhof bis hin zu Drogenhandel, Erpressung und anderen Gewalttaten. Das heißt, man hat es sowohl mit eher geringfügigen Störungen auf Unterrichts- bzw. Klassenebene zu tun, als auch mit schwerwiegenden Störungen der schulischen Ordnung, die letztendlich bis hin zur Missachtung der Rechte anderer (Lehrkräfte, Mitschüler) gehen können. Hier können und müssen die Lehrkräfte bzw. die Schule als Institution mit entsprechenden erzieherischen Mitteln und Ordnungsmaßnahmen reagieren. Dabei ist die Verhältnismäßigkeit von Bedeutung, ebenso wie pädagogische Erwägungen und die Beachtung von Rechtsvorschriften. Durch die föderale Struktur Deutschlands gibt es auch im Bereich der Erziehungs- und Ordnungsmaßnahmen einige länderspezifische Abweichungen, gerade im Hinblick auf Entscheidungsbefugnis (Wer entscheidet über welche Sanktion?) sowie bei Begrifflichkeiten. So gibt der folgende Abriss nur eine generelle Tendenz wieder, da hier nicht der Ort ist, über die einzelnen Sanktionsmaßnahmen bzw. -möglichkeiten der Bundesländer zu sprechen (Böhm, 2008).

Wie bereits ausgeführt gilt, dass jede Erziehungs- und Ordnungsmaßnahme im Sinne der Verhältnismäßigkeit in einem angemessenen Verhältnis zu der jeweils begangenen Tat stehen muss.

Die folgende Darstellung bezieht sich auf den rechtlichen Sanktionsrahmen und verwendet dementsprechend auch die Begriffe Erziehungs- und Ordnungsmaßnahmen als rechtliche Termini. Pädagogisch gesehen sind Erziehungsmaßnahmen alle Handlungen, die eine Lehrkraft unternimmt, um im Sinne einer effektiven Klassenführung z.b. über Klassenregeln, Lernkontrakte und anderes mehr erzieherisch und fördernd in der Klasse bzw. mit einzelnen Schülerinnen und Schülern zu arbeiten.

Erziehungsmaßnahmen stellen immer (Böhm, 2008, S. 5 ff; Füssel, 2010, S. 488 ff) die unterste Stufe dar, mit denen Lehrkräfte auf Schülerfehlverhalten reagieren, und sind meist als Lehrerhandlung Teil der Klassenführung. Je nach Bestimmungen der Bundesländer können sie auch förmlichen Charakter, wie Ordnungsmaßnahmen, haben (Füssel, 2010, S. 488 ff). Erzieherische Maßnahmen einer Lehrkraft können beispielsweise über ein allgemeines Gespräch ablaufen, über Ermahnungen, über spezielle Beratungsgespräche (Klassenlehrer, Beratungs- oder Vertrauens-/Verbindungslehrer, Mediation) oder einen Klassenbucheintrag. Daneben sind auch schriftliche Mitteilungen an die Eltern bzw. das Einbestellen der Eltern zu einem Gespräch oder auch die Nacharbeit unter Aufsicht möglich. Darüber hinaus kann der Schüler verpflichtet werden, einen angerichteten Schaden wieder gut zu machen bzw. beschädigte Dinge zu ersetzen, wobei selbstverständlich auch die Eltern zur entsprechenden Haftung herangezogen werden können.

Während Erziehungsmaßnahmen in der Regel ohne Beschluss einer entsprechenden Instanz auskommen (Böhm, 2008, S. 2 f), müssen Ordnungsmaßnahmen jeweils offiziell angeordnet und beschlossen werden. Solche Ordnungsmaßnahmen werden – wiederum im Verhältnis zur begangenen Tat – durch eine Lehrer- eine Klassen- oder eine Jahrgangsstufenkonferenz festgelegt und angeordnet. Gründe für den Einsatz von Ordnungsmaßnahmen liegen z.B. im massiven und andauernden Stören des Unterrichts durch einen Schüler, sowohl durch Worte als auch durch Taten, sowie in Verstößen gegen die Schul- und Hausordnung bzw. andere geltende Ordnungen der jeweiligen Schule.

Die geringste Ordnungsmaßnahme (Böhm, 2008, S. 7 ff) stellt in der Regel ein schriftlicher Verweis dar, d.h. das Verhalten des Schülers wird schriftlich getadelt. Eine weitere Möglichkeit besteht im zeitweiligen Ausschluss vom Unterricht bzw. von Unterrichtsveranstaltungen, der von einem Tag bis zu in der Regel zwei Wochen dauern kann. Darüber hinaus können die Schüler in eine Parallelklasse versetzt bzw. nach Androhung des Schulausschlusses komplett aus der Schule verwiesen werden.

Erziehungsproblemen in der Schule kann man nicht nur mit Erziehungs- und Ordnungsmaßnahmen begegnen. Generell gilt:

Eine Ordnungsmaßnahme ist nur rechtmäßig, wenn die Schülerin oder der Schüler den ordnungswidrigen Zustand selbst in zurechenbarer Weise herbeigeführt hat. Anknüpfungspunkt für Ordnungsmaßnahmen ist daher allein das Fehlverhalten des einzelnen Schülers einschließlich der Auswirkungen seines Verhaltens auf die Mitschüler; ohne eigenes Zutun dürfen Schülerinnen und Schüler daher nicht für Pflichtverletzungen anderer haftbar gemacht werden. Deshalb sind Kollektivmaßnahmen, also Ordnungsmaßnahmen gegenüber Klassen und Gruppen als solchen, verboten (Füssel, 2010, S. 492)

Die folgende Übersicht zeigt die wichtigsten Ordnungsmaßnahmen, auch wenn es in den einzelnen Bundesländern Abweichungen, Variationen hierzu gibt, und folgt der Darstellung bei Füssel (2010, S. 492 ff):

Tab. 3: Mögliche Ordnungsmaßnahmen in den Bundesländern

Ordnungsmaßnahme	Besonderheiten
der schriftliche Verweis der verschärfte schriftliche Verweis	Der schriftliche Verweis bzw. der verschärfte schriftliche Verweis ist mit Ausnahme von Baden-Württemberg, Hessen und Niedersachsen in allen Bundesländern bekannt. Anzumerken bleibt, dass in Bayern zwischen dem schriftlichen Verweis durch die Lehrkraft (Art. 86 Abs. 2 Nr. 1 Bay-EUG) und dem verschärften Verweis durch die Schulleitung (Art. 86 Abs. 2 Nr. 2 BayEUG) bzw. in Thüringen zwischen dem Verweis durch den Klassenlehrer (§51 Abs. 3 Nr. 1 ThürSchulG) und dem strengen Verweis durch den Schulleiter (§51 Abs. 3 Nr. 3 Thür-SchulG) zu unterscheiden ist. Während der Verweis in den meisten Bundesländern in allen Schulstufen Anwendung findet, so ist er in Hamburg nur in den Sekundarstufen I und II als Ordnungsmaßnahme rechtlich verankert (§49 Abs. 4 Nr. 1 HmbSG).

die Auferlegung besonderer pädagogischer Aufgaben und Auflagen	Eine besondere Form der Ordnungsmaßnahme gibt es in Bremen, die in der Beauftragung der Schülerinnen und Schüler mit Aufgaben besteht, die dazu dienen, ihnen ihr Fehlverhalten aufzuzeigen. Diese Ordnungsmaßnahmen sind mit Auflagen verbunden und müssen besonders pädagogisch begleitet werden. Nach §47 Abs. 3 BremSchulG ist eine solche besondere pädagogische Begleitung insbesondere in Fällen der Verletzung der Würde von Mädchen, Frauen, Homosexuellen sowie von kulturellen, ethnischen und religiösen Gruppen durch alle Formen der Gewalt vorgesehen.
das Nachsitzen	Mit Ausnahme Baden-Württembergs gilt das Nachsitzen in allen anderen Bundesländern als Erziehungsmaßnahme, bei der ein Schüler durch Nacharbeit versäumten Unterrichtsstoff (wegen Störens, Zuspätkommens etc.) kompensieren soll. Allein in Baden-Württemberg gilt Nachsitzen als Ordnungsmaßnahme und kann auch zur Sanktionierung anderen Fehlverhaltens angewandt werden. (vgl. ausführlicher Füssel, 2010, S. 500)
die Überweisung (Umsetzung, Versetzung) in eine Parallelklasse	Anzumerken bleibt hier, dass diese Form der Sanktionierung alle Bundesländer kennen, wobei dies in Rheinland-Pfalz nicht wie sonst üblich zu den Ordnungs-, sondern zu den Erziehungsmaßnahmen gehört. In Hessen ist zudem die Androhung der Überweisung in eine Parallelklasse als gesonderte Ordnungsmaßnahme möglich. Hierzu zählt auch der zeitweilige Ausschluss.

die Androhung des zeitweiligen Ausschlusses von einzelnen Fächern oder Veranstaltungen oder vom gesamten Unterricht	Der Ausschluss in den verschiedensten graduell abgestuften Formen ist in jedem Bundesland anzutreffen und reicht von einem partiellen Ausschluss bei einzelnen unterrichtlichen Veranstaltungen bzw. Fächern bis hin zur massivsten Form, dem Ausschluss von allen staatlichen Schulen eines Bundeslandes, was jedoch nicht überall vorgesehen ist.
der zeitweilige Ausschluss in einem spezifischen Fach	
der zeitweilige Ausschluss von einzelnen schulischen Veranstaltungen	
der zeitweilige Ausschluss vom Unterricht insgesamt	
die Androhung der Überweisung an eine andere Schule	
die Androhung des Ausschlusses von der Schule	
der Ausschluss (Entlassung) von der Schule	
die Überweisung an eine andere Schule	
der Ausschluss von allen Schulen derselben Schulart	
der Ausschluss von allen Schulen des Landes	

Eine andere Möglichkeit stellt die Schulsozialarbeit dar, die auch eine Nahtstelle zwischen Schule und Kinder- und Jugendhilfe ist. So gibt es oft an sozialen Brennpunktschulen Schulsozialarbeiter, die durch ein entsprechendes Angebot aktiv versuchen, Konfliktsituationen zu bewältigen bzw. Projekte, Workshops etc. anbieten, in denen Kinder und Jugendliche lernen, mit ihrem Aggressionspotenzial umzugehen. Aber auch Mediations- und Streitschlichterprogramme können deeskalierend wirken und Konfliktpotenzial mit erziehungsschwierigen bzw. verhaltensauffälligen Schülern mindern.

Neben der Schulsozialarbeit ist eine weitere immer mehr an deutschen Schulen anzutreffende erzieherische Maßnahme mit auffälligen Schülern das sogenannte ARIZONA-Projekt, das auch (mittlerweile überwiegend) unter dem Namen Trainingsraum-Methode bekannt ist. Es findet insbesondere in Schulen bzw. Klassenstufen der Sekundarstufe I Anwendung, zum Teil jedoch auch in der Grundschule. Ziel der Trainingsraum-Methode ist es, jenseits von Sanktionen Schüler über Lernen durch Einsicht zur Verhaltensmodifikation zu bewegen bzw. Lehrer in Konfliktsituationen zu entlasten. Für die einzelnen Beteiligten bedeutet dies, dass einmal die lernwilligen Schüler die Möglichkeit bekommen, ungestört zu lernen, die Lehrkräfte ungestört und strukturiert unterrichten können und diejenigen Schüler, die durch Störungen auffallen, eine pädagogische Unterstützung erhalten, indem sie in einen gesonderten Raum in der Schule geschickt werden. Ein Trainingsraum kann sicherlich eine reine Disziplinierungsfunktion haben, aber darüber hinaus natürlich auch eine Möglichkeit bieten, bestimmte Konfliktsituationen zu entspannen.

Wieder zurück zu dem eingangs geschilderten Fall. Erziehungs- und Ordnungsmaßnahmen bewegen sich in der Regel auf der Mikroebene, d.h. sie geschehen in der Interaktion der Lehrkraft mit dem betreffenden Schüler. Die Mesoebene ist nur betroffen, wenn Entscheidungen (z.B. Schulausschluss) von der Schulkonferenz[1] als Gremium bestehend aus Eltern und Lehrern (z.T. auch Schülern) getroffen werden. Man kann sich bei dem vorliegenden Fall die Frage stellen, ob hier Erziehungs- und Ordnungsmaßnahmen greifen würden bzw. ob sie Sinn machen. Erziehungs- und Ordnungsmaßnahmen stellen eine zentrale Maßnahme des Lehrerhandelns dar, um mit Unterrichtsstörungen bzw. mit Erziehungsschwierigkeiten im schulischen Kontext umzugehen. Die Situation, die sich der Lehrkraft bietet, also die Erkenntnisse aus dem Elterngespräch einerseits und der tagtägliche Unterricht mit dem verhaltensauffälligen Jungen andererseits, zwingt die Lehrkraft dazu, ihre Handlungsentscheidungen abzuwägen. Das Aussprechen von Ordnungsmaßnahmen muss immer dem Vergehen angemessen sein. Man muss bei dem Fall davon ausgehen, dass die Lehrkraft bereits im Vorfeld, also bevor die Eltern zum Gespräch erschienen sind, entsprechende Erziehungs- und auch Ordnungsmaßnahmen angewandt hat, die jedoch seitens der Eltern nicht mitgetragen werden. Somit kann man zusammenfassend sagen, dass Ordnungsmaßnahmen im vorliegenden Fall nur begrenzt möglich sind, vielmehr müsste hier über ein erzieherisches Wirken der Lehrkraft, d.h. über entsprechende Erziehungsmaßnahmen, versucht werden, eine bedingte Verhaltensmodifikation zu bewirken.' Erziehungsmaßnahmen werden von der Lehrkraft im vorliegenden Fall

---

1 Die Schulkonferenz (in Bayern Schulforum, in Niedersachsen Schulvorstand und in Rheinland-Pfalz Schulausschuss genannt) ist ein Mitwirkungs- bzw. Beschlussgremium an Schulen, in dem Lehrer, Eltern und teilweise auch Schüler vertreten sind. Ihre Einrichtung ist in Deutschland in den Schulgesetzen der Länder geregelt. Die Zusammensetzung und die Mitwirkungsrechte dieses Gremiums sind unterschiedlich ausgestaltet.

auch ergriffen, denn der Schüler bekommt ganz vorne einen Einzelplatz. So wird versucht, direkt auf den Jungen einzuwirken und mögliche Wutausbrüche aufzufangen und zu kanalisieren. Auch im Rahmen eines erziehenden Unterrichts können hier Maßnahmen ergriffen werden, was im folgenden Kapitel näher ausgeführt wird.

5.3.3 Unterricht und/oder Erziehung? – Welche Aufgabe hat die Schule?

Erziehung in der Schule oder Verlagerung der Erziehung auf das Elternhaus – welche Aufgabe hat die Schule und welche nehmen die Erziehungsberechtigten wahr? Dieser Frage, wozu die Schule da sei, ist Hermann Giesecke nachgegangen, und er hat aufgrund seiner sehr kontroversen Position eine Welle von Repliken ausgelöst. Die Auseinandersetzung soll anhand der Stellungnahmen von Hermann Giesecke (1995, S. 94 ff) und Hartmut von Hentig (1996, S. 133 ff) dargestellt werden, der Gieseckes Position schlicht als Skandalon bezeichnete. Doch worum ging es?

Giesecke argumentiert, dass die Schulen und damit die Lehrkräfte mit den ihnen ständig neu aufgebürdeten Aufgaben überlastet seien, was zu einer Demotivierung und zu Beeinträchtigungen der Lehrergesundheit mit einer Zunahme an Frühpensionierungen führe. Im Zuge von elf Punkten, die die verschiedensten Aspekte dieser Dilemmasituation der „realexistierenden Schule" (Giesecke, 1995, S. 93) beschreiben, entwickelt Giesecke ein Aufgabenprofil von Schule, dass durch von Hentig in seiner Replik als Abdankung und Resignation bezeichnet wird (von Hentig, 1996, S. 133).

Giesecke geht von folgender These aus:

Die Schule kann [...] die Schul- und Unterrichtsfähigkeit ihrer Schüler nur bis zu einem bestimmten Grad selbst herstellen. Sie muß ein Mindestmaß davon jedoch voraussetzen können und, wenn dies nicht der Fall ist, die Eltern in die Pflicht nehmen, damit diese u.U. mit Hilfe der einschlägigen Jugendhilfeangebote, erst einmal für die nötigen sozialen und emotionalen Grundqualifikationen sorgen (Giesecke, 1995, S. 94).

In den elf Punkten entwickelt Giesecke sein Bild von Schule und Gesellschaft mit ihren jeweiligen Aufgaben bzw. Zielsetzungen. Einige zentrale Aussagen, die sich auf den Komplex Erziehung und Schule beziehen, werden im Folgenden kurz beschrieben.

Sinn und Zweck der Schule sind, so Giesecke, umstritten. So betont er zu Beginn, dass die Schule ein Sozialisationsfaktor unter vielen sei und kein Ersatz für die anderen Instanzen, also Elternhaus, peer-group oder Medien, noch diese korrigieren könne. Daraus folgert er im nächsten Punkt, dass die Schule neben den Eltern einen ganz eigenen Verantwortungsraum habe. Die Eltern hätten nach wie vor Verantwortung, auch wenn sich ihre Kinder in den Räumen der Schule aufhielten, insbesondere pädagogische Verantwortung, die sie nicht an der Schultüre abgeben könnten (Giesecke, 1995, S. 95 f). Damit die Schule ihrem spezifischen öffentlichen Auftrag gerecht werden könne, müsse sie, wie Giesecke schreibt, diesem auch durch ein spezifisches Handeln gerecht werden, d.h., sie soll beispielsweise nicht „das bessere Fernsehen und eine ‚Erlebnisgesellschaft' sein" (Giesecke, 1995, S. 96). Mit anderen Worten ausgedrückt lehnt Giesecke Edutainment ab: Lernen bleibt somit Lernen, fernab von dem Gedanken, dass Lernen immer Spaß machen müsste. Vielmehr muss die Schule die Idee des aufklärenden Unterrichts entgegen allen andersartigen, außerschulischen Erwartungen der Schüler und nicht zuletzt auch vieler Eltern zur Geltung bringen; nur dann vermag sie im Konzert der übrigen Sozialisationsfaktoren ihren eigentümlichen Part zu spielen.

In diesem Zusammenhang betont Giesecke auch, dass die Schule zur Erfüllung ihres gesellschaftlichen Auftrags, nämlich Unterricht durchzuführen, entsprechende Machtmechanismen in Form adäquater Sanktions- und Selektionsmaßnahmen benötige, um diesen Zweck erfüllen zu können. Giesecke setzt sich zwar mit bestehenden Sanktions-, Selektions- und in diesem Zusammenhang auch mit Fördermaßnahmen auseinander, ohne jedoch genau zu definieren, welchen Maßnahmenkatalog er empfiehlt.

Zusammenfassend lässt sich sagen, dass Giesecke der Schule als originären Zweck das Unterrichten zuweist und alle erzieherischen Maßnahmen, die zur unmittelbaren Sozialisation beitragen, bei den Eltern belassen bzw. diesen wieder zurückgeben will. Das heißt, dass die Eltern weitestgehend erzogene Kinder in die Schule schicken sollen, die dann dort über den Unterricht in erster Linie ihr Wissen erweitern sollen.

Für von Hentig ist die Position Gieseckes eine „willfährige Unterwerfung der Pädagogik unter den Zeitgeist" (von Hentig, 1996, S. 133). Abgesehen vom resignativen Geist der Ausführungen Gieseckes, den von Hentig allgemein beanstandet, meint er etliche Fehlschlüsse in dessen Argumentation zu erkennen. Insbesondere die Reduktion der Schule auf den Unterricht bzw. die damit verbundene Trennung der Aufgabenbereiche der einzelnen Sozialisationsinstanzen werden von ihm zurückgewiesen. Seine Gründe sind vielschichtig. Zum einen ist die Schule nach Meinung von Hentigs ein Lebens- und Erfahrungsraum und dadurch nicht nur für Unterricht zuständig, sondern auch für Aktivitäten des Schullebens. Zum anderen hat die Schule einen Erziehungs- und Bildungsauftrag, der sich, so von Hentig, insbesondere in der Grundschule manifestiert. Eine weitere Schwierigkeit der Trennung der einzelnen Sozialisationsinstanzen sieht von Hentig darin, dass erst alle zusammen ein gelingendes Aufwachsen ermöglichen. Die Trennung dient, so von Hentig, dem Falschen:

„[...] sie versprechen Rettung durch den Rückzug in eine heile Welt der Großväter, in der die Schule in der Tat ein klar begrenztes Gebiet mit einer klar begrenzten Aufgabe und Funktionsweise war; zweitens geben sie ausschließlich die

Sicht eines bestimmten [...] Lehrertyps wieder: dessen, der von sich selbst mehr erwartet hat, als ihm dann gelungen ist" (ebd., 1996, S. 137).

Deutlich wird an diesem Zitat der Vorwurf, dass Giesecke eine rückwärtsgewandte Position vertrete, die den Erfordernissen einer zeitgemäßen Schule nicht gerecht werde. Die Lösung des Dilemmas, das Giesecke beschreibt, ist nach von Hentig nicht die Trennung von Erziehung und Unterricht, nicht das Auseinanderdividieren der Sozialisationsinstanzen, sondern vielmehr eine neue Sicht auf die Schule mit dem Fokus auf Bildung. So plädiert er für ein neues Verhältnis zwischen den Generationen, dass durch die Schule geschaffen werden soll, da nur sie die Kinder erreicht und über die entsprechenden Mittel verfügt. „Eines ihrer Mittel – ihr wichtigstes, aber nicht ihr einziges – ist das, was man früher Bildung genannt hat: der Vorgang, durch den man zum Subjekt seiner Handlungen, zum Herrn über die Verhältnisse wird [...]" (ebd., 1996, S. 140). Die Schule hat einem „Auftrag, der Erziehung und Bildung zusammenfasst und den Unterricht, der in ihr stattfindet, auf das konzentriert, was zum Sichbilden zu führen verspricht. Das Gesetz des Unterrichts ist gerade nicht das Gesetz der ‚Sache', sondern das, was wir an ihr verständlich machen wollen und können" (ebd., 1996, S. 141).

Die Zustandsbeschreibung der Schule, die Giesecke unternimmt, ist sicherlich nicht von der Hand zu weisen, auch nicht die Probleme, die Lehrer an Schulen haben, wie sie beispielsweise in der Potsdamer Lehrerstudie von Schaarschmidt (2005) deutlich dargestellt werden. Dennoch kann die erzieherische Funktion der Schule trotz aller Probleme nicht negiert werden. Dazu gehört eine entsprechende Elternarbeit bzw. eine Kooperation zwischen Eltern und Schule.

Auf einen Aspekt, den von Hentig als Kritikpunkt an Giesecke erwähnt, soll an dieser Stelle noch einmal genauer eingegangen werden, und zwar die Tatsache, dass Erziehung schon immer Teil der Schule und somit Teil des Unterrichts war. Bei diesem Punkt sind wir beim sogenannten erziehenden Unterricht, der seine zentrale Grundlegung bei Johann Friedrich Herbart fand und gegenwärtig seinen Niederschlag in Ansätzen zur Sozialkompetenz hat. Erziehung ist auch Bestandteil der Lehrerbildungsstandards der Kultusministerkonferenz.

Herbart postuliert, dass es keinen Unterricht gibt, der nicht gleichzeitig auch erzieht. So schrieb er im Jahr 1806:

„Und ich gestehe gleich hier, keinen Begriff zu haben von Erziehung ohne Unterricht, so wie ich rückwärts, in dieser Schrift wenigstens, keinen Unterricht anerkenne, der nicht erzieht" (Herbart, 1965, S. 22).

Die Gedanken Herbarts prägen bis in die Gegenwart die Vorstellung von Unterricht. So schreibt Geißler:

„Erziehung in der Schule geschieht auf dem Rücken von Unterricht und würde ohne Unterricht gar nicht stattfinden können, die erzieherische Komponente wiederum erweist sich als eine nicht hoch genug einzuschätzende motivationale Grundlegung auch des Fachunterrichts" (Geißler, 1983, S. 90).

Dies ist, wenn man nochmals die Ausführungen von Giesecke betrachtet, ein weiteres Gegenargument, denn jede Lehrkraft, auch wenn sie nicht erzieherisch handeln will, kann sich nicht von der erzieherischen Wirkung ihres Tuns befreien.

Für Wiater wird erziehender Unterricht durch zwei grundlegende Bedingungen gewährleistet, zum einen durch den Willen und die Befähigung der Lehrkraft dazu und zum anderen durch die innere „Bereitschaft des Schülers, sich darauf einzulassen und sein Verhalten entsprechend zu reflektieren bzw. zu korrigieren" (Wiater, 2002, S. 322 f). Czerwanski sieht die Wirksamkeit einer erziehenden Lernkultur im Unterricht abhängig davon, , „welche Einstellungen und Haltungen die Lehrerinnen und Lehrer ihren Schülern und deren Lernprozessen gegenüber haben" (Czerwanski, 2004, S. 8.) Dies heißt, dass die Lehrkräfte durch ihr Vorbild erzieherisch wirken, wobei es angebracht ist, im Kollegium über entsprechende gemeinsame Werte und Normen Konsens zu erzielen, damit erzieherisches Handeln an einer Schule authentisch wirkt und möglichst effektiv ist.. Gemeinsame Werte und Normen für das erzieherische Handeln einer Schule werden meist in Schulprogrammen, Leitbildern bzw. Erziehungsvereinbarungen und Schulverfassungen erkennbar, auf die im folgenden Kapitel noch näher eingegangen wird.

Zum Schluss sei noch ein Blick auf die Lehrerbildungsstandards geworfen, die 2004 von der Kultusministerkonferenz verabschiedet wurden. Der Kompetenzbereich Erziehen mit den beiden Kompetenzen 4 und 5 bildet im Hinblick auf erzieherisches Handeln im Unterricht die Grundlage.

• Kompetenz 4:
Lehrerinnen und Lehrer kennen die sozialen und kulturellen Lebensbedingungen von Schülerinnen und Schülern und nehmen im Rahmen der Schule Einfluss auf deren individuelle Entwicklung.

• Kompetenz 5:
Lehrerinnen und Lehrer vermitteln Werte und Normen und unterstützen selbstbestimmtes Urteilen und Handeln von Schülerinnen und Schülern.

Um diese beiden Kompetenzen zu erreichen, sollen die Studierenden in der universitären Ausbildungsphase zum einen über Sozialisation und Entwicklung von Kindern und Jugendlichen Kenntnisse erwerben, vor allem im Hinblick auf soziale, ethnische und individuelle Benachteiligungen bzw. Besonderheiten, geschlechtsspezifische Probleme, Lern- und Entwicklungsstörungen etc. Zum anderen soll die Fähigkeit zur Reflexion von demokratischen Werten und Normen erworben werden, sowie ein Wissen darüber, wie Schülerinnen und Schüler im Umgang mit persönlichen Krisen- und Entscheidungssituationen unterstützt werden können.

Bezogen auf die zweite Lehrerbildungsphase geht es dann um die konkrete Umsetzung dieser Aspekte im praktischen Lehrerhandeln mit den einzelnen Schülern, wobei Erziehung vor allem durch das Heranführen der Schüler an eigenverantwortliches Agieren sowie durch das Lernen eines konstruktiven Umgangs mit Normkonflikten deutlich wird.

Ziel der Lehrer im dargestellten Fall war es, gemeinsam mit den Eltern Strategien zu entwickeln, dass für alle Beteiligte ein störungsfreier Unterricht erreicht werden kann, in einer Atmosphäre, in der die Schüler sich ohne Angst vor Gewaltausbrüchen und körperlichen Angriffen im Klassenzimmer aufhalten können. Erzieherisches Wirken in der Schule hat hier zunächst die Aufgabe, Verhaltensregeln aufzustellen, die einen Konsens in der Klasse finden und im Zuge einer effizienten Klassenführung auch von der Lehrkraft durchgesetzt und in ihrem Handeln betont werden. D.h. auch, dass die Lehrer dem Jungen und dessen Eltern deutlich machen müssen, dass für den Bereich der Schule andere Wertvorstellungen und Klassenregeln gelten als bei ihnen zu Hause.

Gelingen oder Scheitern von Erziehung ist auch im Rahmen des erziehenden Unterrichts eine zentrale Dichotomie.

Bezieht man die Position Gieseckes auf den hier vorgestellten Fall, kann man auf den ersten Blick sicherlich seine Position verstehen, denn ein adäquates Sozialverhalten müsste Teil der elterlichen Erziehung sein und kann als Voraussetzung von den Lehrern erwartet werden. Der Schüler müsste wissen, dass man Konflikte nicht mit Gewalt löst und seine Mitschüler nicht mit Gegenständen attackiert.

Doch diese Sichtweise ist zu oberflächlich, denn die Fakten sprechen dagegen: Kinder und Jugendliche kommen mit verschiedenen Voraussetzungen, insbesondere unterschiedlichen Werthaltungen und Normvorstellungen in die Schule. Sie erleben unterschiedliche Erziehungsstile in den Familien, die prägend wirken und die Interaktionen beeinflussen. Die erzieherische Komponente, die von Hentig betont und die die Schule nicht nur aufgrund ihres Erziehungsauftrags hat, sondern die sich auch durch das Zusammenleben der Schüler und Lehrer ergibt, wird hier sehr deutlich sichtbar. Gerade dieses Zusammenleben mit all seinen unterschiedlichen Bedingungen muss von den Lehrkräften auch ohne direktes Zutun der Eltern tagtäglich bewältigt werden, wobei sicherlich eine Kooperation wünschenswert wäre, jedoch nicht, wie es Giesecke formuliert, einfach vorausgesetzt werden kann, sondern durch eine von den Lehrkräften initiierte Elternarbeit eingefordert werden muss.

Erziehender Unterricht kann eine Möglichkeit sein, Verhaltensänderungen herbeizuführen. Ob und wie ein erziehender Unterricht Erfolg hat, muss jedoch dahingestellt bleiben. Er übt nur einen bedingten Einfluss aus. Im vorliegenden Fall wird das besonders deutlich: Das Vorbild der Lehrer steht dem Vorbild des Vaters entgegen. Es bleibt die Frage, welche Wertvorstellungen dem Jungen attraktiver erscheinen.

5.3.4 Wer erzieht wohin? – Diskrepanzen zwischen elterlichem und schulischem Erziehungshandeln

Diskrepanzen zwischen elterlichen und schulischen Erziehungsvorstellungen bleiben nicht aus. Wünschenswert sind zwar erzieherische Handlungen, die von beiden Seiten akzeptiert werden, doch kann dies meist nur als Ideal und nicht als Regelzustand angesehen werden. Deshalb muss seitens der Schule eine aktive Elternarbeit stattfinden, die Eltern motiviert, sowohl zum Wohl des eigenen Kindes als auch zum Nutzen der Schule aktiv am Schulleben und in diesem Zusammenhang auch an erzieherischen Fragen mitzuarbeiten. Das gemeinsame Arbeiten an der Zukunft der Kinder hat bereits Peter Petersen in seinem Jenaplan als wichtig erkannt und zum zentralen Prinzip seiner Schule gemacht. Bevor nun auf einige Aspekte einer konstruktiven Elternarbeit eingegangen wird, soll hier kurz auf einige Ergebnisse zweier neuerer Untersuchungen zum Verhältnis zwischen Schule und Eltern eingegangen werden, die beide im gleichen Zeitraum entstanden sind, jedoch recht unterschiedliche Sichtweisen deutlich machen.

In einer Studie der Universität Erlangen von 2004 über erfolgreiche und misslingende Elternarbeit an bayerischen Schulen war ein zentrales Ergebnis, dass viele Eltern Distanz zur Schule zeigen. Deutlich wird dies an folgenden Zahlen (Sacher, 2005, S. 3):

- Bei mehr als der Hälfte der Lehrkräfte (54,2%) besucht allenfalls die Hälfte der Eltern die Sprechstunden, davon bei 25,7% sogar weniger als ein Viertel.
- Bei fast einem Viertel (24,7%) der Lehrkräfte besucht allenfalls die Hälfte der Eltern die Elternabende, davon bei 4,4% in Realschulen und bei 7,4% in Gymnasien sogar weniger als ein Viertel.
- Ebenfalls bei nahezu einem Viertel (23,1%), in Realschulen und Gymnasien sogar bei fast einem Drittel (32,0%) der Lehrkräfte besucht allenfalls die Hälfte der Eltern die Elternsprechtage, davon bei 4,1 % sogar weniger als ein Viertel.
- Lediglich knapp zwei Drittel der Eltern (65,5%) empfinden die Atmosphäre zwischen Schule und Elternhaus als gut, die übrigen (33,4%) sehen sie mit gemischten Gefühlen.
- Nur ein verschwindender Teil von 1,0% erlebt sie ausdrücklich als insgesamt schlecht.
- Den Informationsfluss beurteilt sogar mehr als ein Achtel (13,5%) als unzureichend, fast die Hälfte aller Eltern (49,2%) erleben ihn mit gemischten Gefühlen, und nur ca. drei Achtel (37,2%) sind mit ihm zufrieden.
- Die Kooperationsbereitschaft sieht sogar ein Fünftel der Eltern (20,6%) ausdrücklich als schlecht an, etwas mehr als drei Fünftel (61,3%) erleben sie gemischt, und weniger als ein Fünftel (18,2%) empfinden sie als gut.

Weitere interessante Befunde der Studie von Sacher sind zum einen, dass Eltern von Mädchen in der Regel weniger Kontakt zur Schule haben als die von Jungen, wobei dies meist aus ihrer größeren Zufriedenheit herrührt. Sacher betont jedoch, dass schulische Elternarbeit sich stärker auch auf die Mädcheneltern konzentrieren sollte. Bezüglich der Eltern mit Migrationshintergrund zeigt sich, dass diese informelle Kontakte (z.B. Anrufe bei Lehrkräften) wenig nutzen und eher über formelle Kontakte, wie Sprechtage bzw. Sprechstunden erreicht werden können (Sacher, 2005, S. 149).

Generell ist das Bild, das Sacher von der Elternarbeit bzw. Elternzufriedenheit an bayerischen Schulen zeichnet, äußerst schlecht. So schlägt er als Handlungsempfehlung vor, dass Kooperation und Informationsfluss zu verstärken sind, vor allem über spontane und informelle Kontakte (Sacher, 2004, S. 114).

Ganz anders als dieses negative Bild sind die Ergebnisse von Rosenblatt & Thebis (2003). In deren Studie „Schule aus der Sicht von Eltern" der Infratest Bildungsforschung werden sicherlich auch Probleme genannt, doch ist die Darstellung in einigen Punkten differenzierter als die von Sacher, da nicht nur ein Bundesland, sondern verschiedene Schularten über das Bundesgebiet verteilt untersucht werden. Die Studie hat zwei Schwerpunkte: *Elternpartizipation* und *Elternzufriedenheit*. Zu diesen sollen einige zentrale Ergebnisse vorgestellt werden:

1. Es werden zwei Arten von *Mitwirkung* ausgewiesen. So gibt es zum einen Eltern, die sich aufgrund schulischer Probleme an die Schule bzw. die Lehrkräfte wenden, zum anderen Eltern, die im Zuge demokratischer Beteiligung an der Schule aktiv sind. Während die erste Gruppe eher aus Familien mit geringem Einkommen und niedrigem Bildungsniveau besteht, ist die zweite Gruppe Milieus zuzuordnen, die über höhere Einkommen und einen höheren Bildungsstand verfügen.

2. *Zufriedenheit* besteht bei einem Teil der Eltern
   - mit der Vermittlung sozialen Handelns in der Klasse (58%)
   - mit Disziplin und Ordnung (51%)
   - mit der Vermittlung demokratischer Werte (46%)
   - sowie der Förderung von Kreativität (42%).

Die Zufriedenheitswerte nehmen hier bei den einzelnen Bereichen ab. Wenn man nun jeweils die unzufriedenen Eltern dazu nimmt, stellen diese auch eine sehr große Gruppe dar, die nicht zu unterschätzen ist und die die Notwendigkeit von Elternarbeit deutlich macht.

Mehrheitlich zufrieden zeigen sich Eltern über die Möglichkeit der Ansprechbarkeit von Lehrern (59%) sowie des Informationsgehalts von Elternabenden bzw. -sprechtagen (53%). Die Zufriedenheit ist hier höher als bei der oben erwähnten Studie von Sacher.

Im Hinblick auf die Zufriedenheit ist auch zu beachten, dass diese abnimmt, je höher die Klassenstufe ist. Während in der Grundschule noch 68% zufrieden sind, nimmt die Zufriedenheit bis zur 10. Klasse auf 46% ab. In der Oberstufe, mit Blick auf das Abitur, nimmt die Zufriedenheit wieder zu. Das hängt auch mit der besuchten Schulform zusammen. So hat das Gymnasium von allen Schulformen als sozial am meisten anerkannte Schulform den höchsten Stellenwert und löst somit auch die höchste Zufriedenheit aus.

Die Quote zufriedener Eltern nach Schulformen gestaltet sich wie folgt:
- Hauptschule 33%
- Realschule 48%
- schulformübergreifende Schulen 50%
- Gymnasium 67%

Die Studie stellt als Fazit heraus, dass die Eltern mit ihren spezifischen Urteilen eine wichtige Gruppe sind, um Schulentwicklungsprozesse zu gestalten, wobei hier aber die Kommunikation in den Schulen verbessert werden muss, damit möglichst viele Eltern erreicht werden.

Das oberste Ziel einer konstruktiven Elternarbeit muss nach Hennig & Ehinger (2006, S. 28 ff) die Erhöhung der elterlichen Kooperationsbereitschaft durch Achten und Respektieren ihres Selbstwertgefühls sein. Dieses Ziel wird durch folgende fünf Grundhaltungen in der Gesprächsführung als Merkmale gelingender Elternarbeit erreicht:

1. Empathie
2. Kontextberücksichtigung
3. Stärkung der Eigenverantwortung
4. Ressourcenorientierung
5. Lösungsfokussierung

Diese fünf Grundhaltungen werden im Folgenden nun vor dem Hintergrund des Falls näher erläutert.

Das Elterngespräch hat nicht den von der Lehrkraft gewünschten Verlauf genommen und kann als gescheitert bezeichnet werden. Die Frage ist, ob dieses Scheitern abwendbar gewesen wäre, wenn die Lehrkraft die oben genannten Gesprächsregeln im Umgang mit Eltern eingehalten hätte.

Zu 1. Empathie zu zeigen bedeutet, den Versuch zu machen, die innere Wirklichkeitskonstruktion des Gegenübers nachzuvollziehen, seine Denkweise zu verstehen, innerlich vorübergehend seinen Standpunkt, seinen Blickwinkel einzunehmen (ohne dass wir diesen billigen oder gar zu unserem eigenen machen müssen) und dass dieses Bemühen beim Gesprächspartner wahrgenommen wird.

Im vorliegenden Fall stehen sich zwei sehr gegensätzliche Welt- und Menschenbilder gegenüber, auf der einen Seite die Akzeptanz von Gewalt als Mittel zu Konfliktlösung verbunden mit einem archaischen Männerbild, auf der anderen Seite die konstruktive und gewaltfreie Form der Konfliktlösung. Hier Einfühlungsvermögen zu entwickeln dürfte schwierig sein. Die Lehrkraft zeigt insofern Verständnis für den Vater, als *sie bereit ist, ihn anzuhören, sein Weltbild zur Kenntnis zu nehmen. Eventuell könnte sie durch kritische Rückfragen seine Erziehungsvorstellungen in Frage stellen („Würden Sie es auch `pfiffig' finden, wenn Ihr Sohn von einem stärkeren Mitschüler einen Stuhl auf den Kopf bekäme?") Es ist wichtig, dass die Lehrkraft eindeutig Stellung bezieht und ihr eigenes Welt- und Menschenbild deutlich macht und zur Diskussion stellt. In dem bestehenden Spannungsverhältnis kann es leicht zu Grenzverletzungen kommen, insbesondere zwischen Lehrkraft und Vater. Die Mutter kann in diesem Gespräch schnell zwischen die Fronten geraten, wenn sie von einem der beiden anderen für ihre Zwecke instrumentalisiert wird.*

Zu 2. *Die Berücksichtigung des Kontexts der Eltern ist in diesem Fall schwierig, da sie nicht als Paar auftreten. Die Lehrkraft erlebt einen dominanten Vater und eine hilflos wirkende Mutter, die die häusliche Situation unterschiedlich darstellen. Man könnte sagen, der Kontext des Vaters müsste von dem der Mutter getrennt werden, indem die Lehrerin mit beiden Elternteilen Einzelgespräche führt. Dabei besteht jedoch die Gefahr, dass die Lehrkraft Partei ergreift. Berücksichtigung des Kontextes heißt hier nicht nur, ihn als möglichen Erklärungsansatz für das Verhalten des Jungen zu sehen, sondern zu versuchen, in der Umwelt des Kindes Ressourcen für die Problemlösung ausfindig zu machen.*

Zu 3. Die Eigenverantwortung der Eltern stärken heißt, dass die Lehrkraft durch sensible Gesprächsführung („aktives Zuhören") Fähigkeiten der Eltern zur Unterstützung ihres Kindes freizusetzen versucht. Hierbei sollte eine emotionale Ebene mit berücksichtigt werden (z.B. sollte die Lehrkraft die Eltern auf positive Eigenschaften ihres Kindes aufmerksam machen). In diesem Sinn ist es auch wichtig, die Eltern zur Zusammenarbeit zu motivieren. Doch eine „Bereitschaft zur Kooperation und zur Veränderung können die Eltern nur dann entwickeln, wenn sie ihre Situation als von ihnen selbst kontrollierbar und veränderbar erleben. Eine Entmündigung führt nur zur Passivität, Hilflosigkeit, Verweigerung oder Widerstand" (Hennig & Ehinger, 2006, S. 30).

Im dargestellten Fall ist ohne Einsicht des Vaters, dass überhaupt ein Problem besteht, der nächste Schritt zur Kooperation kaum möglich. Der Vater muss zuerst zum Überdenken der aktuellen Situation und seiner bisher praktizierten Erziehung gebracht werden.

Zu 4. Ressourcenorientierung bedeutet, trotz aller Probleme und Defizite, die in der aktuellen Situation erkennbar sind, nach Chancen zu suchen, die sich in der Sachlage darbieten und zur Lösung beitragen können.

Wenn der Vater weiterhin keine Notwendigkeit sieht etwas zu ändern und die Mutter sich auch zukünftig nur als hilflos und schweigsam zeigt, kann die Lehrkraft nur nach Ressourcen Ausschau halten, die sie ohne Mithilfe der Eltern aktivieren kann (z.B. Unterstützung durch das Kollegium). Es wäre höchstens möglich, dass sich die Lehrkraft der Mutter in einem Einzelgespräch nähert und versucht, die Ressourcen der Mutter zu aktivieren und zu stärken. Wie im Kapitel über Erziehungs- und

Familienhilfe angesprochen, muss die Lehrkraft hierbei jedoch aufpassen, dass sie sich nicht zu weit in die Privatsphäre der Familie vorwagt.

Zu 5. Bei der Lösungsfokussierung ist es generell wichtig, dass die Lehrkraft den Eltern keine fertige Lösung präsentiert, sondern diese gemeinsam mit ihnen entwickelt.

Im vorliegenden Fall ist die gemeinsame Lösungssuche noch weit entfernt. Die Eltern müssten das Problem der Lehrerin auch als ihr Problem anerkennen und bereit sein etwas zu verändern. Das Gespräch ist als gescheitert zu betrachten, und das sollte den Eltern mitgeteilt werden, auch mit Hinweis auf die Gefahren, die bestehen, wenn es zwischen Elternhaus und Schule entsprechende Diskrepanzen gibt. Eindrücklich weisen Hennig & Ehinger darauf hin, dass ein Kind „im Spannungsfeld zwischen Elternhaus und Schule aufgerieben" (ebd., S.116) werden kann. Und an anderer Stelle schreiben sie: „So wird der Konflikt entweder totgeschwiegen oder mit überzogenen Mitteln in Kämpfen gesteigert. Leidtragende sind allemal die Kinder, die beiden Systemen angehören" (Hennig & Ehinger, 2006, S. 117).

Die Lehrkraft sollte den Eltern auch über die Maßnahmen, die sie im Rahmen ihrer Klassenführung ergreifen wird, in Kenntnis setzen, etwa, dass sie den Jungen alleine in ihre Nähe setzt, damit sie mögliche Aggressionshandlungen schnell unterbinden kann. Damit setzt sie ein deutliches Zeichen, zum einen gegenüber den Eltern, dass sie das Verhalten des Jungen nicht toleriert, aber auch gegenüber den anderen Eltern, dass sie konsequent handelt.

5.4 Erziehungsvereinbarungen als Lösungsansatz

Eine Möglichkeit, Eltern und Lehrer auf freiwilliger Basis gemeinsam an der Entwicklung der Kinder partizipieren zu lassen, bieten Erziehungsvereinbarungen. Neben dem politischen Hintergrund von Erziehungsvereinbarungen soll in den beiden folgenden Kapiteln auch auf einige konkrete Praxisbeispiele zu Erziehungsvereinbarungen eingegangen werden.

5.4.1 Erziehung als Kooperation – Die Erklärungen von Wiesbaden und Bonn

Der erste Schritt in Richtung einer engeren Kooperation zwischen Eltern und Schule bei Fragen der Erziehung ging von einer gemeinsamen Initiative vom Hessischen Kultusministerium und dem Landeselternbeirat von Hessen aus und mündete in der Wiesbadener Erklärung vom 18. Dezember 2001 unter dem Titel „Gemeinsame Erziehungsverantwortung in Schule und Elternhaus stärken". Zwei Jahre später im Dezember 2003 wurde unter dem gleichen Titel auf Bundesebene die sogenannte Bonner Erklärung verabschiedet, wobei dieser Erklärung neben den Kultusministern auch der Deutsche Sportbund sowie die wichtigsten Eltern- und Lehrerverbände zustimmten. Die Wiesbadener Erklärung geht im Gegensatz zur Bonner Erklärung ausführlicher auf Erziehungsfragen ein und ist somit, trotz mancher inhaltlicher Parallelen, ausführlicher und konkreter, was mit Sicherheit auf die unterschiedliche Zusammensetzung der Kooperationspartner zurückzuführen ist. So wird der Blick hier vorrangig auf die Wiesbadener Erklärung gerichtet.

Ein zentrales Ziel ist, dass in Zusammenarbeit zwischen Elternhaus und Schule gemeinsame Initiativen entwickelt bzw. erprobt werden, um eine von beiden Seiten akzeptierte Erziehungskultur an den Schulen zu erreichen. Eine wichtige Basis, auf dessen Grundlage gemeinsame Erziehungsziele vereinbart werden können, stellt das Grundgesetz dar, das in beide Erklärungen hineinwirkt. Hierbei werden folgende „Grundprinzipien" angeführt (Wiesbadener Erklärung, 2001, S. 4):

- Würde des Menschen
- Mündigkeit des Menschen
- Verantwortung jedes Einzelnen
- Verpflichtung zur Leistung entsprechend den individuellen Fähigkeiten
- Kommunikation als Voraussetzung der Zusammenarbeit
- Toleranz gegenüber dem jeweiligen Partner
- Partnerschaft zur offenen Zusammenarbeit
- gegenseitige Rücksichtnahme
- Bewusstsein für die Umwelt des Einzelnen und aller
- Einhaltung einer Ordnung zur Sicherung der individuellen Freiheit.

Mit Hilfe von Erziehungsvereinbarungen soll ein gemeinsamer Wertekonsens zwischen den Erziehungsberechtigten und der jeweiligen Schule geschaffen werden sowie die Möglichkeit, dass Schulen die Erziehungsverantwortung von Eltern im Sinne einer Mitarbeit am Schulleben einfordern können. Eine Möglichkeit, wie das erreicht werden kann, sieht die Wiesbadener Erklärung im Abhalten von Elternforen, die eine Plattform bieten zum Meinungsaustausch und zur Meinungsfindung.

Positive Erfahrungen mit Erziehungsvereinbarungen kommen aus dem angloamerikanischen Raum.

In den angelsächsischen Ländern haben Erziehungsverträge bereits ein größeres Gewicht als in deutschsprachigen. Die positiven Erfahrungen in den angelsächsischen Ländern lassen sich wie folgt zusammenfassen: Verbesserung der Schulleistung, positive Veränderung des Sozialverhaltens der Schüler, mehr gegenseitiges Verständnis, größeres Interesse der Eltern an der Schule und darüber hinaus auch eine Verbesserung des elterlichen Verhaltens im Erziehungsprozess. (Franz, 2003, S. 116 ff)

Ähnlich wie das Modell der Erziehungsvereinbarungen ist das Modell der Schul-verfassung zu sehen. Beides kann im Rahmen von Schulentwicklungsprozessen als Teil der Profilbildung von Schulen verstanden werden, wobei der Entste-hungsprozess zum Teil unterschiedlich ist. Während Schulverfassungen immer als Resultat eines von Lehrer-, Eltern- und Schülerschaft gemeinsam erarbeite-ten Papiers anzusehen sind, können Erziehungsvereinbarungen, gerade auch in Hessen, Produkt einer Lehrerkonferenz sein, mit Grundlage der Ausführungen in der Wiesbadener Erklärung. Generell bleibt anzumerken, dass sowohl Erzie-hungsvereinbarungen als auch die Schulverfassung meist Bestandteile sind, die im Rahmen der Schulprogrammarbeit bzw. der Schulprofilbildung entstanden sind und hier auch das pädagogische Handlungsprofil einer Schule deutlich sichtbar werden lassen.

Erziehungsvereinbarungen genauso wie Schulverfassungen sind keine rechtsver-bindlichen Vorschriften. So heißt es auch in der Wiesbadener Erklärung, dass sich sowohl Ministerium als auch Landeselternbeirat bewusst sind, dass die Er-ziehungsvereinbarungen freiwillig sind. Sie verstehen sich aus diesem Grund so-mit „als gestalterisches Bindeglied zwischen Eltern und Schule für die Schaffung einer konfliktärmeren und lernfördernden Schule" (Wiesbadener Erklärung, 2001, S. 5)

Beiden Modellen haftet ein moralischer Anspruch an, der zur Einhaltung bei-trägt. Deutlich hierzu Bayer:

„Wirkt die schulrechtliche Norm, auf die sich etwa Schulpflicht, Erziehungs- und Ordnungsmaßnahmen sowie die persönlichen Voraussetzungen zur Ver-wirklichung des Bildungs- und Erziehungsauftrages gründen, gleichsam ‚von oben' auf die am Schulehalten Beteiligten ein und wird von diesen als von außen an sie herantretende Verrechtlichung erlebt, so erhält die ‚Schulverfassung' einen aus der Persönlichkeit jedes einzelnen Beteiligten entspringenden wechselseitigen Anspruch auf Einhaltung grundlegender Verhaltens- und Leistungspflichten." (Bayer, 2004, S. 4)

5.4.2 Erziehungsvereinbarung und Schulverfassung – Beispiele aus der Praxis

Erziehungsvereinbarungen und Schulverfassungen umfassen meist die drei Be-reiche Lehrkräfte, Eltern und Schüler und verpflichten diese gleichermaßen als Vertragspartner. Zum Beispiel in Nordrhein-Westfalen ist in § 42 Abs. 5 des Schulgesetzes, das die näheren Ausführungen zum Schulverhältnis enthält, ex-plizit festgeschrieben, dass sich im Rahmen von Bildungs- und Erziehungsver-einbarungen die Schule, Schülerinnen und Schüler und Eltern auf gemeinsame Erziehungsziele und -grundsätze verständigen und wechselseitige Rechte und Pflichten in Erziehungsfragen festlegen sollen. Einige Beispiele von Schulen sollen in diesem Kapitel die Praxis von Erziehungsvereinbarung und Schulverfassung veranschaulichen.

Im Vorspann zur Erziehungsvereinbarung der Gutenberg-Grundschule Finnentrop aus Nordrhein-Westfalen heißt es:
„Wir, Schüler, Eltern und Lehrer, bilden zusammen die Schulgemeinschaft der Gutenberg-Grundschule in Finnentrop. Um eine erfolgreiche Erziehung der Kinder zu gewährleisten, müssen Schule und Elternhaus zielgerichtet und aufeinander abgestimmt zusammenarbeiten. Dies ist aber nur möglich, wenn die Bereitschaft zum Lernen bei allen Mitgliedern der Schulgemeinschaft vorhanden ist. Es wird nicht über Unrecht hinweggesehen, sondern aktiv etwas dagegen unternommen. Die gesamte Arbeit wird geprägt von christlichen Bildungs- und Kulturwerten, selbstverständlich unter Berücksichtigung anderer Kulturkreise".

Die Erziehungsvereinbarung dieser Grundschule ist Teil des Schulprogramms, das sehr breit angelegt vielfältige Aspekte aller Bereiche von Schulorganisation, Schulleben, Schul- und Unterrichtsgestaltung sowie in Kapitel 9 des Programms gesondert die Zusammenarbeit zwischen Elternhaus und Schule thematisiert. In diesem Kapitel ist auch die Erziehungsvereinbarung verankert.

Auf die oben erwähnte Wiesbadener Erklärung von 2001 nimmt das Justus-Liebig-Gymnasium in Darmstadt/Hessen Bezug. Hier ist ein sehr innovatives und konstruktives, auf die Zukunft gerichtetes Umgehen mit Erziehungsvereinbarungen feststellbar. Von Bedeutung ist hier, dass die Erziehungsvereinbarung ein Produkt darstellt, das Eltern und Lehrer gemeinsam erarbeitet haben und gemeinsam umsetzen.

Die Erziehungsvereinbarung wurde von einer Eltern- und einer Lehrergruppe in gemeinsamen Workshops erarbeitet. Dabei wurden zwei Problemfelder ausgemacht, und zwar zum einen „Kommunikation zwischen Eltern, Lehrern und Schülern" und zum anderen „Stärkung der sozialen Kompetenz unserer Schüler/Kinder". Diese Problemfelder wiederum wurden zu Handlungsfeldern der Schule weiterentwickelt und mit Inhalt gefüllt. Die Konkretisierung erfolgte durch die Bildung von Lehrer-Eltern-Teams, die jeweils für einen bestimmten Bereich zuständig waren und weitere Konzepte entwickelten.

Im Rahmen des Handlungsfeldes „Kommunikation zwischen Eltern, Lehrern und Schülern" wurden die Merkmale „Offenheit, Effizienz, Aktualität, Präzision, Vollständigkeit, Verständlichkeit, gegenseitiger Respekt und Vertrauen" zur Stärkung der Kommunikation vereinbart, die wiederum in ein entsprechendes Konzept einfließen und in den entsprechenden Gremien diskutiert und beschlossen werden sollen.

Das zweite Handlungsfeld „Stärkung der sozialen Kompetenz unserer Schüler/Kinder" wird durch drei konkrete Maßnahmen umgesetzt. Die erste Maßnahme hat die Weiterentwicklung eines Mentorensystems zum Inhalt, bei dem ältere

Schüler Verantwortung für jüngere Schüler übernehmen. Die zweite Maßnahme umfasst das Erlernen von Konfliktbewältigungsstrategien durch ein gesondertes Kursangebot, das für die Schüler entwickelt werden soll. Das Erarbeiten von Verhaltensleitlinien ist der Kern der dritten Maßnahme. Diese Verhaltensleitlinien sollen für jede Klasse gelten und von den jeweiligen Schülern, Eltern und Lehrern zu Beginn jedes Schuljahres unterschrieben werden.

Unterzeichnet wurde diese Erziehungsvereinbarung von 19 Eltern und 22 Lehrern der Schule, die gleichzeitig zu den einzelnen Bereichen Lehrer-Eltern-Teams gebildet haben, die wiederum auch eine kontinuierliche Weiterentwicklung und Diskussion der Erziehungsvereinbarung und der Maßnahmen beschlossen haben.

Schulverfassungen finden sich ebenso wie Erziehungsvereinbarungen an vielen Schulen über ganz Deutschland verteilt. In Bayern nahm das Konstrukt der Schulverfassung seinen Ausgangspunkt im Bildungskongress „Schulinnovation 2000", der am 11. / 12. April 2000 mit dem Schwerpunkt Innere Schulentwicklung stattfand. Hier wird die Schulverfassung als Möglichkeit der Inneren Schulentwicklung aufgefasst und als Beitrag gesehen, schulische Eigenverantwortung zu initiieren (PM, Nr. 104, 2000).

Das Johannes-Butzbach-Gymnasium in Miltenberg am Main/Bayern hat am 26. März 2004 eine Schulverfassung verabschiedet. Dieses Dokument haben „Schülerinnen und Schüler, Lehrerinnen und Lehrer, Mütter und Väter, Sekretärinnen und das Hausmeister-Ehepaar" gemeinsam beschlossen und für sich als Handlungsgrundlage festgemacht. Es sollen hier kurz die Überschriften dieses Textes aufgeführt werden, die ein gutes Bild dieser Schulverfassung geben:

Wertschätzung und gegenseitige Achtung

Menschlichkeit und Toleranz

Gewaltlosigkeit

Höflichkeit

Unterricht

Der Unterricht: Mittelpunkt unserer gemeinsamen Arbeit

Pünktlichkeit

Fairness

Verantwortung

Zusammenarbeit

Konfliktlösung

Engagement

Der Beitrag der Eltern

Sorgfalt

Zur Konflikt- und Problemlösung wird an dieser Schule auch eine Mediation angeboten, die bei Problemen auch im Hinblick auf die Schulverfassung mitwirkt. Die Schulverfassung selbst wird vom Schulforum (§ 23 GSO), einem Gremium, bei dem alle an der Schule beteiligten Gruppen mitwirken, überwacht und fortgeschrieben.

Schüler, Lehrer und Eltern der Georg-Hartmann-Realschule Forchheim machten sich im Juni 2002 „gemeinsam auf den Weg". In einem beinahe zweijährigen Reifeprozess entstand in intensiver Zusammenarbeit mit konstruktiven Gesprächen eine Schulverfassung. Ein Arbeitskreis, in dem alle am Schulleben beteiligten Gruppierungen vertreten waren, brachte im Austausch mit den zuständigen Gremien ein Werk zustande, dem schließlich Schüler, Lehrer und Eltern mit überwältigender Mehrheit zustimmten. Mit einem Festakt am 15. März 2004 wurde sie in Kraft gesetzt. Die Grundgedanken des gegenseitigen Respekts und des Rechtes auf Selbstentfaltung bilden darin die Basis für das Leben und Lernen in der Schule. Gleichzeitig regt die Schulverfassung zu einem steten Austausch über die Art des Miteinanders an. So wird sie einen wesentlichen Beitrag leisten, die Schule und die Kommunikation in ihr lebendig zu erhalten.

Erziehungsvereinbarung und Schulverfassungen stellen eine interessante Möglichkeit dar, Konsens über erzieherische Fragen vor dem Hintergrund gemeinsam ausgehandelter Wertvorstellungen zu ermöglichen, wobei sich die Wirksamkeit immer erst vor Ort zeigt, wenn deutlich wird, wie die jeweilige Schule und die Menschen, die in und mit ihr agieren, diese Konstrukte mit Leben füllen. Trotz allem ist zu beachten, dass Erziehungsvereinbarungen bzw. Schulverfassungen rechtlich nicht bindend sind. Sie beruhen auf dem guten Willen aller Beteiligten, über einen Wertekonsens gemeinsam mit Störungen, Fehlverhalten etc. umzugehen und könnten auch im vorliegenden Fall sowohl für die Eltern als auch für den betroffenen Schüler eine moralische bzw. ethische Selbstverpflichtung bedeuten, Fehlverhalten einzusehen. Für die Lehrkraft hingegen ist es eine Möglichkeit im Hinblick auf erziehenden Unterricht, die Inhalte einer Erziehungsvereinbarung bzw. insbesondere auch die einer Schulverfassung mit den Schülern zu thematisieren und diese für ein entsprechendes Handeln zu sensibilisieren. Die Lehrkraft bekommt hierdurch weitere Handlungsalternativen, um erzieherisch mit Disziplinproblemen umzugehen, ohne dass der herkömmliche Sanktionsapparat in Anspruch genommen werden muss. Des Weiteren können Erziehungsvereinbarungen und Schulverfassungen bei Elterngesprächen als Ausgangspunkt dienen und strukturierend wirken.

5.5 Aufgaben

5.5.1 Entwicklung eines Szenarios

Aufgabenbeschreibung:
Erziehungsvereinbarungen stellen eine Form dar, wie Schule und Eltern sich über gemeinsame Erziehungshaltungen verständigen können. Formulieren Sie nun für den konkreten Fall „Aggressivität – ein Zeichen von Männlichkeit?" eine Erziehungsvereinbarung, wie sie zwischen den Eltern und der Lehrkraft unter Einbeziehung des Jungen abgeschlossen werden kann.

Aufgabenerläuterung:
Erziehungsvereinbarungen werden an Schulen, wie im Text gezeigt wurde, eher als allgemein, d.h. für alle Eltern, Schüler und Lehrer geltend, angesehen. Daneben können auch individuelle Erziehungsvereinbarungen abgeschlossen werden, die ähnlich wie Lernkontrakte oder auch Zielvereinbarungen zwischen direkten Vertragspartnern ausgehandelt und somit personalisiert werden.

Aufgabenbegründung:
Durch die Auseinandersetzung mit dem Konzept der Erziehungsvereinbarung erarbeiten sie sich eine Alternative, wie mit Disziplinproblemen und Verhaltensauffälligkeiten pädagogisch umgegangen werden kann, ohne dass der herkömmliche Sanktionsapparat in Anspruch genommen werden muss.

5.5.2 Vertiefungsaufgabe

Aufgabenbeschreibung:
Eine Möglichkeit, wie mit Disziplinproblemen umgegangen werden kann, stellt die kurz erwähnte Trainingsraummethode (ARIZONA-Methode) dar. Im Rahmen der Trainingsraum-Methode fragt Göppel kritisch, ob der Trainingsraum wirklich zu mehr Eigenverantwortung erzieht oder ob er nicht schlicht eine reine „Disziplinierungsmaßnahme" darstellt (Göppel, 2002, S. 42 ff). Setzen Sie sich ausführlich mit der Trainingsraum-Methode auseinander, indem Sie sich mit der entsprechenden unten aufgeführten Literatur beschäftigen, und gehen Sie der Frage nach, ob die Trainingsraum-Methode eine Methode mit erzieherischer Absicht ist oder nur zur Disziplinierung bzw. Abschiebung störender Schülerinnen und Schüler aus dem laufendem Unterricht dient.

Aufgabenerläuterung:
Zur näheren Information hier noch einige weitere erläuternde Anmerkungen zur Trainingsraummethode. Der erwähnte Name ARIZONA-Projekt, der neben

dem Begriff Trainingsraum-Methode ebenfalls verwendet wird, bezeichnet den Ursprung dieses Ansatzes, der Mitte der 1990er Jahre an einer Schule in Phoenix / Arizona von Edward E. Ford, einem Schulsozialarbeiter, entwickelt wurde. Grundlage für die Trainingsraum-Methode bildet die Wahrnehmungskontrolltheorie von William T. Powers, dessen Theorie aus psychologischen, soziologischen und kybernetischen Elementen (Balke, 2003, S. 6 ff) besteht.

Das Programm selbst baut auf drei Grundregeln auf (Balke, 2003, S. 38 f), die von gegenseitigem Respekt getragen werden:
„1.) Jede Schülerin und jeder Schüler hat das Recht ungestört zu lernen.
2.) Jede Lehrerin und jeder Lehrer hat das Recht ungestört zu unterrichten.
3.) Jede/r muss stets die Rechte der anderen respektieren."
Bei der Einführung des Programms ist es wichtig, dass diese drei Regeln mit der Klasse besprochen, aber, so Balke, nicht diskutiert werden (Balke, 2003, S. 38). Das heißt, dass diese Regeln von vorneherein als unmittelbarer Verhaltenskodex feststehen. Gegenseitiger Respekt als Basis dieser Regeln ist nicht verhandelbar.
Der Trainingsraum-Methode liegt ein konkreter Ablaufplan zugrunde, den man in sieben Punkte gliedern kann (Balke, 2003, S. 85 ff.):

1. Ein Schüler stört den Unterricht. Der Lehrer fragt, ob er sich ohne weitere Störungen am Unterricht beteiligen will oder in den Trainingsraum gehen möchte.
2. Sollte der Schüler weiter stören, so bleibt ihm keine andere Wahl als den Trainingsraum aufzusuchen.
3. Im Trainingsraum selbst muss sich der betreffende Schüler zusammen mit der dort anwesenden Lehrkraft überlegen, welche Möglichkeiten es gibt, sich in Zukunft besser zu verhalten. Dabei ist es wichtig, dass ein sogenannter schriftlich fixierter Rückkehrplan erstellt wird, der neben der eigenen Perspektive bzw. den eigenen zukünftigen Zielen auch die Perspektive der Mitschüler und der Lehrkraft, die gestört wurden, umfasst.
4. Der schriftlich vorliegende Plan hat eine ähnliche Funktion wie Zielvereinbarungen, und es kann immer wieder überprüft werden, ob die darin festgeschriebenen Ziele erreicht wurden oder nicht.
5. Bei weiteren Störungen kann wieder der Trainingsraum aufgesucht werden. Die erstellten Pläne werden miteinander verglichen, um somit eine mögliche Verbesserung des Verhaltens zu dokumentieren.
6. Die jeweilige Lehrkraft, die den Schüler in den Trainingsraum geschickt hat, kann hierüber weitere, konkret auf die Klasse und den betreffenden Unterricht abzielende Vereinbarungen mit dem Schüler treffen.
7. Sollte keine Verbesserung eintreten, sind die Eltern zu einem Beratungsgespräch hinzuziehen.

Ziel des Programms ist es, Schüler zu mehr Eigenverantwortung für ihr Tun zu führen, so heißt dieses Programm auch in Amerika „Responsible Thinking Process".

Im Literaturverzeichnis finden Sie entsprechende Literatur, die positiv die Trainingsraummethode beschreibt (z. B. Balke), aber diesen Ansatz auch kritisch (Göppel, 2002) betrachtet. Sie können durch entsprechende Literaturrecherche in der Bibliothek oder auch im Internet weitere Literatur finden und diese bei der Aufgabenbearbeitung einbeziehen.

Aufgabenbegründung:

Diese Aufgabe ermöglicht Ihnen eine vertiefte und auch kritische Auseinandersetzung mit einer Methode zum Umgang mit auffälligen Schülern, die in Deutschland in allen Bundesländern in verschiedenen Schulformen unter zum Teil unterschiedlichen Bezeichnungen anzutreffen ist.

5.6 Literatur

Avenarius, H. (^{8}2010). Die öffentliche Schule als Einrichtung der Bildung und Erziehung. In H. Avenarius & H.-P. Füssel (Hrsg.), *Schulrecht: ein Handbuch für Praxis, Rechtsprechung und Wissenschaft* (S. 108-138). Kronach: Link.

Avenarius, H. (^{8}2010). Schulverfassung III (Schüler- und Elternvertretungen). In H. Avenarius & H.-P. Füssel (Hrsg.), *Schulrecht: ein Handbuch für Praxis, Rechtsprechung und Wissenschaft* (S. 161-179). Kronach: Link.

Avenarius, H. (^{8}2010). Schulverhältnis, Rechtsstellung der Schülerinnen und Schüler, Elternrecht. In H. Avenarius & H.-P. Füssel (Hrsg.), *Schulrecht: ein Handbuch für Praxis, Rechtsprechung und Wissenschaft* (S. 325-344). Kronach: Link.

Avenarius, H. & Heckel, H. (^{7}2000). *Schulrechtskunde*. Neuwied: Luchterhand.

Balke, S. (2003). *Die Spielregeln im Klassenzimmer. Das Handbuch zum Trainingsraum-Programm. Ein Programm zur Lösung von Disziplinen in der Schule* (2., verb. Auflage). Bielefeld: Karoi-Verlag.

Balke, S. & Hogenkamp, A. (2000). Drei Regeln reichen aus. Soziales Verhalten kann trainiert werden. In *Friedrich Jahresheft 2000: Üben und wiederholen*, hrsg. von Meier, R.; Rampillion, U., Sandfuchs, U. & Stäudel, L. (S. 82-85). Seelze: Friedrich.

Bayer, B. (2004). Schulverfassungen und Erziehungsvereinbarungen. Rechtliche, pädagogische und sozialpsychologische Überlegungen. *Schulrecht, 8* (1), 2-4.

Böhm, Th. (2008). *Erziehungs- und Ordnungsmaßnahmen. Schulrechtlicher Leitfaden* (2., überarb. Auflage). Neuwied: Luchterhand.

Bronfenbrenner, U. (1981*). Die Ökologie der menschlichen Entwicklung*. Stuttgart: Klett-Cotta.

Bundesministerium für Familie, Senioren, Frauen und Jugend (2005). *Kinder- und Jugendhilfeweiterentwicklungsgesetz (KICK)*, Meldung vom 13.07.2005. Verfügbar unter: http://www.bmfsfj.de/bmfsfj/generator/BMFSFJ/kinder-und-jugend,did=31222.html (16.12.2008).

Bundesministerium für Familie, Senioren, Frauen und Jugend (2007). *Kinder- und Jugendhilfe. Achtes Buch Sozialgesetzbuch*. Berlin: BMFSFJ.

Bürgerliches Gesetzbuch in der Fassung der Bekanntmachung vom 2. Januar 2002 (BGBl. I S. 42, 2909; 2003 I S. 738), zuletzt geändert durch Artikel 7 des Gesetzes vom 30.Oktober 2008 (BGBl. I S. 2122).

Czerwanski, A. (2004). Erziehender Unterricht. Begriffliche Klärung und Perspektiven der Umsetzung. *Pädagogik, 9*, 6-9.

Erziehungsvereinbarung des Justus-Liebig-Gymnasiums Darmstadt. Verfügbar unter: http://www.lio-darmstadt.de/dielio/schulprofil/erzvb.html (16.12.2008).

Erziehungsvereinbarung der Friedensschule Hamm. Verfügbar unter: http://www.friedensschule.schulnetz.hamm.de/schule/erziehungsvereinbarungen/index.html (16.12.2008).

Erziehungsvereinbarung der Gutenberg-Grundschule Finnentrop. Verfügbar unter: http://www.gutenbergs.de/schulprogramm/schulprg/IMod0941.htm (16.12.2008).

Flechsig, K.-H. & Haller, H. D. (1975). Eine Einführung in Didaktisches Handeln. Ein Lernbuch für Einzel- und Gruppenarbeit. Stuttgart: Klett.

Franz, F. (2003). Chancen von Erziehungsverträgen. Eine hessische Initiative zur Stärkung der gemeinsamen Erziehungsaufgabe von Schule und Elternhaus – Teil I. *Schulverwaltung. Ausgabe Hessen, Rheinland-Pfalz und Saarland, 7* (3), 74-76.

Franz, F. (2003). Chancen von Erziehungsverträgen. Eine hessische Initiative zur Stärkung der gemeinsamen Erziehungsaufgabe von Schule und Elternhaus Teil II. *Schulverwaltung. Ausgabe Hessen, Rheinland-Pfalz und Saarland, 7* (4), 116-117.

Füssel, H.-P. (⁸2010). Erziehungsmaßnahmen, Ordnungsmaßnahmen. In H. Avenarius & H.P. Füssel (Hrsg.), *Schulrecht: ein Handbuch für Praxis, Rechtsprechung und Wissenschaft* (S. 488-503). Kronach: Link.

Geißler, E. E. (²1983). *Allgemeine Didaktik. Grundlegung eines erziehenden Unterrichts.* Stuttgart: Klett.

Gemeinsame Erziehungsverantwortung in Schule und Elternhaus stärken. Wiesbadner Erklärung vom 18.12.2001. Verfügbar unter: http://www.hessen.de/irj/HKM_Internet?cid=926b0801f6dd 8a78f7a5813e16ea7756 (16.12.2008).

Gemeinsame Erziehungsverantwortung in Schule und Elternhaus stärken. Bonner Erklärung vom 03.12.2003. Verfügbar unter: http://www.hessen.de/irj/HKM_Internet?cid=adb637345a454cb9 5eb00fdf61999c30 (16.12.2008).

Giesecke, H. (1995). Wozu ist die Schule da? *Neue Sammlung, 35* (3), 93-104.

Glotz, P. & Faber, K. (²1994). § 28 Richtlinien und Grenzen des Grundgesetzes für das Bildungswesen. In E. Benda et al. (Hrsg.), *Handbuch des Verfassungsrechts der Bundesrepublik Deutschland* (S. 1364-1424). Berlin: De Gruyter.

Göppel, R. (2002). „Arizona" – ein Programm zur Förderung der „Eigenverantwortung" oder ein Disziplinierungsinstrument? Betrachtungen aus der Perspektive der psychoanalytischen Pädagogik. In *Gewalt an Schulen. Informationsschrift zur Lehrerbildung, Lehrerfortbildung und pädagogischen Weiterbildung, 62* (S. 42-57). Heidelberg: Pädagogische Hochschule.

Grundgesetz für die Bundesrepublik Deutschland (³⁵1998). München: dtv.

Hennig, C. & Ehinger, W. (²2003). *Das Elterngespräch in der Schule.* Donauwörth: Auer.

Hentig, H. v. (1996). Abdankung. Zu Hartmut Gieseckes Aufsatz „Wozu ist die Schule da?" Neue Sammlung 3/95. *Neue Sammlung, 36* (1), 133-142.

Herbart, J. F. (1965). Allgemeine Pädagogik, aus dem Zweck der Erziehung abgeleitet (1806). In *Johann Friedrich Herbart: Pädagogische Texte.* Hrsg. v. W. Asmus. Bd. 2, Düsseldorf: Küpper.

Hesse, K. (²⁰1995). *Grundzüge des Verfassungsrechts der Bundesrepublik Deutschland.* Heidelberg: C. F. Müller.

Bayerisches Staatsministerium für Unterricht und Kultus (2000). „Ihre Meinung ist gefragt! Kultusministerin Hohlmeier eröffnet im Internet Meinungsforum zur ‚Inneren Schulentwicklung'. Pressemitteilung des Nr. 104 vom 03.Mai 2000 (zit. als PM Nr. 104, 2000).

Kiel, E. (³2005). Klassenführung. In H.J. Apel & W. Sacher (Hrsg.), *Studienbuch Schulpädagogik* (S. 342-359). Bad Heilbrunn: Klinkhardt.

Pieroth, B. & Schlink, B. (¹⁴1998). *Staatsrecht II.* Heidelberg: C. F. Müller.

Richter, I. (^{2}1989). Art. 7. In *Kommentar zum Grundgesetz für die Bundesrepublik Deutschland. Bd. 1: Art. 1-37* (S. 670-723). Neuwied: Luchterhand.

Rosenbladt, B. V. & Thebis, F. (2003). *Schule aus der Sicht von Eltern. Das Eltern-Forum als neues Instrument der Schulforschung und mögliche Form der Elternmitwirkung. Eine Studie der Infratest Bildungsforschung.* München: Infratest Sozialforschung.

Saalfrank, W.-Th. (2009). *Das freie Kind. Erzieherisches Handeln als Orientierung am Kind – Beispiele und Analyse.* Münster. u.a.: LIT.

Saalfrank, W.-Th. (2005). *Schule zwischen staatlicher Aufsicht und Autonomie. Konzeptionen und bildungspolitische Diskussion in Deutschland und Österreich im Vergleich.* Würzburg: Ergon.

Sacher, W. (2004). *Elternarbeit in den bayerischen Schulen. Repräsentativ-Befragung zur Elternarbeit im Sommer 2004.* Erster Übersichtsbericht. Schulpädagogische Untersuchungen Nürnberg, Nr. 23, Nürnberg: Universität Nürnberg-Erlangen.

Sacher, W. (2005). *Erfolgreiche und misslingende Elternarbeit. Ursachen und Handlungsmöglichkeiten.* Erarbeitet auf der Grundlage der Repräsentativ-Befragung an bayerischen Schulen im Sommer 2004. Erster Übersichtsbericht. Schulpädagogische Untersuchungen Nürnberg, Nr. 24, Nürnberg: Universität Nürnberg-Erlangen.

Schaarschmidt, U. (2005). *Halbtagsjobber. Psychische Gesundheit im Lehrerberuf. Analyse eines veränderungsbedürftigen Zustandes.* Weinheim: Beltz.

Schulgesetz für Baden-Württemberg (SchG BW) in der Neufassung vom 1. August 1983 (Gbl. S. 397), zuletzt geändert durch Gesetz vom 25. Juli 2000 (GVBl. S. 533).

Schulgesetz für das Land Nordrhein-Westfalen (SchG NRW) vom 15. Februar 2005.

Schulordnung für die Gymnasien in Bayern (Gymnasialschulordnung – GSO) vom 23. Januar 2007.

Schulverfassung der Schule Telemannstraße Hamburg. Verfügbar unter: (http://www.hh.schule.de/tele/schulverf.html (16.12.2008).

Schulverfassung des Johannes-Butzbach-Gymnasiums in Miltenberg Verfügbar unter: http://www.jbg-miltenberg.de (16.12.2008).

Schulverfassung der Georg-Hartmann-Realschule Forchheim. Verfügbar unter: http://www.rsforchheim.de/index.php?id=87 (16.12.2008).

Verfassungen der deutschen Bundesländer. (^{6}1999) München: dtv.

Wiater, W. (2002). Erziehung als Aufgabe der Schule. In H.J. Apel & W. Sacher (Hrsg.), *Studienbuch Schulpädagogik* (S. 307-326). Bad Heilbrunn: Klinkhardt.

6 Milieuspezifische Erziehungsstile
Sylva Liebenwein

Der achtjährige Alexander war bisher ein unkompliziertes Kind. Er wächst ohne Geschwister auf und zeigt sich recht zugänglich für die Erziehungsversuche seiner Eltern. Er ist im Freundeskreis beliebt und in der Schule unauffällig mit guten Leistungen. Die Hausaufgaben erledigte er bis vor kurzem in der Mittagsbetreuung selbstständig. Seine Mutter arbeitet Teilzeit als Webdesignerin, sein Vater ist selbstständiger Unternehmer mit einigen Mitarbeitern. Beide haben ein Hochschulstudium absolviert. Die Familie lebt in einem exklusiv eingerichteten Einfamilienhaus am Rande einer Großstadt. Bevorzugte Freizeitbeschäftigungen der Eltern sind Golfen und Tennis.

Seit einigen Wochen hat Alexander sich enger mit Paul, einem Schüler seiner Klasse angefreundet, der nachmittags unbegrenzt fernsieht oder PC-Spiele spielt. Seine Eltern – Pauls Vater ist LKW-Fahrer, seine Mutter angelernte Verkäuferin in einer Bäckerei – arbeiten beide im Schichtdienst und gönnen ihm diese nachmittägliche Beschäftigung gerne, während sie abwesend sind, Schlaf nachholen oder – gern auch selbst vor dem Fernseher – entspannen. Die vierköpfige Familie lebt in einem Mehrfamilienhaus aus den 1970er-Jahren und ist auf das Einkommen beider Eltern dringend angewiesen. Sparsamkeit ist dennoch kein Lebensziel in Pauls Familie. Vielmehr gilt es als wichtig, nach außen hin mithalten zu können: Markenkleidung, High-Tech und die jährliche Flugreise gehören dazu, weshalb die Familie schon seit Jahren verschuldet ist.

Alexander besucht seinen Freund häufiger und länger, als es seinen Eltern lieb ist. Er kommt nun des Öfteren ohne Hausaufgaben in die Schule und sackt in seinen Leistungen ab. Alexanders Eltern versuchen zuerst durch Gespräche, ihren Sohn zu einer Änderung seines Verhaltens zu bringen. Als das aber nichts fruchtet, erteilen sie ihm Hausarrest und erhöhen den Leistungsdruck, indem sie zusätzlich zu den Hausaufgaben tägliche Übungsaufgaben festlegen. Als Alexander sich verweigert, bitten sie eine befreundete Sozialpädagogin um Rat. Alexanders Mutter kennt diese aus dem Yoga-Kurs, den beide in der Schwangerschaft besucht haben. Die Sozialpädagogin interpretiert Alexanders Widerstand als Überforderung des kleinen Kindes durch das kognitiv ausgerichtete, konkurrenz- und leistungsorientierte Regelschulsystem und empfiehlt den Eltern, die eigenen Leistungsansprüche zurückzuschrauben, Alexander mehr Raum für kindliches Spiel und Kreativität zu gewähren und einen Schulwechsel auf eine Montessorischule zu erwägen.

Im Folgenden wird die Entwicklung der Sozialstrukturanalyse von der Schicht- und Klassen- zur Milieuforschung skizziert. Im Anschluss wird der vorgestellte Fall wieder aufgegriffen und die Protagonisten im Milieumodell verortet.

6.1 Die sozialen Milieus in Deutschland

Der zunehmende Wertepluralismus in unserer Gesellschaft (vgl. Weiß i.d.B., Kap. 2.3, S. 25-32) und der damit verbundene Wandel des Erziehungsverhaltens (vgl. Steinherr i.d.B., Kap. 3.1, S. 45-47) lässt sich am dargestellten Fallbeispiel ablesen: Alexanders Eltern, Pauls Eltern und die befreundete Sozialpädagogin vertreten offensichtlich divergierende Wertorientierungen und Lebensstile, teils verbunden mit oder basierend auf Differenzen in der sozialen Lage.

Letztere, gemessen an Berufsprestige, Bildungsabschluss und Einkommen, bilden die Basis für Schichtmodelle, die Personen grob als Angehörige der Unterschicht, Mittelschicht oder Oberschicht klassifizieren. In dieser sozialstatistisch erfassbaren Kategorisierung bleiben Wertorientierungen und Lebensstile unberücksichtigt, ebenso der Umstand, dass diese immer weniger rein mit der Zugehörigkeit zu einer bestimmten Statusgruppe verknüpft und durch diese bedingt sind.

Am Beispiel von Alexanders Eltern und der befreundeten Sozialpädagogin – alle wohl Angehörige der oberen Mittelschicht – lässt sich diese trotz gleicher Schichtzugehörigkeit deutlich erkennbare Divergenz in Wertorientierungen und Lebensstilen ablesen.

Im Folgenden wird die Entwicklung der Sozialstrukturanalyse von der Schicht- und Klassenforschung hin zur Milieuforschung kurz skizziert.

Die traditionelle Sozialstrukturanalyse basiert auf der Schicht- oder Klassenforschung, die sich zwar gegenüberstehen, jedoch von gemeinsamen Merkmalen geprägt sind. Sowohl in Schicht- als auch in Klassenmodellen gelten Macht, Prestige, materieller Wohlstand und Bildung als Zuordnungsdeterminanten. Im Unterschied zu Schichtmodellen, die dieses hierarchische Verhältnis so exakt wie möglich zu *beschreiben* suchen, bilden Klassenmodelle meist den Bestandteil einer Klassentheorie zur *Erklärung* der Ursachen sozialer Ungleichheit, die in der Regel als soziale Ungerechtigkeit bewertet wird. Klassenkonzepte gehen im Gegensatz zu Schichttheorien davon aus, dass die Klassen im Konflikt zueinander stehen, während die jeweiligen Schichten integrativ wirken, indem sie sich in ihren Funktionen ergänzen. Auch nehmen Klassenkonzepte ein Klassenkollektiv an, während Angehörige bestimmter Schichten als individuelle Akteure gesehen werden (vgl. Hradil, 2005). Klassen- und Schichtkonzepte gehen davon aus, „dass mit bestimmten äußeren Lebensbedingungen mehr oder minder eng bestimmte innere Haltungen (Klassenbewusstsein, Klassenpraxis, schichtspezifisches Denken und Verhalten etc.) einhergehen" (ebd., S. 419). Das heißt, dass die Mitglieder einer Klasse oder Schicht ein weitgehend gemeinsames Interesse und Bewusstsein aufgrund ihrer sozialen Lage entwickeln – Lebensstil und Alltagsbewusstsein also von der Soziallage determiniert sind (vgl. Hradil, 2005).

Im geschilderten Fall wäre also davon auszugehen, dass Lebenseinstellungen und Werthaltungen bei Alexanders Eltern ähnlich ausgeprägt sein müssten wie bei der befreundeten Sozialpädagogin, die ja ebenfalls über einen gehobenen Bildungsabschluss verfügt. Jedoch steht der Rat der Sozialpädagogin zu den Werthaltungen der Eltern im Widerspruch.

In der jüngeren sozialwissenschaftlichen Ungleichheitsforschung wird seit den 1980er Jahren zunehmend auf die Mängel des bislang groben Rasters der traditionellen Sozialstrukturanalyse – also sowohl von Schicht- als auch von Klassenmodellen – aufmerksam gemacht. Erziehungs- und andere Sozialwissenschaftler/innen sehen die Erfassung gesellschaftlicher Gruppen aufgrund der Pluralisierung und Ausdifferenzierung von Lebensstilen und Wertorientierungen immer weniger durch die traditionell orientierte Sozialstrukturanalyse gewährleistet (vgl. z.B. Hradil, 2005).

Eine prominente Rolle in der Klärung der Paradigmen der neueren Ungleichheitsforschung spielt dabei die Position des Münchener Soziologen Ulrich Beck (z.B. 1994). Er geht von einer modernen Gesellschaftsstruktur „jenseits von Stand und Klasse", von einer Ersetzung „alter" Ungleichheiten (Geld, Macht, Prestige und Bildung) durch neue (Arbeit, Freizeit, Wohnen, Gesundheit und Alter) aus. Basierend auf dieser Forderung nach horizontaler Differenzierung von Modellen zur Sozialstrukturanalyse bietet sich der Blick auf vertikale Strukturen an. Sind diese tatsächlich, wie es z.B. Beck (1986, 1994) und Schulze (vgl. 1992) annehmen, weitestgehend unbedeutend und von horizontalen Disparitäten abgelöst worden? Empirische Befunde widerlegen diese These. In zahlreichen Forschungsarbeiten wurde wiederholt die gleich bleibende, teils sogar anwachsende Bedeutung der sozialen Herkunft für die soziale Zukunft, der Bildungsressourcen des Elternhauses für die Bildungsaspirationen bis weit ins Erwachsenen- und Erwerbsleben hinein belegt (z.B. Autorengruppe Bildungsberichterstattung, 2008; Barz & Tippelt, 2004a; 2004b; Liebenwein, 2008; Merkle & Wippermann, 2008). Dieses sog. *Matthäusprinzip* (Tippelt, Weiland, Panyr & Barz, 2003) bedingt eine Reproduktion sozialer Ungleichheit, die wiederum die Manifestation sozialer vertikaler Disparitäten nach sich zieht. Aus diesem Grund werden „reine" Lebensstilansätze (z.B. Schulze, 1992[1]), in denen Lebensstilvariablen die Schichtvariablen vollständig ablösen, scharf kritisiert.

---

1 Schulze beschreibt seine fünf Milieus (Niveaumilieu, Integrationsmilieu, Harmoniemilieu, Selbstverwirklichungsmilieu und Unterhaltungsmilieu) als rein ästhetisch geprägt und geht davon aus, dass Lebensstil und Alltagsbewusstsein sich von der ökonomischen Lage vollständig gelöst haben. Da er jedoch neben dem Alter Bildungsniveau und Beruf als wichtigste Milieudeterminanten begreift, ist diese Loslösung von den klassischen Schichtmerkmalen in Zweifel zu ziehen.

Inzwischen wird die Milieuforschung selbst von Kritikern als Mainstream der deutschen Sozialstrukturanalyse beschrieben (z.B. Geißler, 1996)[2].

Von dieser allgemein bekannten und empirisch belegten Relevanz vertikaler Strukturen ausgehend erscheint eine Einbeziehung und Verbindung *einerseits* der objektiven Lebenslage, die sich durch Berufsstatus, Einkommen und Bildungsabschluss definiert, *andererseits* der subjektiven Lebenslage – des Lebensstils und Alltagsbewusstseins – notwendig, wie sie z.B. im Milieumodell nach SINUS (siehe Abbildung 2) vorgenommen wird. Hier werden Lebensstil, Lebenswelt und Alltagsbewusstsein anders als in Klassen- und Schichtkonzepten gesondert betrachtet. Dabei wird berücksichtigt,

„dass die ‚subjektiven' Lebensweisen einer sozialen Gruppierung durch deren ‚objektive' Lebensbedingungen zwar angeregt, beeinflusst und begrenzt sein mögen, keineswegs aber völlig geprägt sind [...] welche Werthaltungen und Lebenseinstellungen ein Mensch aufweist, ist also durchaus mitbestimmt von seiner Einkommenshöhe, seinem Bildungsgrad und seiner Berufsstellung. Aber diese schichtungsrelevanten Lebensbedingungen geben keineswegs zureichend über die Milieuzugehörigkeit Auskunft." (Hradil, 2005, S. 420f; Auslassung S.L.).

Dennoch wird die lebensweltliche Bedeutsamkeit der vertikalen Struktur hervorgehoben: „daß es in fortgeschrittenen Konsumgesellschaften nach wie vor Lebensstil-prägende soziale Hierarchien gibt gehört zu den massivsten alltagsweltlichen Erfahrungen eines Menschen" (Flaig, Meyer & Ueltzhoeffer, 1993, S. 63). Milieumodelle, die vertikale und horizontale Differenzierung kombinieren, stellen im Vergleich zu Schicht- und Klassenmodellen feinere und differenziertere Analyseinstrumente dar, da sie Pluralisierungs- und Differenzierungsprozesse auch innerhalb der klassischen Schichten berücksichtigen. Das in der neueren Sozialstrukturanalyse vielfach verwendete Milieumodell nach SINUS (vgl. Abbildung 2) fasst Personengruppen zusammen, die sich in Lebensauffassung, Lebensstil und Lebensführung ähnlich sind und somit Einheiten innerhalb der Gesellschaft bilden (Flaig, Meyer & Ueltzhoeffer, 1993). Die reale Vielfalt von sozialen Lagen und Lebensstilen wird durch das Milieumodell zu zehn Idealtypen verdichtet. Diese zusätzlich zu den soziodemografischen Faktoren berücksichtigte „Lebenswelt meint – in Anlehnung an Husserl und Schütz – das Insgesamt subjektiver Wirklichkeit eines Individuums, also alle bedeutsamen Lebensbereiche des Alltages (Arbeit, Familie, Freizeit, Konsum usw.), die bestimmend sind für die Entwicklung und Veränderung von Einstellungen, Wertewandel und Verhaltensmustern; aber auch Wünsche, Ängste, Sehnsüchte, Träume usw. zählen dazu" (ebd., 1993, S. 55, vgl. Abbildung 1). Das Milieu-

---

2 Die Kritik Geißlers bezieht sich auf die Ausklammerung der sozialen Lage (Schichtvariablen Schulbildung, Berufsstatus und Einkommen) in den reinen Lebensstilmodellen und auf die daraus – so Geißler – resultierende Vernachlässigung der gesellschaftskritischen Stoßrichtung.

modell nach SINUS bezieht beispielsweise folgende in Abbildung 1 aufgeführte „Milieubausteine" in seine Analysen ein:

Milieubausteine

Lebensstil
- Alltagsästhetik
- Einstellung zu Moden und Trends
- Milieuspezifische Stilwelten

Freizeit
- Freizeitaktivitäten
- Freizeitmotive
- Verhältnis Arbeit/Freizeit

Grundorientierung
- Werte und Lebensziele
- Lebensgüter
- Lebensphilosophie
- Wunsch- und Leitbilder

Konsum
- Konsumstil
- typische Konsumziele
- Umgang mit Geld und Sparen

Familie & Partnerschaft
- Einstellungen zum Familienleben
- Rollenmodelle
- Vorstellungen vom privaten Glück

Medien
- Lesen
- Fernsehen
- Musik
- PC und Internet

Arbeit & Leistung
- Arbeitsmotive
- Arbeitszufriedenheit
- Einstellung zu beruflichem und gesellschaftlichem Wandel

Soziale Lage
- Berufsstatus
- Bildungsabschluss
- Einkommen
- Größe des Milieus

Abb. 1: Milieubausteine

Das Modell der sozialen Milieus nach SINUS (s. Abbildung 2) wird unter Berücksichtigung von gesellschaftlichen Entwicklungen regelmäßig auf Grundlage von qualitativen und quantitativen Befragungen aktualisiert, die letzte Aktualisierung erfolgte 2010[3]. Dabei geht die Durchführung von mehrstündigen Lebensweltexplorationen der statistischen Überprüfung der Milieulandschaft durch einen sog. „Milieuindikator" mit derzeit 42 Items voraus. Da die Entwicklung des quantitativen Verfahrens letztlich auf der qualitativen Gewinnung der Milieuhypothesen basiert, ist davon auszugehen, dass der qualitativ gestützten Einordnung gegenüber der skalenbasierten eine höhere Zuordnungssicherheit zuzuschreiben ist.

---

3 Die Entwicklung des Milieumodells nach SINUS erfolgte aufgrund der Beobachtung der gravierenden Unterschiede innerhalb der Linken zwischen Angehörigen der marxistischen K-Gruppen und den hedonistisch auftretenden Spontis. Beide Gruppen waren hinsichtlich ihrer Schichtzugehörigkeit und Altersstruktur, oberflächlich gesehen selbst hinsichtlich ihrer politischen Orientierung nicht zu differenzieren, wiesen aber erhebliche Unterschiede hinsichtlich ihrer ästhetischen Präferenzen und ihres Lebensstils auf (Flaig, Meyer & Ueltzhöffer, 1993).

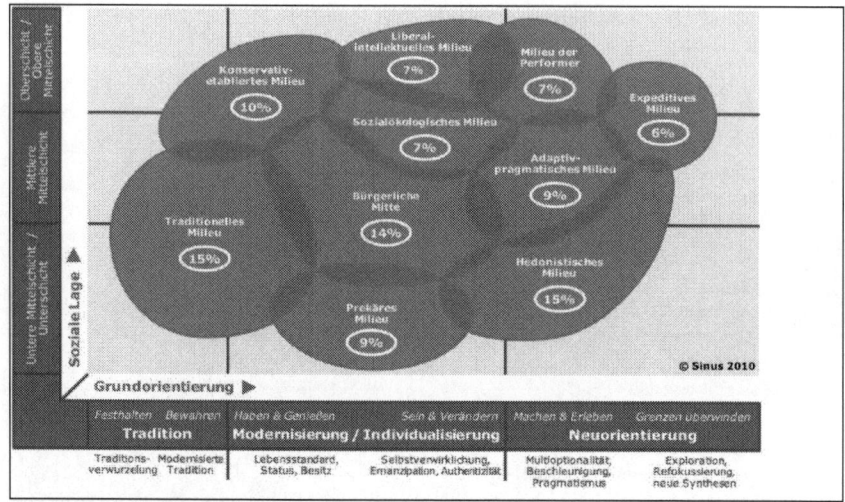

Abb. 2: Die sozialen Milieus nach SINUS 2010 (www.sinus-institut.de)

6.2 Bildungsaspirationen in den sozialen Milieus

6.2.1 Milieuzuordnung – Einschränkungen

Es ist darauf hinzuweisen, dass allein anhand der fiktiven – idealtypisch zugespitzten – Fallbeschreibung noch keine Milieuzuordnung erfolgen könnte. Methodisch geschieht diese quantifizierend auf Basis eines Milieuindikators, bestehend aus 42 Items. Qualitativ kann die Milieuzuordnung nur kooperativ bei Urteilerübereinstimmung in einem mit der Milieuforschung vertrauten Auswertungsteam erfolgen.

6.2.2 Konservativ-etabliertes Milieu – Das klassische Establishment

Alexanders Eltern gehören dem Milieu der Konservativ-Etablierten an. Sie legen eine hohe erfolgsorientierte Leistungsbereitschaft an den Tag.

Konservativ-Etablierte bilden eine selbstbewusste gesellschaftliche Elite, die sich auszeichnet durch Kennerschaft, Qualitätsbewusstsein und Stilsicherheit. Statusdenken im Beruf geht häufig einher mit Machbarkeitsdenken, Führungs- und Gestaltungsfreude, aber auch Verantwortung. Sie zeigen sich aufgeschlossen gegenüber neuen Technologien bei intensiver beruflicher Nutzung. Selbst verfügen sie über ein überdurchschnittlich hohes Bildungsniveau, wobei sie Lernen selbstverständlich in den Arbeitsalltag integrieren. Sowohl beruflich als auch privat ist eine starke Affinität zu informeller Weiterbildung zu konstatieren: umfassendes politisches, wirtschaftliches und literarisches Interesse,

Besuch von Tagungen und Kongressen. Wenn sie an formeller Weiterbildung teilnehmen, stellen sie höchste Qualitätsansprüche.

Hinsichtlich der Bildungsaspirationen für ihre Kinder zeigen sich Konservativ-Etablierte ähnlich anspruchsvoll: Ziel ist möglichst eine gymnasiale Schulkarriere der Kinder. Ein starkes Interesse an Eliteschulen paart sich mit der Bereitschaft, in die Bildung der Kinder zu investieren. Konservativ-Etablierte erziehen autoritativ, nach dem Prinzip „Fördern & Fordern": Regeln und Struktur erhalten eine hohe Bedeutung, ebenso liebevolle Zuwendung und Unterstützung. Häufig sind kindliche und Erwachsenenwelt strikt getrennt, z.B. bei der Raumnutzung: Kinderspielsachen bleiben im Kinderzimmer, Hausaufgaben werden dort und nicht am Esstisch erledigt. Kinder gelten als förderungs-, erziehungs- und schutzbedürftig, als Boten einer Welt jenseits von Kosten-Nutzen-Dimensionen (Barz & Tippelt, 2004a, 2004b; Liebenwein, 2008; Merkle & Wippermann, 2008; Sinus Sociovision 2004a; 2004b; www.sinus-institut.de). Leistung hat auch in Alexanders Elternhaus eine sehr hohe Bedeutung. Beide Eltern geben Alexander zu verstehen, dass sie Wert auf Leistungen legen. Alexander konnte schon vor Schuleintritt lesen und besucht wöchentliche Englischkurse, da seine Eltern fließende Englischkenntnisse als unabdingbar für den späteren beruflichen Erfolg ansehen. Für die Akademiker liegt eine nicht gymnasiale Schulkarriere ihres Sohnes außerhalb ihres Vorstellungsvermögens. Durch ihre Berufstätigkeit sind sie im Alltag sehr eingespannt und folgen einem verbindlichen Zeitplan, der auch für Alexander gilt.

Die milieuspezifisch unterschiedlichen Einstellungen zu Bildung und Weiterbildung schlagen sich in den Wünschen, Einstellungen und Zielen für den Schulbesuch der Kinder deutlich nieder (Liebenwein, 2008; Merkle & Wippermann, 2008): Das Ansehen des öffentlichen Schulsystems erodiert milieuübergreifend, allerdings zeigen sich hinsichtlich der Konsequenzen deutliche Milieuunterschiede. Besonders stark ist der Trend, die Bildung der Kinder schon vom Kleinkindalter an selbst in die Hand zu nehmen, in den Milieus der Konservativ-Etablierten, Performer und Adaptiv-Pragmatischen zu beobachten: Hier bilden hohe Bildungsabschlüsse, (früh)kindliche Förderung und der gezielte Ausbau von Talenten zentrale Erziehungsziele. Folgen sind eine hohe Bereitschaft, in die Bildung der Kinder zu investieren sowie eine starke Affinität zu Privat- und Eliteschulen. Im konservativ-etablierten Milieu ist das Abitur unhinterfragte „Standardanforderung" (Merkle & Wippermann, 2008, S. 92). Man erkennt „Bildung als Vehikel zur Distinktion" (ebd., S. 159) an.

6.2.3 Sozialökologisches Milieu
Teilweise widersprüchliche Wertorientierungen finden sich bei der mit Alexanders Eltern – möglicherweise noch aus Schulzeiten – befreundeten Sozialpädagogin. Sie gehört dem Milieu der Sozial-Ökologischen an und lebt, wie der Name nahelegt,

postmaterielle Werte: Selbstverwirklichung, Persönlichkeitsentfaltung und soziale Verantwortung sind ihre wichtigsten Maßstäbe.

Im sozialökologischen Milieu findet sich auch eine starke sozial- und umwelt-politische Gesinnung: Umwelt- und Gesundheitsbewusstsein umzusetzen sowie soziale Gerechtigkeit zu leben gelten als ethisch wertvoll. Trotz hohen Lebens-standards herrscht in diesem Milieu eine Aversion gegen Standesdünkel und Statussymbole (Understatement) vor. Globalisierungsfolgen werden kritisch be-trachtet. Milieuangehörige verfügen über hohe Bildungsabschlüsse und bilden sich selbstverständlich weiter.

Das Regelschulsystem erfährt vor dem Hintergrund der beschriebenen Wer-torientierung eine sehr kritische Beurteilung. Bemängelt wird die Betonung kognitiver vor emotionalen Komponenten der Persönlichkeit, die Konkurrenz- und Leistungsorientierung, die frühe Selektion und Einschränkung kindlicher Lernfreude und Kreativität. Demgemäß besteht in diesem Milieu ein starkes Interesse an Alternativ- und Reformschulen: Lernen soll Freude bereiten und ganzheitlich sein (Barz & Tippelt, 2004a; Merkle & Wippermann, 2008).

6.2.4 Prekäres Milieu

Pauls Eltern unterscheiden sich von Alexanders Eltern und der Sozialpädagogin nicht nur durch abweichende Wertorientierungen und Lebenseinstellungen, son-dern auch Berufsprestige, Bildungsabschluss und Einkommen sind hier im Bereich der Unterschicht / unteren Mittelschicht angesiedelt. Sie gehören dem prekären Milieu an. Im Verhältnis zum Durchschnitt der Milieuangehörigen haben Pauls Eltern solide Bildungsabschlüsse: Pauls Vater ist LKW-Fahrer, seine Mutter an-gelernte Verkäuferin in einer Bäckerei. Die Familie ist auf das volle Einkommen beider Eltern dringend angewiesen, um die Miete der Dreizimmerwohnung eines Mehrfamilienhauses sowie den Lebensunterhalt für die vierköpfige Familie aufbrin-gen zu können. Nach außen hin normal zu wirken und sich selbst und den Kindern das Mithalten mit den Standards der breiten Mittelschicht in Schule und Freizeit ermöglichen zu können ist für die Eltern ein hohes Ziel. Im familiären und part-nerschaftlichen Bereich orientieren sie sich an traditionellen Werten und Rollenbil-dern. Moden und Trends werden trotz der prekären finanziellen Situation rasch aufgegriffen: Dabei wird Wert auf Prestigeträchtiges und sozial Sichtbares gelegt, größere Ausgaben werden über Ratenzahlungen getätigt. Pauls Familie lebt schon lange über ihre Verhältnisse und ist dementsprechend verschuldet. Das Verhältnis zur Schule ist gebrochen und es bestehen hohe Schwellenängste der Eltern. Selbst ha-ben sie die Schulbank nur so lange wie unbedingt notwendig gedrückt und verbin-den mit ihrer Schulzeit Prüfungs- und Versagensängste. Demgemäß zeigen sie großes Verständnis für das Ruhe- und Erholungsbedürfnis ihrer Kinder nach der Schule und üben kaum Kontrolle aus. Pauls Eltern wünschen sich für ihre Kinder einen „normalen" soliden Hauptschulabschluss. Eine gymnasiale Schulkarriere erscheint ihnen undenkbar, da sie schon heute Schwierigkeiten haben, bei den Hausaufgaben zu helfen (vgl. Barz & Tippelt 2004a; Liebenwein, 2008; Merkle & Wippermann, 2008; Sinus Sociovision, 2004b).

6.3 Erziehungsstile in den sozialen Milieus

Ursprünglich wurde die Klassifikation von Erziehungsstilen im Anschluss an die von Führungsstilen entwickelt. Kurt Lewin schuf Laborsituationen, in denen zehn- bis elfjährige Jungen als Gruppe einem Gruppenleiter zugeordnet wurden, der ein bestimmtes Führungsverhalten äußerte. Hierbei wurde unterschieden zwischen *autokratischem, demokratischem* und *laissez-faire*-Stil (Lewin, 1953; Lewin, Lippit & White, 1939). Diana Baumrind (1971) unterschied in ihren bahnbrechenden, auf der Beobachtung von Eltern-Kind-Interaktionen basierenden Untersuchungen ähnlich wie Kurt Lewin ursprünglich drei elterliche Erziehungsstile, nämlich den *autoritativen*, den *autoritären* und den *permissiven*. Im autoritativen Erziehungsstil nach Baumrind üben Eltern stärkere Kontrolle aus, als dies im demokratischen Erziehungsstil nach Lewin der Fall ist. Grenzen und Regeln kommt eine größere Bedeutung zu als der kindlichen Freiheit. Baumrind betont die Wichtigkeit strenger Kontrolle innerhalb der autoritativen Erziehung. Eine Reanalyse ihrer Daten durch Lewis (1981) stellt die hohe Bedeutung und positive Wirkung der Kontrolle, von der Baumrind ausgeht, allerdings in Frage. Den permissiven Erziehungsstil beschrieb sie als vernachlässigend, im Gegensatz zu der eigentlichen Bedeutung von „permissiv" als „erlaubend". Maccoby & Martin (1983) wiesen auf dieses Differenzierungsdesiderat hin und unterteilten den permissiven Erziehungsstil in den *verwöhnenden* und den *vernachlässigenden*. Später gelangte Diana Baumrind zu einer weiteren Differenzierung, womit sie nun folgende Erziehungsstile unterscheidet: den *autoritativen*, den *demokratischen*, den *hinreichenden*, den *direktiven*, den *nicht-direktiven* und den *desinteressierten*. Die zugrunde liegenden Skalen beinhalten verschiedene Kontrollformen: direktiv, sich behauptend, unterstützend und restriktiv (Baumrind, 1991).

In der familienpsychologischen Tradition werden heute in Fortführung des Ansatzes von Baumrind (1971) und dessen Erweiterung durch Maccoby & Martin (1983) meist vier elterliche Erziehungsstile differenziert (vgl. Abbildung 3). Dabei wird dem Umstand Rechnung getragen, dass die Unterscheidung von Lewin (1953) bzw. Baumrind (1971) einer Verfeinerung hinsichtlich des „permissiven" Erziehungsstils bedarf: So werden heute neben dem autoritativen und autoritären Erziehungsstil der *permissiv-verwöhnende* und der *zurückweisend-vernachlässigende* differenziert (Steinberg, Lamborn, Darling, Mounts & Dornbusch, 1994). Hier lehnt sich in Ansätzen auch die Erziehungsstilklassifikation

Schneewinds an, der *Freiheit in Grenzen, Freiheit ohne Grenzen* (in zwei Ausprägungen) und *Grenzen ohne Freiheit* unterscheidet (Schneewind & Böhmert,
2009; Lerche i.d.B., Kap. 4.7, S. 112-117). Zudem erscheint m.E. eine weitere
Abstufung des autoritativen Erziehungsstils angemessen, die in Anlehnung an
Baumrind (1991) als demokratische Erziehung benannt wird.

Kontrolle / Wärme	Hoch	Mittel	Niedrig
Hoch	Autoritativ	Demokratisch	Permissiv-verwöhnend
Niedrig	Autoritär		Zurückweisend-vernachlässigend

Abb. 3: Klassifikation von Erziehungsstilen

Diese Erziehungsstile unterscheiden sich hinsichtlich der Ausprägung der Di-
mensionen *Kontrolle* und *Wärme*.
In Einklang mit der Schulwahlentscheidung steht der elterliche Erziehungsstil
bzw. das Bild, das Eltern unterschiedlicher Milieus von der Persönlichkeit ihrer
Kinder in sich tragen. Allgemein lässt sich festhalten, dass ein autoritärer, von
Gewalt geprägter Erziehungsstil in den SINUS-Milieus nicht mehr zu finden
ist. Erziehung ist milieuübergreifend eher „Verhandlung" als Bestimmung (vgl.
Weiß i.d.B., Kap. 2.3, S. 25-32; Oelkers 2002). Ausnahmen bilden das traditi-
onsverwurzelte Milieu, das autoritäres Vorgehen selbstbewusst vertritt, sowie
einige sogenannte Migranten-Milieus (Merkle & Wippermann, 2008; vgl. Guadatiello & Saalfrank i.d.B., S. 183-206). In den Milieus der Liberal-Intellek-
tuellen, Sozialökologischen, Expeditiven und der Bürgerlichen Mitte kann der
Erziehungsstil als demokratisch, sehr zuwendend, egalitär und die Bedürfnisse
von Eltern und Kindern berücksichtigend beschrieben werden. Kinder gelten
als weltoffen, gleichwertig, individuell und liebesbedürftig. Eine deutlichere
Abgrenzung zwischen Eltern und Kindern und eine geringere Verhandelbarkeit
von Regeln finden sich in den Milieus der Konservativ-Etablierten und der Performer, die autoritativ erziehen. Mehr als die eben genannten Milieus sehen sie
Kinder aufgrund ihrer Unreife als erziehungs-, schutz- und förderungsbedürftig
an. Meist streben autoritativ erziehende Eltern in ihrem Lebensstil eine Integra-

tion von Selbständigkeit und Gemeinschaftsbezogenheit, Rechten und Pflichten an (vgl. auch Berk, 2005). Die autoritative bzw. demokratische Erziehung (s.u.) gilt ab dem Vorschulalter als die Optimalform der Erziehung.

Hedonisten beschreiben sich als permissiv-verwöhnend. Sie legen Wert darauf, dass sowohl sie als auch ihre Kinder frei von gesellschaftlich vorgegebenen Zwängen und Pflichten leben – Kinder gelten als nicht erziehungsbedürftig.

Im prekären Milieu findet sich ein vernachlässigender, inkonsistenter Erziehungsstil, der oftmals mit Überforderung, Problembelastung und Bequemlichkeit begründet wird (vgl. Milieukurzbeschreibungen am Ende des Kapitels).

6.3.1 Konservativ-etabliertes Milieu: Autoritative Erziehung

Im Milieu der „Konservativ-Etablierten", dem auch Alexanders Eltern angehören, ist der autoritative Erziehungsstil vorherrschend.

Dieser zeichnet sich einerseits durch ein hohes Maß an liebevoller Zuwendung und Wärme, andererseits durch ein hohes Maß an Kontrolle aus[4]. Wie Baumrind (1991) ausführt, ist in der autoritativen Erziehung zum einen die *sich behauptende Kontrolle (assertive control)* stark ausgeprägt. Darunter ist die feste, klare, jedoch nicht restriktive Überwachung des kindlichen bzw. jugendlichen Lebensstils zu verstehen, die sowohl die Konfrontation mit als auch die Bekräftigung von Regeln impliziert.

In unserem Beispiel zählt dazu z.B. die Anforderung an Alexander, sich an die zeitliche Planung zu halten, die von den Eltern vorgegeben ist, aber auch die Forderung nach zusätzlichen Übungsaufgaben aufgrund seiner Leistungsverschlechterung.

Zum anderen wird die *unterstützende Kontrolle (supportive control)* im autoritativen Erziehungsstil in hohem Maße ausgeübt. Diese zeichnet sich aus durch einfühlende Hilfe, rationale Erklärungen mit dem Ziel der Beeinflussung des Kindes bzw. Jugendlichen, intellektuelle Anregung sowie Förderung der Individuation.

Die Eltern möchten ihren Sohn vor Einflüssen des prekären Milieus schützen. Deswegen wollen sie, dass die freundschaftliche Beziehung zu Paul sich lockert oder ganz aufhört. Ihr Verhalten aufgrund des Erziehungskonflikts ist ein Beispiel für die Abwägung zwischen „Kontrolle" und „Freiheiten gewähren". Obwohl sie nicht damit einverstanden sind, dass Alexander so viel Zeit mit Paul verbringt, verbieten sie ihrem Sohn den Umgang mit Paul nicht strikt, sondern hoffen auf einen Sinneswandel, den sie durch Erklärungen zu beeinflussen suchen.

---

4 Über die Höhe und Art der Ausprägung von Kontrolle in der autoritativen Erziehung besteht wenig Einigkeit in empirischen Operationalisierungen, ebenso wenig über die Komplexität des Erhebungsinstruments zur Klassifikation (vgl. Uhlendorff, 2001).

6.3.2 Sozialökologisches Milieu: Demokratische Erziehung

Als Abstufung des autoritativen kann der *demokratische* Erziehungsstil bezeichnet werden. Im Vergleich zum autoritativen Erziehungsstil sind hier die sich behauptenden und unterstützenden Kontrollformen geringer ausgeprägt (mittel, beim autoritativen hoch) (Baumrind, 1991). Die Perspektive des Kindes wird stärker einbezogen, so werden z.b. Regeln und Aktivitäten, die in der Familie gelten, stärker in Kooperation mit dem Kind ausgehandelt und stehen stärker zur Disposition, als dies in der autoritativen Erziehung der Fall ist. Im Sozialökologischen Milieu werden Bestrafungen abgelehnt, man strebt nach einer Erziehung durch Mitbestimmung, Solidarität und demokratischer Verhandlungsstruktur. Man fördert und behütet Kinder gleichermaßen. So lehnen Milieuangehörige es z.b. ab, ihre Kinder früh mit aus ihrer Sicht schädlichen gesellschaftlichen Einflüssen zu konfrontieren: Sie vermeiden z.b. Leistungsdruck oder frühe Mediennutzung (Fernsehen, Computer). Angehörige des sozialökologischen Milieus beschäftigen sich selbstkritischer und intensiver mit dem eigenen Erziehungsstil, als dies in anderen Milieus der Fall ist; sie setzen sich dabei auch kritisch mit Ratgebern zu Erziehung auseinander. Kinder gelten als gleichwertige Persönlichkeiten mit individuellen Anlagen (Liebenwein, 2008; Merkle & Wippermann, 2008; Sinus Sociovision, 2004a).

Die mit Alexanders Eltern befreundete Sozialpädagogin vertritt – wie im sozialökologischen Milieu üblich – den demokratischen Erziehungsstil. Man könnte sich gut vorstellen, dass sie bei der Frage, ob Alexander weiterhin den Kontakt zu Paul pflegen sollte, eine zwiespältige Haltung hat: Einerseits will sie Alexander sicher vor dem aus ihrer Sicht schädlichen Einfluss des langen nachmittäglichen Medienkonsums bewahren, andererseits könnte sie Alexanders Umgang mit Paul als entwicklungsförderlich für beide Kinder ansehen, weil Kontakte mit Menschen anderer Milieus Offenheit, Toleranz und Einfühlungsvermögen fördern.

6.3.3 Prekäres Milieu: Vernachlässigende Erziehung

Im *vernachlässigenden (auch: zurückweisend-vernachlässigenden)* Erziehungsstil sind sowohl Formen elterlicher Kontrolle als auch die liebevolle Zuwendung und Wärme nur gering ausgeprägt.

Angehörige des prekären Milieus erziehen vernachlässigend. Es herrscht eine allgemeine Indifferenz gegenüber der kindlichen Entwicklung vor, die sich aus Überforderung und Bequemlichkeit erklärt. Vernachlässigung geht oftmals einher mit ambivalenten Gefühlen der Eltern, mit Inkonsequenz und Inkonsistenz in der Erziehung: Zuwendung und Permissivität einerseits, Zurückweisung und Neigung zu harter (auch körperlicher) Bestrafung andererseits. Das Kind wird als Bereicherung und zugleich als enorme Belastung empfunden (Liebenwein, 2008; Merkle & Wippermann, 2008; Sinus Sociovision, 2005b). Häufig wird die vernachlässigende Erziehung aufgrund ihrer problematischen Folgen für die kindliche Entwicklung als Form von Kindesmisshandlung definiert (Berk 2005; Deegener & Körner, 2005). Sie begünstigt die Entstehung von externalisierendem und internalisierendem Problemverhalten im Vergleich zu allen Erziehungsstilen am stärksten (vgl. z.b. Steinberg, Lamborn, Darling, Mounts & Dornbusch, 1994).

Im Fallbeispiel möchten die Eltern von Paul ihren Kindern Freiheiten gewähren, die sie selbst als Kinder nicht hatten. Gleichzeitig sind sie, wie es für das prekäre Multiproblemmilieu charakteristisch ist, wahrscheinlich überfordert durch eine belastende Lebenslage, die deutlich häufiger als in anderen Milieus gekennzeichnet ist von Armut, Verschuldung, Arbeitslosigkeit, Schichtarbeit, Krankheit oder Beziehungsproblemen. (Im Fall wird Schichtarbeit und Verschuldung angesprochen.) Auch aufgrund der Inanspruchnahme durch belastende Lebensverhältnisse gibt es im Alltag bei Prekären wenig Regelmäßigkeit und Kontrolle, was z.b. Essen und Schlafen betrifft. Die Kinder werden früh selbstständig und treffen wie in diesem Beispiel schon früh selbst die Entscheidung über ihren Medienkonsum.

6.3.4 Autoritäre Erziehung

Kontrolle ist im autoritativen wie auch im *autoritären* Erziehungsstil hoch ausgeprägt, allerdings wird sie im letzteren ohne Einfühlungsvermögen ausgeübt. Baumrind (1991) benennt diese Form der Kontrolle als *direktiv*. Sie impliziert eine Betonung konventioneller Werte sowie das Untergraben von Unabhängigkeitsbestrebungen. Sie kann dementsprechend als überkontrollierend gelten. Autoritäre Eltern sind oftmals statusorientiert, kaum verhandlungsbereit sowie einschränkend in ihrem Interaktionsverhalten (vgl. ebd.). Die autoritäre Erziehung kann zahlreiche negative Effekte in der kindlichen Entwicklung nach sich ziehen, bringt aber im Vergleich mit der zurückweisend-vernachlässigenden dennoch einige Vorteile. Im Milieuvergleich sind die Traditionellen das einzige Milieu, das noch autoritär erzieht und sich selbstbewusst dazu bekennt (Liebenwein, 2008).

6.3.5 Permissiv-verwöhnende Erziehung

Der *permissiv-verwöhnende* Erziehungsstil[5] zeichnet sich durch ein geringes Maß an direktiver sowie sich behauptender Kontrolle, jedoch durch ein hohes Maß

---

5 Eine Anmerkung zum sogenannten „anti-autoritären Erziehungsstil". Dieser wird in der Alltagssprache oft als Gegenpart zum autoritären Erziehungsstil verwendet. Der Begriff geht auf die Übersetzung des Klassikers von A.S. Neill „Summerhill. A Radical Approach to Child Rearing" (1960) zurück, der im Deutschen mit „Theorie und Praxis der antiautoritären Erziehung" (Neill, 452001) übersetzt wurde. Die Studentenbewegung hat diesen Begriff mit geprägt, er ist jedoch in der Erziehungsstilforschung als Reinstil kaum zu klassifizieren, da er selbst als Gegenpol zur damalig stark verbreiteten autoritären Erziehung auftrat und sich v.a. durch die Abgrenzung von dieser definierte. Die Ausprägung in der damaligen Umsetzung der antiauto-

an Unterstützung, liebevoller Zuwendung und Wärme aus. Die permissive Erziehung bzw. ihre Sonderform des „Attachment Parenting" (Kennedy & Sears, 1999; Schneewind, 2001, S. 186) gilt im Säuglings- und Kleinkindalter als die Optimalform der Erziehung. Im Säuglings- und Kleinkindalter beschreiben Sozialökologische, Expeditive und die Bürgerliche Mitte ihre Erziehungsstile als Attachment Parenting, ab dem Kindergartenalter erziehen diese Milieus demokratisch. Einzig im Milieu der Hedonisten kann von einer permissiv-verwöhnenden Erziehung auch über das Kleinkindalter hinaus ausgegangen werden (Liebenwein, 2008; Merkle & Wippermann, 2008; Sinus Sociovision, 2004a; 2004b).

6.4 Desiderat: Optimierung der Erreichbarkeit durch Elternberatung und -kurse

Das Milieu der Prekären fällt durch besonders ungünstige Erziehungseinstellungen, -praktiken und -ziele ins Auge. Wie erwähnt ist die vernachlässigende Erziehung derjenige Erziehungsstil, der die ungünstigsten Auswirkungen auf die kindliche Entwicklung nimmt, weil in ihm sowohl liebevolle Zuwendung und Wärme als auch das Setzen von Grenzen (auch als Form der Aufmerksamkeit zu verstehen) zu kurz kommen (vgl. Steinberg, Lamborn, Darling, Mounts & Dornbusch, 1994).

Die positive Wirkung von Präventions- bzw. Interventionsprogrammen zur Verbesserung der Erziehungskompetenz ist vielfach nachgewiesen, gleiches gilt für den Umstand, dass eine Einstellungsänderung hinsichtlich der Erziehung häufig eine Verhaltensänderung nach sich zieht. Allerdings wird weithin eine sehr geringe Erreichbarkeit von Eltern mit objektiv hohem Unterstützungsbedarf konstatiert, so z.B. von Eltern aus sozialen Unterschichtmilieus wie dem prekären Milieu. Beispielsweise waren in der Münchner Spezialambulanz im Vergleich mit der bayerischen Gesamtbevölkerung folgende Gruppen unterrepräsentiert:

„sehr kleine Frühgeborene, minderjährige Mütter, Mütter und Väter mit geringem Ausbildungsgrad, alleinerziehende, berufstätige Mütter mit Kindern in Fremdbetreuung, Kinder von drogenabhängigen und alkoholkranken Müttern, von Müttern mit schweren psychiatrischen Erkrankungen, aus Armutsfamilien mit schwersten multiplen Risikobelastungen (Langzeitarbeitslosigkeit, Alkoholismus, beengte Wohnverhältnisse) oder von Migranten und Asylanten. Unterrepräsentiert sind damit vor allem solche Gruppen, bei denen die Gefährdung in Bezug auf Störungen der kindlichen sozial-emotionalen Entwicklung und

---

ritären Erziehung reichte von Permissivität über Laissez-faire bis hin zur Vernachlässigung, wie es Neill selbst später bedauernd feststellte (vgl. z.B. Neill, 1971).

der Eltern-Kind-Beziehungen besonders hoch einzuschätzen ist" (Voss, 2004, S. 396).

Umfassende Forschung zu Weiterbildungsverhalten, -interessen und -barrieren weist auf die deutlich milieuspezifische Differenzierung des Weiterbildungsbedarfs hin (Barz & Tippelt, 2004a; 2004b). Studien zur Implementierung milieuangepasster Kursangebote belegen dabei die Optimierung der Erreichbarkeit durch die Berücksichtigung milieuspezifischer Erwartungen und Bedürfnisse (Tippelt u.a., 2008). Die Entwicklung milieuspezifischer Kurs- bzw. Beratungsangebote für die Elternbildung bzw. Verbesserung der elterlichen Erziehungskompetenz bleibt bislang ein Desiderat.

6.5 Zusammenfassende Fallanalyse und Konsequenzen für das Lehrerhandeln

Eine „Lösung" im Sinne eines Zusammenführens der milieuspezifischen Erziehungsstile auf einen noch zu definierenden „gemeinsamen Nenner" ist im vorliegenden Fall weder möglich noch erstrebenswert.

Ziel kann es nur sein, Verständnis für die Differenzen im Umgang mit Erziehung und Lebensgestaltung in den einzelnen sozialen Milieus zu entwickeln und damit die eigene pädagogische Kompetenz im Lehrerhandeln zu optimieren. Erziehung im Kontext von Schule heißt auch Verhandlung – nicht nur zwischen Lehrkräften und Schüler(inne)n, sondern auch zwischen den Erziehungsinstitutionen, das heißt z.B. zwischen Lehrkräften und Eltern. Die Verhandlung bezieht sich auf Wertvorstellungen und Erziehungsstile, und sie hat ihre Grenzen. Neben Offenheit und Toleranz sollten auch Entschlossenheit und der Mut zum Vertreten von Wertvorstellungen stehen, z.B. dann, wenn die Wahrung von Kinderrechten und Grundrechten gefährdet scheint. Hier kann es hilfreich sein, Eltern auf gesetzliche bzw. schulrechtliche Rahmenvorgaben oder auf von der Einzelschule getroffene Erziehungsvereinbarungen, Rahmenvorgaben bzw. eine Schulverfassung zu verweisen.

Die Ausdifferenzierung von Erziehungsstilen nicht nur, jedoch auch milieuspezifischer Art ist zu verstehen als eine Anpassung an nicht mehr rückgängig zu machende gesellschaftliche Pluralisierungsprozesse. Hier lassen sich auch milieuübergreifende Tendenzen festhalten: Seit circa zehn Jahren kommt es zu einer Trendwende in der Erziehung im Sinne einer Renaissance traditioneller Erziehungsziele und erzieherischen Verhaltens. Auch lässt sich milieuübergreifend eine starke Auseinandersetzung mit Erziehungsthemen beobachten, die sich milieuspezifisch niederschlägt: hohe Einschaltquoten der „Super-Nanny" oder Erziehungsratgeber auf den Bestsellerlisten (z.B. Michael Winterhoffs „Warum unsere Kinder Tyrannen werden", 2009) scheinen Indikatoren dafür zu sein,

dass Erziehung wieder zum gesellschaftlich relevanten und vielbeachteten Thema wird. Dieser Trend hat sich auch in der pädagogischen Forschung nieder-
geschlagen: Noch um die Jahrtausendwende wurde die seit den 1970er Jahren
konstatierte Ausklammerung der *praktischen Pädagogik* aus der Erziehungswissenschaft bzw. die gänzliche Abwendung von diesem Forschungsfeld beklagt:
Den Begriff „Erziehung" würden Erziehungswissenschaftler/innen „nur ungern
verwenden und sich von den Konnotationen dieses Geschäfts eher fernzuhal-
ten suchen." (Tenorth, 2000, S. 14) Seither ist eine Vielzahl erziehungswissenschaftlicher Studien zu konkreten Erziehungsthemen erschienen.

Gleichzeitig ist die empirische Forschung der Erziehungswirklichkeit komplexer geworden, ebenso die Interpretation der Forschungsergebnisse durch die
pädagogische Praxis. Eine Lehrkraft muss sich vor Augen halten, dass eine ein-
deutige Milieuzuordnung einzelner Personen kaum gelingt. Der pädagogische
Umgang erfolgt im Einzelfall, und eine Lehrkraft darf nicht davon ausgehen,
dass das Verhalten ihres Gegenübers milieubedingt und deshalb völlig vorher-
sagbar ist.

Wissenschaftliche Befunde sprechen für eine günstigere Wirkung des autoritativen bzw. demokratischen Erziehungsstils, und der permissiv-verwöhnende
Erziehungsstil ist dem vernachlässigenden oder autoritären immer noch vorzuziehen. Lehrkräfte können Eltern hier beraten, doch werden sie deren Erziehungsstile nicht völlig verändern können. Es gilt vielmehr, einen Umgang zu
finden mit dem einzelnen Kind im Wissen um differente, teils konträre Erzie-
hungs- und Sozialisationserfahrungen der Schülerinnen und Schüler.

Dabei stellt sich die Frage, wie stark Erziehung überhaupt noch im familiären
Rahmen geschieht. Jürgen Oelkers beispielsweise konstatiert „pädagogisches
Outsourcing" (2002, S. 6): Erziehungsaufgaben würden zunehmend auf das
komplexer werdende soziale Umfeld der Kinder und Jugendlichen verteilt. Von
einem Erziehungsnotstand zu sprechen scheint jedoch unangemessen angesichts
des Befunds, dass Bildungsinstitutionen nie einen so zentralen Einfluss hatten
wie heute, Erziehung noch nie so wichtig genommen wurde und noch nie so
viele Anstrengungen unternommen wurden, Kinder auf eine unabsehbare Zukunft vorzubereiten (vgl. ebd.).

6.6 Anhang: Kurzbeschreibungen der Sinus-Milieus

Konservativ-etabliertes Milieu (10,3% - 7,3 Mio.)
Soziale Lage: Überwiegend leitende Funktionen, Selbstständige, hohe und
höchste Einkommen. *Lebensstil / Lebensziele*: Kennerschaft, Qualitätsbewusstsein, Stilsicherheit. Hohe verantwortungs- und pflichtorientierte Leistungsbereitschaft und Standesdenken im Beruf. Kritische Aufgeschlossenheit gegenüber neuen Technologien bei intensiver beruflicher Nutzung.

Liberal-intellektuelles Milieu (7,2% - 5,1 Mio.)
Soziale Lage: Hohe Formalbildung, höchster Anteil an akademischen Abschlüssen im Milieuvergleich. *Lebensstil / Lebensziele*: Verkörperung postmaterieller Werte: Selbstverwirklichung, Selbstbestimmung und Persönlichkeitsentfaltung. Umwelt- und Gesundheitsbewusstsein sowie hoher Stellenwert der sozialen Gerechtigkeit. Trotz hohem Lebensstandard: Aversion gegen Standesdünkel und Statussymbole (Understatement). Vielfältige Kulturinteressen.

Sozialökologisches Milieu (7,2% - 5,1 Mio.)
Soziale Lage: Hoher Bildungsstand, viele Freiberufler/innen, Selbstständige, gehobene Angestellte und Beamte, gehobene Einkommen. *Lebensstil / Lebensziele*: Konsumkritisches / -bewusstes Milieu. Ausgeprägtes ökologisches und soziales Bewusstsein, häufig entsprechendes Engagement. Globalisierungs-Skepsis, Streben nach Multikulturalität und Entschleunigung.

Milieu der Performer (7,0% - 4,9 Mio.)
Soziale Lage: Häufig Selbstständige, Freiberufler/innen, teilweise noch in Ausbildung; gehobene Einkommen. *Lebensstil / Lebensziele*: Junge, unkonventionelle und Trend setzende Leistungselite. Großer Ehrgeiz und Leistungsbereitschaft im Beruf. Ausgeprägte Lust, sich selbst zu erproben und eigene innovative und kreative Ideen zu verwirklichen. Intensive und selbstverständliche Nutzung neuer Kommunikations- und Informationstechnologien.

Adaptiv-Pragmatisches Milieu (8,9% - 6,3 Mio.)
Soziale Lage: Mittlere bis gehobene Bildungsabschlüsse, mittlere Angestellte und Facharbeiter. *Lebensstil / Lebensziele*: Junge, moderne Mitte, starker Pragmatismus; Wertesampling: Ehrgeiz & Kompromissbereitschaft; Hedonismus & Konventionalität; Flexibilität & Sicherheitsorientierung. Starkes Bedürfnis nach Verwurzelung, Identifikation mit Leistungs- & Wettbewerbsgesellschaft.

Milieu der Expeditiven (6,3% - 4,4 Mio.)
Soziale Lage: Hohe Formalbildung, viele Ledige und Singles, oft in freien Berufen tätig; überdurchschnittliches Einkommen.
Lebensstil / Lebensziele: Ablehnung von Reglementierungen und starren Hierarchien in allen Lebensbereichen. Voraussetzung jeder Handlung ist die Übereinstimmung mit der persönlichen Individualität: „Authentisch sein". Selbstverwirklichung und Persönlichkeitsentwicklung. Interesse für fremde Länder und Kulturen. Ausprobieren, Erfahrungen sammeln.

Bürgerliche Mitte (14,0% - 9,9 Mio.)
Soziale Lage: Größtenteils einfache und mittlere Angestellte, Beamte, mittlere Einkommen.
Lebensstil / Lebensziele: Status-quo-orientierter Mainstream: Etablierung in der Mitte der Gesellschaft; Ziel: gesicherte berufliche Position, Wahren eines angemessenen Lebensstandards. Familie und Kinder als Lebensmittelpunkt; hoher

Stellenwert des Zuhauses. Ausgeprägtes Sicherheitsstreben: Pflichterfüllung in der Arbeit, kontrollierter Konsum, ausgeglichene Freizeitaktivitäten.

Traditionelles Milieu (15,3% - 10,8 Mio.)
Soziale Lage: Viele Rentner/ Pensionäre, einfache Angestellte, Arbeiter/innen Beamte. Kleinere bis mittlere Einkommen. *Lebensstil / Lebensziele*: Sehr sicherheitsorientiert. „Bewahren" statt steigern: den Status Quo, den erarbeiteten Lebensstandard, traditionelle Werte wie Disziplin, Ordnung. Bescheidenheit statt hochgesteckter Ziele und unrealistischer Wunschträume. Geringe Integration von Neuem und Fremdem in die eigene Lebensführung. Eingebundenheit in soziale Netzwerke: Kinder, Enkel, Nachbarn und teilweise Vereinsaktivitäten.

Prekäres Milieu (8,9% - 6,3 Mio.)
Soziale Lage: Häufig un- und angelernte Arbeiter/innen, viele Arbeitslose, untere Einkommensklassen. *Lebensstil / Lebensziele*: Lebenslage häufig durch familiäre und soziale Probleme charakterisiert: häufig Benachteiligungen, resignative Grundhaltung. Anlehnung an traditionelle Werte und Rollenbilder im partnerschaftlichen und familiären Bereich (v.a. Männer). Rasches Aufgreifen von Moden und Trends: Wert wird auf Prestigeträchtiges und sozial Sichtbares gelegt. Unbekümmerter Umgang mit Geld: häufig Leben über die Verhältnisse, Verschuldung, Ratenzahlungen.

Hedonistisches Milieu (15,1% - 10,6 Mio.)
Soziale Lage: Oftmals Schüler und Azubis, einfache und mittlere Angestellte und (Fach-) Arbeiter. *Lebensstil / Lebensziele*: Bewahren der inneren Freiheit, Unabhängigkeit und Spontaneität trotz äußerer Zwänge. Bewegen in subkulturellen Gegenwelten: Szenen, Clubs, Fangemeinden als Abgrenzung zum Arbeitsalltag. Teilweise Stilprotest und Unangepasstheit. Arbeit als Instrument zur Finanzierung des Lebensmittelpunkts Freizeit.

6.7 Aufgaben

6.7.1 Entwicklung eines Szenarios

Aufgabenbeschreibung:
Die Elternkurse *Triple P* und *Starke Eltern-Starke Kinder*® stellen dar, wie mit Erziehungsproblemen umgegangen werden kann. Wenden Sie die Inhalte der beiden Kurse auf den vorliegenden Fall an und entwickeln sie zwei gegensätzliche Szenarien, wie der Fall bei angenommener Orientierung der Eltern an dem Kursinhalt *Triple P* bzw. *Starke Eltern-Starke Kinder*® verlaufen könnte.

Aufgabenerläuterung:
Vertiefen Sie Ihr Wissen über diese beiden Elternkurse anhand des Textes Deegener & Tschöpe-Scheffler, dessen Quelle am Ende der Aufgaben genannt

wird. Greifen Sie darüber hinaus noch auf eigene Recherchen in der Bibliothek oder im Internet zurück.

Aufgabenbegründung:
Durch die Auseinandersetzung mit Erziehungskursen reflektieren Sie Ihre persönliche Haltung zu Erziehung und verbessern Ihr Wissen und Handlungsrepertoire. Dies kann Ihre pädagogische Kompetenz in Unterrichtssituationen optimieren.

6.7.2 Vertiefungsaufgabe

Aufgabenbeschreibung:
Setzen Sie sich anhand des unten angegebenen Textes sowie eigener Recherchen in der Bibliothek oder im Internet kritisch mit *Triple P* bzw. *Starke Eltern-Starke Kinder®* auseinander und entwickeln Sie eine persönliche Stellungnahme in Bezug auf das Fallbeispiel. Begründen Sie Ihre Position!

Aufgabenerläuterung:
Im unten angegebenen Text werden kritische Punkte der Elternkurse herausgearbeitet, die Sie reflektieren sollen.

Aufgabenbegründung:
Durch die vertiefte Auseinandersetzung mit Elternkursen bzw. Erziehungskonzepten entwickeln Sie Ihre eigene pädagogische Handlungskompetenz weiter.

Literatur zu den Aufgaben:
Deegener, G. & Tschöpe-Scheffler, S. (2005). Zwei Elternkurse: „Starke Eltern-Starke Kinder®" und „Triple P": Darstellung, Vergleich und kritische Auseinandersetzung. In G. Deegener & W. Körner (Hrsg.), *Kindesmisshandlung und Vernachlässigung* (S.809-830). Göttingen u.a.: Hogrefe.

6.8 Literatur

Autorengruppe Bildungsberichterstattung (2008). *Ein indikatorengestützter Bericht mit einer Analyse zu Übergängen im Anschluss an den Sekundarbereich I.* Bielefeld: Bertelsmann.

Barz, H. (2000). *Weiterbildung und soziale Milieus.* Neuwied & Kriftel: Luchterhand.

Barz, H. & Tippelt, R. (2004a). *Weiterbildung und soziale Milieus in Deutschland. Band 1: Praxishandbuch Milieumarketing.* Bielefeld: Bertelsmann.

Barz, H. & Tippelt, R. (2004b). *Weiterbildung und soziale Milieus in Deutschland. Band 2: Adressaten- und Milieuforschung zu Weiterbildungsverhalten und -interessen.* Bielefeld: Bertelsmann.

Baumrind, D. (1971). Current patterns of parental authority. *Developmental Psychology, 4,* pp. 1-101.

Baumrind, D. (1991). Parenting styles and adolescent development. In R.M. Lerner, A.C. Petersen & J. Brooks-Gunn (Eds.), *Encyclopaedia of adolescence (Vol. II)* (pp. 746-758). New York: Garland Publishing.

Beck, U. (1986). *Risikogesellschaft. Auf dem Weg in eine andere Moderne.* Frankfurt a.M.: Suhrkamp.

Beck, U. (1994). Neonationalismus oder das Europa der Individuen. In U. Beck & E. Beck-Gernsheim (Hrsg.), *Riskante Freiheiten. Individualisierung in modernen Gesellschaften* (S. 466-480). Frankfurt a.M.: Suhrkamp.

Berk, L.E. (^{3}2005). *Entwicklungspsychologie.* München u.a.: Pearson.

Deegener, G. & Körner, W. (Hrsg.) (2005). *Kindesmisshandlung und Vernachlässigung. Ein Handbuch.* Göttingen: Hogrefe.

Flaig, B., Meyer, T. & Ueltzhoeffer, J. (1993). *Alltagsästhetik und politische Kultur.* Bonn: Dietz.

Geißler, R. (1996). Kein Abschied von Klasse und Schicht. Ideologische Gefahren der deutschen Sozialstrukturanalyse. *Kölner Zeitschrift für Soziologie und Sozialpsychologie, 48* (2), 319-338.

Hradil, S. (^{8}2005). *Soziale Ungleichheit in Deutschland.* Opladen: Leske + Budrich.

Kennedy, B. & Sears, W. (1999). *Attachment parenting: Instinctive care for your baby and young child.* New York: Pocket Books.

Lewin, K. (1953). *Die Lösung sozialer Konflikte.* Bad Nauheim: Christian.

Lewin, K., Lippit, R. & White, R.K. (1939). Patterns of aggressive behaviour in experimentally created „social climates". *Journal of social psychology, 9* (10), 271-299.

Lewis, C.C. (1981). The effects of parental firm control: A reinterpretation of findings. *Psychological Bulletin, 90,* 547-563.

Liebenwein, S. (2008). *Erziehung und Soziale Milieus. Elterliche Erziehungsstile in milieuspezifischer Differenzierung.* Wiesbaden: VS.

Maccoby, E.E. & Martin, J.A. (1983). Socialization in the context of the family: Parent-child interaction. In M.E. Hetherington (Ed.), *Handbook of child psychology 4: Socialization, personality, and social development.* New York: Wiley.

Merkle, T., Wippermann, C., C. Henry-Huthmacher & M. Borchard (2008). *Eltern unter Druck. Selbstverständnisse, Befindlichkeiten und Bedürfnisse von Eltern in verschiedenen Lebenswelten.* Stuttgart: Lucius & Lucius.

Neill, A.S. (1971). *Das Prinzip Summerhill: Fragen und Antworten.* Reinbek bei Hamburg: Rowohlt.

Neill, A.S. (^{45}2001). *Theorie und Praxis der antiautoritären Erziehung.* Reinbek bei Hamburg: Rowohlt.

Oelkers, J. (2002). *Erziehung als Verhandlung.* Vortrag anlässlich der Weiterbildung 2002 des Kinderheims Schoren am 6. März 2002 in Langenthal. (www.studienseminar-koblenz.de, letzter Zugriff am 19.3.2010)

Schneewind, K.A. (^{2}2001). Familienpsychologie. In D.H. Rost (Hrsg.), *Handwörterbuch Pädagogische Psychologie* (S. 179-189). Weinheim: BeltzPVU.

Schneewind, K.A. & Böhmert, B. (^{2}2009). *Kinder im Vorschulalter kompetent erziehen. Der interaktive Elterncoach „Freiheit in Grenzen".* Bern: Hans Huber.

Schuller, T., Preston, J. & Hammond, C. (2004). *The Benefits of Learning: The Impact of Education on Health, Family Life and Social Capital.* Oxford: Routledge.

Schulze, G. (1992). *Die Erlebnisgesellschaft. Kultursoziologie der Gegenwart.* Frankfurt a.M.: Campus.

Sinus Sociovision (2004a). *Erziehungsziele und -stile von Müttern mit kleinen Kindern. Pilotprojekt in den Sinus-Milieus Postmaterielle, Moderne Performer, Experimentalisten, Hedonisten.* Heidelberg: SINUS.

Sinus Sociovision (2004b). *Wie erreichen wir die Eltern? Lebenswelten und Erziehungsstile von Konsum-Materialisten und Hedonisten.* Heidelberg: SINUS.

Steinberg, L., Lamborn, S.D., Darling, N. ,Mounts, N.S. & Dornbusch, S.M. (1994). Over-time changes in adjustement and competence among adolescents from authoritative, authoritan, indulgent, and neglectful families. *Child Development, 65,* 754-770.

Tenorth, H.-E. (³2000). *Geschichte der Erziehung. Einführung in die Grundzüge ihrer neuzeitlichen Entwicklung.* Weinheim, München: Juventa.

Tippelt, R., Reich, J., Hippel, A. von, Barz, H. & Baum, D. (2008). *Weiterbildung und Soziale Milieus in Deutschland. Band 3: Milieumarketing implementieren.* Bielefeld: Bertelsmann.

Tippelt, R., Weiland, M., Panyr, S. & Barz, H. (2003). *Weiterbildung, Lebensstil und soziale Lage in einer Metropole: Studie zu Weiterbildungsverhalten und -interessen der Münchner Bevölkerung.* Bonn: Deutsches Institut für Erwachsenenbildung (DIE).

Uhlendorff, H. (2001). *Erziehung im sozialen Umfeld. Eine empirische Untersuchung über elterliche Erziehungshaltungen in Ost- und Westdeutschland.* Opladen: Leske + Budrich.

Voss, H.v. (2004). Frühe Prävention von emotionalen und sozialen Entwicklungsstörungen – als interdisziplinäre Aufgabe. In M. Papousek, M. Schieche & H. Wurmser (Hrsg.), *Regulationsstörungen in der frühen Kindheit. Frühe Risiken und Hilfen im Entwicklungskontext der Eltern-Kind-Beziehungen* (S. 389-400). Bern u.a.: Hans Huber.

Winterhoff, M. (²¹2009). *Warum unsere Kinder Tyrannen werden.* Gütersloh: Gütersloher Verlagshaus.

Wippermann, C. & de Magalhaes, I. (2006). Religiöse und kirchliche Orientierungen in den Sinus-Milieus® 2005. *Eine qualitative Studie des Instituts Sinus Sociovision zur Unterstützung der publizistischen und pastoralen Arbeit der Katholischen Kirche in Deutschland.* München, Heidelberg: SINUS.

7 Erziehung im interkulturellen Kontext
Angela Guadatiello & Wolf-Thorsten Saalfrank

Ein Junge italienischer Erstsprache besucht die dritte Klasse einer Grundschule in einer Großstadt der Bundesrepublik. Der Junge lebt mit seiner Mutter und hat keinen Kontakt zum Vater.

Die Alleinerziehende befindet sich seit der Geburt des Kindes in einer für sie prekären Lebenssituation, geprägt von Langzeitarbeitslosigkeit sowie finanziellen und psychischen Belastungen. Bereits vor der Geburt des Kindes gestaltete sich ihre berufliche Situation immer wieder schwierig. Sowohl in Italien als auch nach ihrer Ausreise nach Deutschland hatte sie immer wieder unsichere Arbeitsverhältnisse. Da ihr italienischer Hauptschulabschluss in Deutschland nicht anerkannt ist, befindet sie sich nun in einer beruflichen Wiedereingliederungsmaßnahme und holt zunächst den deutschen Hauptschulabschluss nach mit dem Ziel, eine Ausbildung zur Kinderpflegerin zu absolvieren.

Trotz ihres dauerhaften Aufenthalts in Deutschland pflegt sie einen intensiven Kontakt zu ihrer Ursprungsfamilie in Italien, fährt regelmäßig dorthin und spricht mit ihrem Kind ausschließlich italienisch, ohne gleichzeitig großen Wert auf das Erlernen der deutschen Sprache zu legen. Die starke Mutter-Kind-Bindung bei gleichzeitiger Abschottung gegen die deutschsprachige Umgebung führte mittlerweile zu deutlichen Sprachschwierigkeiten des Kindes.

Weil der Junge in der Schule als verhaltensauffällig eingestuft wird, bekommt die alleinerziehende Mutter eine mobile Erziehungshilfe an die Seite gestellt. Die Jugendamtsmitarbeiterin beobachtet die enge Verbindung zwischen Mutter und Sohn; sie möchte die Mutter dazu bringen, den Jungen im Hort anzumelden. Dies würde aus Sicht der Jugendamtsmitarbeiterin der Mutter mehr Möglichkeiten zur beruflichen Wiedereingliederung eröffnen und dem Jungen soziale Kontakte mit deutschsprachigen Kindern und eine Hausaufgabenbetreuung bieten. Die Alleinerziehende nimmt jedoch den Rat nicht an, mit der Begründung, dass das Kind sich im Hort nicht wohlfühlen würde und sie dort ein hohes Gewaltvorkommen befürchte. Davor wolle sie ihren Sohn schützen. Der Konflikt zwischen dem Jugendamt und der Alleinerziehenden eskaliert, es kommt sogar zu einem Rechtsstreit vor Gericht. Der Mutter wird seitens des Jugendamts unter anderem Kindeswohlgefährdung[1] vorgeworfen. Der Richter entscheidet jedoch, dass keine Kindeswohlgefährdung vorliegt.

---

1 Vgl. zu Kindeswohlgefährdung den Beitrag von Saalfrank i. d. Bd.ergänzen

7.1 Die komplexe Situation von Migrantenfamilien

Die Komplexität der Situation, in der sich Familien mit Migrationshintergrund befinden, hat neben einer aktuellen politischen Dimension, die in der allgemeinen Integrationsdebatte in Bezug auf alle gesellschaftlichen Felder ihren Ausdruck findet, auch eine historische Dimension (vgl. Auernheimer, 2007, S. 34 ff; Ulich, 2001; Kiel, 1997). Diese kann nur kurz angesprochen werden: Die Entwicklung geht vom Anwerben von Gastarbeitern in den 1950er Jahren und vom Nichtwahrnehmen der gesellschaftlichen Problematik bis hin zu der Initiierung unterschiedlichster Förderprogramme in der Gegenwart (vgl. Gogolin, 1994; Guadatiello, 2005; Kiel, 2005; Ulich & Mayr, 2003).

Aktuellen Zahlen des Statistischen Bundesamts zufolge haben 19 % der bundesrepublikanischen Bevölkerung einen Migrationshintergrund (vgl. Statistisches Bundesamt, 2010a, S. 7). 85 % der Zuwanderer stammen aus der Ex-Sowjetunion, der Türkei, aus Süd- und Osteuropa (vgl. dazu Wippermann & Flaig, 2009, S. 4 und Statistisches Bundesamt, 2010a, S. 7); die restlichen 15 % sind Zuwanderer aus Amerika, Asien und Afrika. Damit lassen sich die meisten Wanderbewegungen immer noch innerhalb des europäischen Kontinents vermerken – auch wenn durch die Massenmedien immer wieder ein anderer Eindruck vermittelt wird. Ca. 27 % der in Deutschland lebenden Familien sind Familien, in denen mindestens ein Elternteil eine andere Nationalität als die deutsche besitzt oder mindestens ein Elternteil eingebürgert ist. Was die Kinder anbelangt, so wächst jedes dritte Kind unter fünf Jahren in einer Familie mit Migrationserfahrung auf – sei es, dass ein Elternteil oder beide Elternteile nach Deutschland zugewandert sind (vgl. Wippermann & Flaig, 2009, S. 3).

Bildungspolitisch entsteht dadurch auf jeden Fall die Notwendigkeit, jungen zugewanderten Menschen und Kindern, die in Deutschland geboren werden und zu Hause in ihrer jeweiligen Erstsprache erzogen werden, die deutsche Sprache zu vermitteln, um ihnen damit weitere Bildungsprozesse zugänglich zu machen und eine gesellschaftliche Partizipation zu ermöglichen.

Im Bericht „Zuwanderung" der Ständigen Konferenz der Kultusminister der Länder von 2006 bzw. im Beschluss von 2002 wird konstatiert, dass in manchen Bundesländern der Anteil der Kinder mit Migrationshintergrund an der Gesamtschülerschaft zum Teil ein Drittel und mehr beträgt. Und dort heißt es: „Die Integration der Kinder in Schule und Gesellschaft ist eine der wichtigsten Aufgaben der Bildungspolitik in den kommenden Jahren" (Sekretariat der Ständigen Konferenz der Kultusminister der Länder in der Bundesrepublik Deutschland, 2006, S. 2).

Im Juni 2006 legte die Kultusministerkonferenz zum ersten Mal einen Bericht mit dem Schwerpunkt „Migration und Bildung" vor, gefolgt vom Bildungsbericht aus dem Jahr 2008. Darin heißt es:

„Eine weitere zentrale Herausforderung stellt die Integration von Kindern und Jugendlichen mit Migrationshintergrund dar, gerade auch der in Deutschland geborenen. Deren Kompetenzrückstand hat sich seit der ersten PISA-Studie, die massiv auf diese Herausforderung aufmerksam machte, nicht verringert: Da der Anteil von Kindern mit Migrationshintergrund in den jüngeren Kohorten steigt, wird die Frage ihrer frühzeitigen und differenzierten Förderung immer bedeutsamer. Diese Förderung muss sich bis ins Jugendalter ziehen, denn der Übergang in die berufliche Ausbildung hat sich für diese Jugendlichen als besondere Hürde erwiesen." (Autorengruppe Bildungsberichterstattung, 2008, S. 14)

Der hier skizzierte Fall stellt in exemplarischer Weise dar, wie Bildungs- und Erziehungsanstrengungen im interkulturellen Kontext unbeabsichtigt zu einem größeren Konflikt führen können, als er zuvor bestand. Prämisse aller folgenden Überlegungen ist dabei, dass Bildung, Erziehung, Migration und Politik in einem starken Zusammenhang stehen und gerade das Zusammenspiel dieser vier Bedingungsfelder zu einem problematischen Spagat zwischen Freiheit und Zwang führen kann. Am Fall wird deutlich, dass die Balance zwischen Freiheit und Zwang sowohl durch die Ansprüche von Institutionen (Familie, Jugendamt, Schule und Hort sowie Jugendgericht) als auch durch die Werthaltung und Milieuzugehörigkeit der Mutter, die man dem traditionellen Gastarbeitermilieu, einem Unterschichtmilieu, zuordnen kann, bedingt ist.

Das Spannungsfeld ist deutlich: Die Mitarbeiterin des Jugendamts rät, den Jungen für den Nachmittag im Hort anzumelden, damit er eine Deutschförderung bekommt – explizit in Form einer Hausaufgabenbetreuung, implizit, indem er mehr soziale Kontakte zu anderen Kindern pflegen kann. Die alleinerziehende Mutter sieht die Integration ihres Kindes nicht als vordringliches Problem an und befürchtet vielmehr, dass das soziale Umfeld für ihr Kind nicht das richtige sein könnte. Deshalb entscheidet sie sich ganz bewusst gegen den Hortbesuch.

Ein behutsameres Vorgehen seitens der Jugendamtsmitarbeiterin wäre gewesen, über die Schule und den Besuch des Regelunterrichts Fördermöglichkeiten abzuwägen und zu ermöglichen. Dies hätte sicherlich einen zusätzlichen Aufwand für sie und die beteiligten Lehrer-/innen bedeutet: Weitere ergänzende Gespräche zwischen Schulleitung und Jugendamt, um die Möglichkeiten von Fördermaßnahmen für die gesamte Schule zu eruieren, hätten geführt werden müssen. Ein bürokratischer Aufwand, um entsprechende Anträge zu stellen bzw. um weitere Fördermaßnahmen anzugehen, die eher zivilgesellschaftlicher Natur gewesen wären (z. B. eine Förderung durch Ehrenamtliche), wäre nötig gewesen. Die Jugendamtsmitarbei-

terin entscheidet sich – ob bewusst oder unbewusst – gegen einen solchen Weg. Ihre Entscheidung kann als interkulturell unsensibel angesehen werden und beschwört somit einen Konflikt herauf.

Auf zwei zentrale Punkte, die für die weiteren Ausführungen leitend sind, sei hier noch hingewiesen:

Zum einen zeigt sich, wie in Erziehungswissenschaft und Bildungspolitik die Institution Familie unter Migrationsbedingungen, bedingt auch durch bestimmte Erziehungsvorstellungen und Werthaltungen, oft als „bildungsverhindernde Instanz" (Hamburger & Hummrich, 2007, S. 116) gesehen wird und deshalb institutionell massiv dagegen eingeschritten wird. Zum anderen wird die vorliegende Fallbeschreibung auf der Grundlage der SINUS-Studie über Migranten-Milieus in der Bundesrepublik Deutschland diskutiert, um damit eine möglichst facettenreiche Sicht auf das Spannungsverhältnis Familie, Bildung und Erziehung unter Migrationsbedingungen zu ermöglichen. Gleichzeitig ist anzumerken, dass viele Maßnahmen von klischeehaften Vorstellungen über Migration geprägt sind, obwohl ähnlich gelagerte Probleme auch in anderen Milieus, sozialen Kontexten oder in Familien anzutreffen sind. Der Migrationshintergrund, d.h. die Zugehörigkeit zu einer bestimmten ethnischen Gruppe, hat nur bedingt Relevanz, das Milieu spielt wie bei deutschen Familien eine viel ausschlaggebendere Rolle.

Um die große Bandbreite aufzuzeigen, werden in den folgenden Ausführungen verschiedene Migrantengruppen (Italiener, Türken, Spätaussiedler) angesprochen bzw. erwähnt und unterschiedliche Studien mit unterschiedlichen Ansätzen und Ergebnissen präsentiert. Im Weiteren werden die Migranten-Milieus nach der SINUS-Studie vorgestellt. Anschließend soll überprüft werden, ob unterschiedliche Wert- und Erziehungsvorstellungen im geschilderten Fall Integration und Partizipation verhindern.

7.2 Die Migrantenmilieus in Deutschland – Ergebnisse der SINUS-Studie

Im Rahmen der SINUS-Studie werden verschiedene Migranten-Milieus unterschieden, die sich, wie bereits deutlich wurde (Liebenwein i.d.B., S. 161-181), zwischen Tradition und Moderne bzw. zwischen Ober-, Mittel- und Unterschicht bewegen.[2] Bei der Darstellung der einzelnen Migrantenmilieus wird dem Sprachduktus der SINUS-Studie gefolgt. Festzustellen bleibt noch, dass die einzelnen Milieus nicht immer eindeutig voneinander abzugrenzen sind und

---

2 Der Forschungsansatz wird hier nicht näher beschrieben, für nähere Informationen siehe den Beitrag von Liebenwein in diesem Band.

zum Teil auch von ihren jeweiligen Zuschreibungen her gesehen ineinander übergehen.

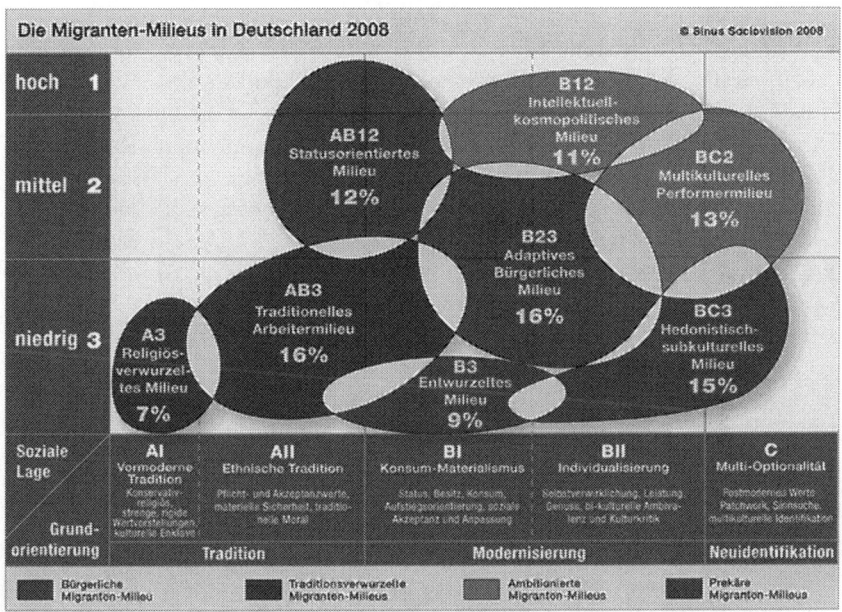

Abb. 1: Migrantenmilieus nach der SINUS-Studie 2008

Die SINUS-Studie kommt bei der Analyse der Migranten-Milieus zu folgenden zentralen Ergebnissen (Zentrale Ergebnisse der Sinus-Studie über Migranten-Milieus in Deutschland, 2008):

- „Die Menschen mit Migrationshintergrund in Deutschland sind keine soziokulturell homogene Gruppe. Vielmehr zeigt sich eine vielfältige und differenzierte Milieulandschaft. Insgesamt acht Migranten-Milieus mit jeweils ganz unterschiedlichen Lebensauffassungen und Lebensweisen konnten identifiziert werden.
- Die Migranten-Milieus unterscheiden sich weniger nach ethnischer Herkunft und sozialer Lage als nach ihren Wertvorstellungen, Lebensstilen und ästhetischen Vorlieben. Dabei finden sich gemeinsame lebensweltliche Muster bei Migranten aus unterschiedlichen Herkunftskulturen. Mit anderen Worten: Menschen des gleichen Milieus mit unterschiedlichem Migrationshintergrund verbindet mehr miteinander als mit dem Rest ihrer Landsleute aus anderen Milieus.

- Faktoren wie ethnische Zugehörigkeit, Religion und Zuwanderungsgeschichte beeinflussen die Alltagskultur, sind letzten Endes aber nicht milieuprägend und identitätsstiftend. Der Einfluss religiöser Traditionen wird oft überschätzt.
- Die meisten Migranten-Milieus sind – jeweils auf ihre Weise – um Integration bemüht und verstehen sich als Angehörige der multikulturellen deutschen Gesellschaft. Bei drei der acht Milieus erkennen wir starke Assimilationstendenzen (statusorientiertes Milieu, adaptives Integrationsmilieu, multikulturelles Performermilieu). Bei drei anderen Milieus finden sich zum Teil Haltungen einer – aktiven oder passiven – Integrationsverweigerung (religiös-verwurzeltes Milieu, entwurzeltes Milieu, hedonistisch-subkulturelles Milieu).
- Die große Mehrheit der befragten Migranten will sich aber in die Aufnahmegesellschaft einfügen – ohne ihre kulturellen Wurzeln zu vergessen. Viele, vor allem jüngere Befragte der zweiten und dritten Generation, haben ein bikulturelles Selbstbewusstsein und sehen Migrationshintergrund und Mehrsprachigkeit als Bereicherung – für sich selbst und für die Gesellschaft.
- Der Integrationsgrad ist wesentlich bildungs- und herkunftsabhängig: Je höher das Bildungsniveau und je urbaner die Herkunftsregion, desto leichter und besser gelingt eine Integration in die Aufnahmegesellschaft."

Im weiteren Verlauf werden nun die einzelnen Migrantenmilieus vor dem Hintergrund ihrer Werthaltungen sowie der Vorstellungen über Familie und Partnerschaft und der jeweiligen anzutreffenden Erziehungsvorstellungen skizziert.

7.2.1 Traditionsverwurzelte Migrantenmilieus

Die in der Tradition verwurzelten Milieus, die entweder eine Parallelkultur zur Kultur der Mehrheitsgesellschaft bilden oder der Kultur der Arbeitsmigranten zuzuordnen sind, sind mehrheitlich Unterschichtmilieus. Ihre Tradition kann als vormodern, besonders bedingt durch die jeweilige ethnische Herkunft, eingestuft werden.

Die Parallelkultur ist gekennzeichnet durch traditionelle Werte, die oft einem islamisch geprägten Dogmatismus entstammen und einem patriarchalischen Weltbild sowie strenger Moral, verbunden mit Zwangsnormen, verhaftet sind. Die Integrationsbereitschaft dieser Milieus ist gering. Durch die Abgrenzung nach außen entsteht in diesen Milieus auch eine kulturelle Enklave ihres jeweiligen Heimatlandes. Auch die Arbeitsmigranten halten an traditionellen Werten ihres Heimatlandes fest, sie akzeptieren jedoch die Werte des Aufnahmelandes und sind bestrebt, durch Arbeit etwas Wohlstand und materielle Sicherheit zu erlangen (Wippermann & Flaig, 2009, S. 7 f).

Religiös-verwurzeltes Milieu
Dieses Milieu ist ein eher archaisches und meist bäuerlich geprägtes Milieu, das den sozialen und religiösen Traditionen der jeweiligen Herkunftsregion verhaftet ist. Dies wirkt sich auch auf Familie, Partnerschaft und Elternschaft aus. Ziel ist es, die aus der Heimat gewohnte traditionelle Großfamilie zu erhalten bzw. dieses Bild als Lebensform und -ziel zu idealisieren. Vor dem hier beschriebenen Hintergrund ist es für die Menschen des genannten Milieus wichtig, sowohl Ruf und Ansehen als auch den Zusammenhalt in der Familie zu erhalten, wobei versucht wird, dass Kinder und Enkel im Aufnahmeland zu Wohlstand gelangen.
Als oberste Erziehungsziele machte die Studie u.a. Achtung der Familiendisziplin, ein geschlechtsrollenkonformes Verhalten (Mädchen sollen so genannte „weibliche Fertigkeiten" erlangen, dagegen werden Jungen verwöhnt) sowie die Einhaltung der moralischen und religiösen Gebote aus, d.h. über teilweise autoritäre Erziehungspraktiken, wie Verbote oder auch Körperstrafen soll einmal der freiheitliche Lebensstil des Aufnahmelandes ferngehalten und der religiös-moralische Rahmen erhalten bleiben. Erzieherische bzw. familiäre Konflikte entstehen, wenn einzelne Familienmitglieder diesem starren traditionalistischen Denken und Verhalten entfliehen wollen (Merkle & Wippermann, 2008, S. 61 f).

Traditionelles Gastarbeitermilieu
Hierunter wird das traditionelle „Blue Collar-Milieu" der Arbeitsmigranten gefasst, das jedoch den Traum einer Rückkehr in die Heimat aufgegeben hat. In diesem Milieu wird die Familie als Solidar- und Versorgungsgemeinschaft verstanden, die durch Zusammenhalt und Zusammengehörigkeitsgefühl sowie gegenseitige Hilfe und Verantwortung geprägt ist. Um diese Familienstruktur zu erhalten, findet man hier oft eine Abgrenzung gegen die Kultur des Aufnahmelandes, um als negativ angesehene Tendenzen, abzuwehren. Generell sind hier die Rollen recht klar verteilt mit dem Mann als Familienoberhaupt und Ernährer sowie der Frau als typischer Hausfrau und Mutter, wobei dies bei den Frauen dieses Milieus immer mehr auf Ablehnung stößt und hier Trennung bzw. Scheidung ein Mittel ist, damit die Frauen diesen Strukturen entfliehen können.
Durch diese patriarchalen und traditionellen Strukturen bedingt, obliegt die Erziehung den Frauen in der Familie. Die Männer, so macht die Studie deutlich, „engagieren sich gelegentlich bei geschlechtstypischen Freizeitaktivitäten ihrer Söhne" (ebd., S. 63) wie Sport, Technik oder auch Ausflügen. Es herrschen in diesem Milieu einerseits autoritäre Erziehungsvorstellungen der Männer vor, die von den Frauen durch eine „warmherzige Erziehungspraxis" (ebd., S. 63) abgemildert werden. In der Erziehungspraxis sind zwar Werte wie „Gehorsam, Respekt, Höflichkeit, Anstand und Treue, andererseits aber auch Ehrlichkeit,

Selbständigkeit, Freiheit, Verantwortungsbewusstsein und Hilfsbereitschaft" wichtig, dennoch möchte man „kein[en] unnötig[en] Erfolgsdruck, keine Gewalt in der Familie, Verständnis und Vertrauen statt Zwang und Strafe; [...] mehr Freiraum, Liebe und Unterstützung [...]" (ebd., S. 63).

7.2.2 Migrantenmilieus im Prozess der Modernisierung

Die Milieus, die sich im Prozess der Modernisierung befinden, prägen entweder eine Teilhabekultur aus (Streben nach sozialer Akzeptanz sowie nach Besitz, Konsum, Genuss als Ersatz für soziale und kulturelle Entwurzelung) oder eine Integrationskultur, die vor allem durch einen starken Trend zur Individualisierung gekennzeichnet ist und sich kritisch bzw. emanzipatorisch mit ihrer jeweiligen Herkunftskultur auseinandersetzt (Wippermann & Flaig 2009, S. 7 f).

Statusorientiertes Milieu

Das statusorientierte Migrantenmilieu ist das klassisch aufstiegsorientierte Milieu, das als Ziel insbesondere für die eigenen Kinder den sozialen Aufstieg in der Aufnahmegesellschaft hat. Die Familie wird hier als Schonraum gesehen, der Sicherheit, Harmonie und Privatheit gewährleistet, wobei die Verteilung der Arbeit hier auch eher traditionell ist und die Frau meist als jemand gesehen wird, der die eigene berufliche Karriere zugunsten der des Mannes aufgibt.

In diesem Milieu sind im Hinblick auf erzieherisches Handeln zwei Tendenzen zu unterscheiden. Zum einen ist hier, wie in den vorher beschriebenen Milieus, die klassische Rollenverteilung zwischen Männern und Frauen anzutreffen. Zum anderen findet sich in diesem Milieu aber auch die Einstellung, dass beide Elternteile sich an der Erziehung der Kinder beteiligen und gemeinsam handeln und entscheiden sollen. Diese Ambivalenz wird bei der Erziehung von Jungen und Mädchen deutlich. Auch wenn für die Kinder generell eine gute Bildung bzw. Ausbildung angestrebt wird, um im Aufnahmeland entsprechend aufzusteigen, haben Jungen in der Pubertät in der Regel mehr Freiraum sich zu verwirklichen. Mädchen hingegen unterliegen stärker der sozialen Kontrolle der Familie. Dieser als autoritativ angesehene Stil äußert sich in Erziehungswerten wie „selbständiges Denken, Zielstrebigkeit und Initiative, Realismus und Durchhaltevermögen sowie Selbstbewusstsein und ein gehobenes Auftreten" verbunden mit Freiraum, Mitbestimmungsmöglichkeiten der Kinder, aber auch starkem Leistungsdruck (Merkle & Wippermann, 2008, S. 66 f).

Entwurzeltes Milieu

Unter dem entwurzelten Milieu fasst man die in Deutschland lebenden, meist traumatisierten Flüchtlinge aus Kriegs- und Krisengebieten zusammen. Die Entwurzelung ist hier sowohl sozial als auch kulturell festzustellen. Die Menschen dieser Gruppe sind „stark materialistisch geprägt und ohne Integrationsperspektive" (ebd., S. 64).

Das Ideal der Familie in diesem Milieu ist die Großfamilie des Herkunftslandes. Da dies in Deutschland nicht aufrechterhalten werden kann, werden „intensive und häufige Kontakte zu den im Herkunftsland verbliebenen Verwandten" (ebd., S. 64) gepflegt. Ebenso wichtig sind für beide Geschlechter das Festhalten an starren traditionellen Rollenbildern, so stehen den chauvinistischen autoritären Haltungen (ebd., S. 64) der Männer meist keine „Emanzipationsansprüche der Frauen gegenüber" (ebd., S. 64). Das bedeutet, dass auch hier nur die Frauen für die Kindererziehung zuständig bzw. verantwortlich sind.

Im Umgang mit den Kindern sind vor allem strenge autoritäre Maßnahmen anzutreffen, und es werden traditionelle, ethnisch-geprägte und religiöse Werte auch im Hinblick auf Rollenbilder in den Mittelpunkt gestellt, wie herkunftsabhängige religiöse Gebote, „Unterordnung und Respekt, Achtung vor den Eltern, etc." (ebd., S. 65). Dies bedeutet auch, dass man sich insbesondere bei der Kindererziehung von den hier in Deutschland vorherrschenden Sitten und Werten distanziert. Merkle & Wippermann betonen gleichzeitig aber auch, dass die Eltern dieses Milieus, besonders die Mütter, dazu tendieren, ihren Kindern mehr bieten zu wollen, als dies im Heimatland möglich gewesen wäre bzw. das, was „sie selbst entbehren mussten" (ebd., S. 65; vgl. hierzu auch Friedenthal-Haase, 1991; Muth, 1998).

Intellektuell-kosmopolitisches Milieu

Das intellektuell-kosmopolitische Milieu ist das aufgeklärte, „nach Selbstverwirklichung strebende Bildungsmilieu mit einer weltoffen-toleranten Grundhaltung und vielfältigen intellektuellen Interessen" (ebd., S. 70). Dieses Milieu hat sich in seinen Werthaltungen bzw. seinen Familien- und Rollenbildern dem Aufnahmeland angepasst und diese adaptiert. Das bedeutet, es findet keine Fixierung auf traditionelle Rollenbilder statt und die westlichen Emanzipationsnormen werden akzeptiert (Gleichberechtigung im Alltag, partnerschaftliche Rollenteilung, Freude an gemeinsamen Interessen und Aktivitäten; Mann und Frau leben oft sehr selbständig, haben jeweils ihren Beruf und ihren eigenen Bekanntenkreis).

Im Rahmen dieser Vorstellungen von Partnerschaft und Familie fühlen sich sowohl Vater als auch Mutter für die Erziehung zuständig. Daraus ergeben sich auch Erziehungswerte wie eine freie Entfaltung der Persönlichkeit der Kinder mit all ihren Anlagen, was durch entsprechende Förderprogramme bzw. durch eine breite Bildung unterstützt wird. „Erziehungsziele sind Eigenständigkeit, Selbstbewusstsein, soziale Kompetenz, Weltoffenheit (Mehrsprachigkeit), Toleranz, Mitgefühl und Gerechtigkeitssinn" (ebd., S. 71). Unterschiede zwischen Mädchen und Jungen werden nicht bewusst gemacht.

Adaptives Integrationsmilieu

Parallelen zu diesem Milieu finden sich in den deutschen Milieus im Milieu der Bürgerlichen Mitte. Das adaptive Integrationsmilieu strebt nach einem harmo-

nischen Leben in einer gesicherten Situation und hat sich sozial im Aufnahmeland integriert.

Den Kern dieser gesicherten Verhältnisse bildet die Familie, die als gleichbe-
rechtigte und solidarische Partnerschaft gesehen wird, in der Mann und Frau
sich ergänzen. Während im vorher beschriebenen Milieu die Emanzipation der
Frau eine Selbstverständlichkeit ist, ist hier die Rollenverteilung eher konventio-
nell. Dennoch beteiligen sich die Männer hier an der Erziehung, und gemeinsame Aktivitäten der Familie haben eine hohe Bedeutung. Auch hier spiegelt sich
dieses Familienverständnis, ähnlich wie beim eben geschilderten intellektuell-
kosmopolitischen Milieu, in der Kindererziehung wieder. Die Selbstbestimmung der Kinder, unabhängig vom Geschlecht, ist ein wichtiges Ziel, d.h. die
Eltern distanzieren sich auch hier von traditionellen Vorstellungen. Ziel ist es,
die Kinder zu fördern und zu unterstützen. Merkle & Wippermann bemerken
hierzu:

„Die Eltern sehen es als ihre Aufgabe, dem Kind Orientierung zu geben (das
heißt auch Grenzen zu setzen) und ihm soziale Werte zu vermitteln: Befolgen
von Regeln, Achtung vor anderen, gutes Benehmen – auf Basis von Liebe, Geborgenheit, Respekt und Vertrauen (die Kinder sollen ohne Angst alles mit den
Eltern besprechen können).

Von überragender Bedeutung in diesem Milieu ist, dass die Kinder eine gute
schulische Bildung bekommen, um später beruflich ,weiterzukommen‘; dafür
ist man bereit, sich intensiv um die schulische Laufbahn der Kinder zu kümmern, ihnen kontinuierlich bei den Hausarbeiten zu helfen, sich im Elternbeirat
zu engagieren und zusätzlichen Kunst-, Musik-, Sportunterricht zu bezahlen"
(ebd., S. 69).

7.2.3 Postmoderne Migrantenmilieus

Postmoderne Migrantenmilieus bewegen sich im Bereich der Neuidentifikati-
on. Sie sind bemüht, ihre eigenen kulturellen Identitäten aufzugeben und sich
durch postmoderne Werte eine multikulturelle Identität zu geben, was meist
durch einen hohen Grad an Bildung geschieht (Wippermann & Flaig, 2009,
S. 7).

Multikulturelles Performermilieu

Die Vertreter dieses Milieus sind überwiegend jung, flexibel und leistungsorien-
tiert mit einem „bi- bzw. multikulturellem Selbstbewusstsein, das nach Autonomie, beruflichem Erfolg und intensivem Leben strebt" (ebd., S. 72).

Bezüglich Familie und Partnerschaft zeichnet sich dieses Milieu durch eine
sehr ambivalente Grundhaltung aus. Zum einen steht die berufliche Karriere
im Mittelpunkt, zum anderen ist man aber auch bestrebt, bei Partnerschaften
eine auf Dauer ausgerichtete Beziehung zu erreichen. Zwänge, die sich aus der

Familiengründung ergeben, werden abgelehnt, was auch zu Bindungsängsten führt. Da die Priorität bei Aus- und Weiterbildung sowie der Karriere liegen, werden Heirats- und Kinderwunsch „in die Zukunft verschoben". Merkle & Wippermann schreiben im Hinblick auf die Kindererziehung:

„Insbesondere für die Frauen des Milieus gehören aber zu einem erfüllten, vollständigen und erfolgreichen Leben auch Kinder; sie wollen ‚später einmal' viel Zeit mit ihren Kindern verbringen [...], sie träumen von einer durch Liebe, Vertrauen und Geborgenheit geprägten Familie und gehen selbstverständlich davon aus, dass beide Partner gemeinsam für die Erziehung verantwortlich sind" (Merkle & Wippermann, 2008, S. 73).

Erziehungsziele sind eine Erziehung zu Freiheit und Selbstbestimmung, d.h., die Kinder „von Beginn an als eigenständige Persönlichkeiten zu sehen und ihnen viel Freiraum zur Selbstentfaltung und zur Verwirklichung ihrer Ziele zu geben. Weitere Erziehungsziele sind: Leistungsbereitschaft, Wissbegierde, Bildung und Kritikfähigkeit sowie Offenheit, Fairness, Toleranz und Ehrlichkeit" (ebd., S. 73).

Hedonistisch subkulturelles Milieu

Im hedonistisch-subkulturellen Milieu vereint sich die unangepasste zweite Generation, die eine defizitäre Identität und Perspektive hat, "die Spaß haben will und sich den Erwartungen der Mehrheitsgesellschaft verweigert" (ebd., S. 73). Die Angehörigen dieses Milieus leben meist noch im elterlichen Haushalt in der Fürsorge der Eltern, ohne jedoch am eigentlichen Familienleben zu partizipieren. Der Familie wird die peer-group, also die Freundesclique vorgezogen. Feste Bindungen zu einem Partner gibt es selten, da man sich weder festlegen noch Verantwortung übernehmen will.

Die Vorstellungen über Kindererziehung bzw. über Rollenerwartungen sind sehr ambivalent. Aufgrund negativ erlebter autoritärer Erziehungserfahrungen träumen viele Vertreter dieses Milieus von einer intakten Familie, teilweise knüpfen sie aber auch an den Erziehungsvorstellungen ihrer Herkunftsfamilie an. Vor der Familiengründung steht jedoch der Genuss des Lebens an erster Stelle.

Die hier beschriebenen Milieus zeigen deutliche Tendenzen, wo sich erzieherische Probleme ergeben, die aus der Migration bzw. auch aus der möglicherweise problematisch verlaufenen Integration entstanden sind. Für die Migrantenmilieus kann man ähnlich wie für die deutschen Milieus konstatieren, dass Zusammenhänge zwischen Bildungsgrad und Erziehungsstil festzustellen sind. Ebenso ist der Bildungsgrad maßgebend für den Grad der Integration (vgl. Bildungsbericht, 2008, S. 11), worauf auch die SINUS-Studie hingewiesen hat.

Bei einem Blick auf den Fall wird erkennbar, dass durch die alleinerziehende Mutter und die Vertreterin des Jugendamtes unterschiedliche Werthaltungen und

Lebensperspektiven repräsentiert werden, die sich auch aus dem Migrationshinter-
grund der Mutter und beider Milieuzugehörigkeit ergeben, was letztendlich zu dem
hier beschriebenen Konflikt führt.

Die alleinerziehende italienische Mutter lässt sich aufgrund ihrer sozioökonomi-
schen Lage und ihrer Werthaltungen eher dem traditionellen Gastarbeitermilieu
zuordnen. Deutlich wird dies an ihren Vorstellungen über die Mutter-Kind-Bezie-
hung und über ihre Rolle als Frau und Mutter. Bei der Beschreibung dieses Milieus
wurde deutlich, dass die Familie als Solidar- und Versorgungsgemeinschaft mit den
zentralen Werten Zusammenhalt und Zusammengehörigkeitsgefühl sowie gegensei-
tige Hilfe und Verantwortung eine äußerst wichtige Rolle spielt. Dies spiegelt sich im
Verhalten der Mutter sowohl gegenüber ihrem Sohn als auch gegenüber der Jugend-
amtsvertreterin wider. Die Mutter will auch als Alleinerziehende dieses Familien-
bild aufrechterhalten und versucht sich so gegen das von der Jugendamtsvertreterin
postulierte Frauen- und Familienbild abzugrenzen. Dem entspricht das negative
Bild, das sie sich von der Horterziehung macht. Die Abwehrhaltung gegen die Vor-
schläge der Vertreterin des Jugendamts kann auch als Angst gewertet werden, dass
die bereits fragil gewordene Familienstruktur durch die stärkere Eingliederung der
Mutter in die Berufstätigkeit verbunden mit der Hortbetreuung des Kindes ganz zu
zerbrechen droht. Des Weiteren befürchtet die Mutter, dass mit der Erweiterung der
sozialen Kontakte des Sohnes die von ihr als wichtig erachteten italienischen Wur-
zeln durch eine zu starke Assimilation verloren gehen. Das nachvollziehbare Urteil
des Richters in diesem Fall schiebt die Probleme nur auf, ohne sie zu lösen. Eine
dauerhafte Lösung, die sowohl für das Kind als auch für die Mutter tragbar ist,
kann nur eine behutsame, die ethnischen und milieuspezifischen Hintergründe mit
den entsprechenden Werthaltungen berücksichtigende Lösung sein. Die Jugendamts-
vertreterin hat, zu einseitig und zu stark auf ihr Familien- und Frauenbild fixiert,
versucht, eine ihr als praktikabel und sinnvoll erscheinende Lösung zu präsentieren
und durchzusetzen. Für ein gelingendes Handeln in einem interkulturellen Kontext
gilt es zu berücksichtigen, dass die ethnische Herkunft eine vertraute Basis ist, auf
der aufbauend Offenheit für Neues zu vermitteln ist.

7.3 Erziehung zwischen Tradition und Moderne in türkischen Familien

Von der Gruppe der Migranten als Ganzes zu sprechen, wie es die SINUS-Studie macht, kann als problematisch angesehen werden, da, wie andere Studien
belegen, die ethnische Herkunft und damit verbunden die religiöse Zugehörigkeit Bedingungsfaktoren für soziales Handeln darstellen und somit letztendlich
auch bezüglich Erziehungszielen, Erziehungsstilen und Erziehungsproblemen
entscheidend sind, was die SINUS-Studie so nicht sieht bzw. gar verneint.

Der eingangs geschilderte Fall könnte sich, wie bereits gesagt, so oder ähnlich auch in Familien mit einem anderen kulturellen bzw. ethnischen Hintergrund ereignen. Für das Handeln der Mutter ist eher die Tatsache der Zugehörigkeit zu einem Unterschichtmilieu sowie ihr Status als alleinerziehende Mutter mit den damit verbundenen Problemen relevant.

Um eine weitere ergänzende Perspektive aufzuzeigen, wird im Folgenden ein Blick auf die größte in Deutschland lebende Migrantenpopulation, die türkischen Migranten, geworfen, da es hier gerade auch zum Bereich der Erziehung entsprechende Untersuchungen gibt, die einen differenzierenderen Blick, als ihn die SINUS-Studie vorgibt, erlauben. Vorweg bleibt zu sagen, dass dieser Blick auf die türkischen Migranten nur exemplarisch zu sehen ist. Eine ebenfalls große Gruppe mit ihren spezifischen Problematiken stellen die Spätaussiedler dar, auch hier gibt es zwischenzeitlich vielfältige Untersuchungen, die ein differenziertes Bild dieser Gruppe entwerfen, und auch hier werden die egalisierenden Aussagen der SINUS-Studie relativiert (vgl. Bauer, 2007; Schäfer, 2008; Sekler, 2008).

Freiheit und Zwang, dies wurde in den einzelnen Kapiteln des Buches deutlich, kann als leitendes Motiv innerhalb der Erziehungsdiskussion festgemacht werden. Je nachdem, welches Menschenbild, welcher Erziehungsstil etc. vertreten werden, unterscheidet sich auch graduell, wie viel Freiheit gewährt bzw. wie viel Zwang ausgeübt (also Grenzen gesetzt) werden. Nicht nur für deutsche Familien stellt das Ausbalancieren von Entgrenzung und Begrenzung eine Herausforderung dar, sondern auch für Familien mit Migrationshintergrund. Milieus spielen hierbei eine große Rolle, bei Deutschen wie auch bei Migranten.

Viele Familien mit Migrationshintergrund, insbesondere aus den im traditionellen Bereich angesiedelten Milieus, kann man als geschlossene Systeme betrachten, die durch eine Abgrenzung nach außen das Überleben tradierter Wertvorstellungen gewährleisten wollen, um in einem fremden Kulturkreis Sicherheit zu gewinnen.

Verdeutlichen kann man dies an Familien mit einem türkischen Migrationshintergrund aus dem religiös-verwurzelten sowie dem traditionellen Gastarbeitermilieu, deren Erziehungsziele, -vorstellungen und -praktiken vielfältig und in der Literatur zum Teil übereinstimmend untersucht und beschrieben wurden (z. B. Holtbrügge, 1975; Liljeberg, 2009; Merkle & Wippermann, 2008; Neumann, 1981; Özkara, 1988; Toprak, 2005). Wenn man türkische Familien in Deutschland und ihre Erziehungswerte betrachtet, ist es sinnvoll, auch die im Herkunftsland vermittelten Wertvorstellungen zu betrachten, ein Aspekt, der insbesondere in den Untersuchungen von Toprak (2005) deutlich wird, aber auch in den vergleichenden Untersuchungen von Wertvorstellungen von Deutschen, Deutschtürken und Türken von Liljeberg (2009).

Bei den allgemeinen Wertvorstellungen gibt es zwischen Deutschen, Türken in Deutschland (TiD) und den Türken in der Türkei vor allem bei grundlegenden Werten wie Freundschaft, Freiheit, Liebe, familiärer Zusammenhalt, Pünktlichkeit, Entwicklung von Fantasie und Kreativität, aber auch bei Grundrechtswerten wie Respekt gegenüber dem menschlichen Leben, anderen Religionen und Kulturen, Frieden, Demokratie, Solidarität, Gerechtigkeit, Ordnung und Rechtsstaatlichkeit ca. 90 % Übereinstimmung, was dann letztendlich auch für erzieherisches Handeln eine entsprechende Grundlage gibt. Jedoch hat die Untersuchung von Liljeberg Research auch elementare Unterschiede herausgearbeitet, und zwar bei Werten, die sich in den Bereichen Religion und Tradition bewegen. Die folgenden Tabellen zeigen die in der Studie abgefragten Items auf.

Tab. 1: Allgemeine Wertvorstellungen Deutsche, Türken in Deutschland und Türken

Allgemeine Wertvorstellungen			
Wichtig ist...	Deutsche	TiD	Türken
Glaube an Gott	51 %	89 %	98 %
Macht und Einfluss zu haben	31 %	68 %	83 %
Tradition	65 %	83 %	90 %
Politisches Engagement	39 %	50 %	52 %

Ein weiterer wichtiger Punkt ist das Rollen- und Familienverständnis, dass auch für die Erziehung von Kindern und Jugendlichen eine Rolle spielt. Wie sich dieses Rollen- und Familienbild in den drei befragten Gruppen darstellt, zeigt die folgende Tabelle.

Tab. 2: Rollenverständnis und Familie in den Vorstellungen von Deutschen, Türken in Deutschland und Türken

Rollenverständnis und Familie			
Items	Deutsche	TiD	Türken
Kindererziehung ist Frauensache	9 %	32 %	52 %
Berufstätige Frauen vernachlässigen ihre Kinder	15 %	57 %	67 %
Der Mann soll die Familie nach außen repräsentieren	18 %	41 %	62 %

Ablehnung des Zusammenlebens von Frau und Mann vor der Ehe	8 %	47 %	67 %
Ablehnung von vorehelichem Sex	7 %	56 %	84 %
Jungfräulichkeit der Frau als Grundvoraussetzung der Eheschließung	6 %	48 %	72 %
Fragen der Familie als Hilfe bei wichtigen Entscheidungen	66 %	84 %	88 %
Mitspracherecht der Familie bei der Ehepartnerwahl	5 %	48 %	68 %

Aus diesen Zahlen wird deutlich, dass es gravierende Unterschiede zwischen Deutschen und Türken (sowohl den in Deutschland als auch den in der Türkei lebenden) im Rollenverständnis bzw. auch in Fragen der sexuellen Freiheit gibt. In all diesen Aussagen offenbart sich auch bei vielen Türken in Deutschland das Fortleben eines tradierten türkisch-islamischen Familien- und Rollenverständnisses, das sich zwar zum Teil gegenüber den in der Türkei lebenden Türken abgemildert hat, dennoch von aktuellen deutschen Vorstellungen weit entfernt ist. Auch die religiösen Ansichten und Überzeugungen zwischen Deutschen und Türken liegen dramatisch auseinander.

Tab. 3: Religiöse Wertvorstellungen von Deutschen, Türken und Türken in Deutschland

Es glauben an	Deutsche	TiD	Türken
...die Hölle	20 %	79 %	93 %
...die Wiedergeburt	29 %	59 %	78 %
...die Sünde	35 %	84 %	94 %
...den Himmel/das Paradies	36 %	82 %	96 %
...die göttliche Schöpfung	37 %	88%	98 %
...ein Leben nach dem Tod	40 %	73 %	87 %
...Gott	48 %	92 %	98 %
...die Vergebung	49 %	82 %	96 %
...die Evolutionslehre nach Darwin	61 %	27 %	22 %

Von Bedeutung ist in diesem Zusammenhang auch, dass ein Drittel der tür-kischstämmigen Frauen in Deutschland ständig ein Kopftuch trägt, in der Tür-kei sind dies 61 % der Frauen. Nach Aussagen der Befragten soll das Kopftuch insbesondere den eigenen muslimischen Glauben nach außen hin demonstrie-ren, die muslimische Glaubensgemeinschaft stärken und somit auch ein Zu-sammengehörigkeitsgefühl erzeugen.

Zu erwähnen ist in diesem Kontext noch die signifikant höhere Gewaltbereit-schaft in türkischen Familien, wie sie in einer Studie von 2001 beschrieben wurde (Mansel, 2006, S. 269ff; Wetzels, Enzmann, Mecklenburg & Pfeiffer, 2001).

Erzieherisches Handeln muss sowohl aus dem ethnischen Kontext als auch aus dem jeweiligen Milieu heraus interpretiert werden. Allein die Betrachtung der Milieus würde ebenso zu kurz greifen wie die Betrachtung der Ethnie als homo-gene Population. So werden in der Schule in Bezug auf Erziehungsvorstellungen und Erziehungsstile z.B. sowohl in den hedonistischen deutschen Milieus als auch in den hedonistischen Migrantenmilieus Probleme auftauchen, die ähnlich gelagert sind. Wenn man vor dem Hintergrund der hier geschilderten Aussagen über die türkische Migrantenpopulation den Fall betrachtet, dann kann man zuallererst konstatieren, dass das geschilderte Problem im hier vorliegenden Fall in jeder Ethnie vorkommen kann.

Deutlich wurde hier jedoch, dass man in eine Deutung von Erziehung und Er-ziehungsschwierigkeiten immer auch die ethnische Dimension mit einbeziehen muss. Während die SINUS-Studie vor einer Stigmatisierung der türkischen Mi-grantenpopulation warnt, ist das Ergebnis von Liljeberg research, dass es inner-halb der in Deutschland lebenden Gruppe der jungen Türken eine konservative Ausrichtung gibt, die jedoch, wie die Ergebnisse bei Toprak und anderen zeigen, schon länger beobachtet werden kann. Da die türkische Migrantenpopulation die größte Migrantengruppe in Deutschland darstellt, ist es wichtig, dass sowohl in der interkulturellen Elternarbeit, dem Umgang in der Schule mit türkischen Jugendlichen aber auch im außerschulischen Kontext von Erziehungsberatung und Erziehungshilfe neben den Erkenntnissen der Milieuforschung auch die Werthaltungen, die sich unmittelbar aus ethnischen und religiösen Kontexten ergeben, Berücksichtigung finden müssen. Trotz der zum Teil konservativen Ausrichtung türkischer Migranten in Deutschland ist im Hinblick auf den ein-gangs geschilderten Fall festzuhalten, dass auch in dieser Gruppe sowohl bei Männern als auch bei Frauen die Zahl der Alleinerziehenden zunimmt (vgl. die Darstellung einer Berliner Selbsthilfegruppe http://www.aufbruch-neukoelln. de; Vukovic, 2009). Somit ist die in dem Fall geschilderte Situation auch bei Männern und Frauen mit türkischem Migrationshintergrund denkbar.

Bezieht man die eben gemachten Ausführungen auf den Fall, heißt dies, dass sowohl innerhalb des schulischen Kontextes als auch im außerschulischen Handeln, in Form der Jugendamtsmitarbeiterin, bei der Deutung erzieherischer Prozesse der ethnische und der milieuspezifische Kontext zu berücksichtigen sind, gleich welche Migrantengruppe es betrifft. Nimmt man nun noch die Ergebnisse der SINUS-Untersuchungen hinzu, sowohl zu den deutschen Milieus als auch zu den Migrantenmilieus, bleibt festzuhalten, dass bei den Unterschichtmilieus, denen auch die alleinerziehende Mutter zuzuordnen ist, eine Tendenz zu gesellschaftlicher Desintegration anzutreffen ist, wobei wie erwähnt bei den Migrantenmilieus der spezifische Migrationshintergrund zusätzlich mit zu berücksichtigen ist. Hierbei ist unerheblich, ob sich die Unterschichtsmilieus in der Phase der Tradition oder der Modernisierung bewegen. Das bedeutet, dass es im Hinblick auf Erziehungsverhalten herausfordernde Ausprägungen gibt, die durch eine kontinuierliche Elternarbeit, entsprechende Förderprogramme (auch Sprachförderprogramme) und den Aufbau entsprechender außerschulischer Beratungsinstanzen anzugehen sind.[3]

7.4 Erziehung und Bildung – Ist die Migrantenfamilie bildungsverhindernd?

Die Mitarbeiterin des Jugendamts interveniert, weil sie den familiären Zusammenhalt im oben beschriebenen Fall als Hindernis für die Weiterentwicklung des Jungen interpretiert. Ein erfolgreicher Bildungsprozess des Jungen scheint sich ihr nur durch den Aufbau von Distanz zur Mutter einstellen zu können. So wird also versucht, institutionell mit allen Mitteln – bis hin zu gerichtlichen – eine zeitlich ausgedehntere Trennung zwischen Mutter und Sohn herzustellen, damit beide Raum bekommen, ihre eigene Persönlichkeit weiter zu entfalten.

Hamburger & Hummrich (2007) konstatieren in ihrer Darstellung, dass Familien mit Migrationserfahrung in pädagogischen Zusammenhängen allein dafür verantwortlich gemacht werden, wenn sich Bildungserfolg nicht einstellt.[4] Sie schreiben:

---

3 Hinzuweisen ist in diesem Kontext auf zwei interessante Internet-Foren, die sowohl einen Austausch ermöglichen als auch eine Informationsplattform sind. Die Seite Lehrer-info.net wendet sich überwiegend an Lehrkräfte türkischstämmiger Schülerinnen und Schüler und wird von der Robert-Bosch-Stiftung gefördert (http://www.lehrer-info.net). Auf der Seite Lehrerinnen gegen Gewalt hingegen geht es vor allem um Gewalt in Schulen gegen weibliche Lehrkräfte, wobei hier auch der interkulturelle Kontext Berücksichtigung findet (http://www.lehrerinnen-gegen-gewalt.de)

4 In der PISA-Studie wurde ein deutlicher Zusammenhang zwischen Bildungserfolg bei Kindern mit Migrationshintergrund und deren sozioökonomischem Status herausgearbeitet (vgl. Pommerin-Götze, 2005; Stanat, 2003).

„Es zeigt sich ein deutliches Missverhältnis hinsichtlich des pädagogisch-professionellen Umgangs mit Migration: Während Familien von Migranten als Unterstützung erlebt werden, läuft die institutionelle Deutung [...] auf die Sicht von Familie als Hindernis hinaus. Davon ist auch der sechste Familienbericht gekennzeichnet, der die fehlende kulturelle und soziale Passung der ausländischen Familie zur modernen Schule als wesentliches Hindernis für den Schulerfolg darstellt. Die in den Abwehrmechanismen des Schulsystems liegenden Faktoren werden systematisch vernachlässigt" (Hamburger & Hummerich, 2007, S. 122).

Die Autoren demaskieren hiermit die alleinige Schuldzuschreibung als institutionellen, systemimmanenten Abwehrmechanismus gegenüber dem Thema Migrationserfahrung. Der Institution Familie werde standardmäßig die Übernahme von Erziehung zuerkannt; Familien mit Migrationserfahrung werden dagegen nicht selten als problembelastet angesehen, mit der Folge einer Gefährdung des Schutzes der Familie.

Die Familie spiele jedoch für die Verarbeitung des Migrationsprozesses eine zentrale Rolle– für alle Familienmitglieder. Migrationsprozesse bewegen sich im Spannungsfeld von Individuation, Gemeinschaft und Gesellschaft. Eine gesellschaftliche Integration kann nur über den Weg einer personalen Integration von Migrationserfahrungen ablaufen. Oft werde diese Integration als „Verarbeitung von Widersprüchen" (ebd., S. 127) erlebt (vgl. auch die Beschreibung der postmodernen Milieus nach der SINUS-Studie für die deutschen Milieus). Um Widersprüche adäquat verarbeiten zu können, sei die Autonomie der Familie jedoch zentral.

Die Mehrheitsgesellschaft befürchtet bei den Familien mit Migrationserfahrungen oftmals ethnisch abgegrenzte „Parallelwelten", geschlossene Systeme, die es aufzubrechen gilt – im Extremfall auch mit institutioneller Gewalt.

Die ausländische bzw. Migrantenfamilie wird nicht als Inbegriff der gemeinschaftlichen Einbindung für die Menschwerdung in modernen Gesellschaften, sondern als Symbol einer fremden Welt wahrgenommen (ebd., S. 113).

Selbst in scheinbar offenen Ansätzen wird interkulturelle Elternarbeit als Erziehungsarbeit an den Eltern umgesetzt; ihnen werden etwa Wege aufgezeigt, wie sie den Kontakt zur Schule „besser" gestalten können – impliziert ist darin, dass sie im Kontakt zu Bildungseinrichtungen etwas – oder alles – falsch machen (vgl. ebd., S. 127).

Um diesem Dilemma mit oftmals dramatischen Folgen zu entgehen, gilt es, sich gegen klischeehafte ethnische Zuschreibungen zu stellen und diese bewusst zu machen.

Im obigen Fall könnten psychologische Hilfestellungen und Reflexionsmöglichkeiten im Sinne einer biographischen Arbeit für die Mutter dienlich sein, um sie bei der Verarbeitung des eigenen Migrationsprozesses zu unterstützen. Die Mutter könnte damit ihre Migration, die sie unter Umständen als Bruch erlebt hat, in ihre individuelle Lebensgeschichte Stück für Stück integrieren; ihr Individuationsprozess könnte voranschreiten – mit dem Ergebnis, dass sie Ängste und Befürchtungen abbaut. Sie würde mit der Zeit die Mehrheitsgesellschaft als Bereicherung erleben können. Dies hätte sicherlich positive Auswirkungen auf die Erziehung ihres Sohnes; sie bräuchte die Erweiterung der sozialen Kontakte des Sohnes nicht mehr als Gefahr für den Familienzusammenhalt anzusehen.

Aus der Sicht des Jungen würde über diesen Weg die Beziehung zur Mutter im positiven Sinne unterstützt werden; eine gelingende zweisprachige und bikulturelle Erziehung könnte sich einstellen.

Die Eigenentwicklung des Jungen könnte ebenso zu einem Aufbrechen der zu engen Beziehung zur Mutter führen. Dies würde bedeuten, dass die eigentliche erzieherische Aufgabe der Öffentlichkeit darin liegen könnte, Kinder mit Migrationserfahrung darin zu bestärken, ihren eigenen Individuationsprozess zu gehen. In diesem wesentlichen Punkt unterscheidet sich Erziehung und Bildung in interkulturellen Kontexten nicht von Erziehung und Bildung in anderen Kontexten.

Daneben ist es aber auch wichtig, gerade über Sprachförderprogramme Integrationsarbeit und damit verbunden Hilfestellung für Erziehungsschwierigkeiten und problematische Familienkonstellationen zu leisten. In besonderen Typen von Deutschkursen für Erwachsene, wie die „Mama lernt Deutsch"-Kurse, lernen Mütter, deren Kinder die Schule oder den Kindergarten besuchen, Deutsch in den Schul- bzw. Kindergartenräumen – auch mit dem Ziel, Berührungsängste abzubauen. Während der Kurszeiten wird parallel eine Kinderbetreuung für jüngere Geschwister angeboten.

Zusammenfassend lässt sich festhalten: Aufgrund der unterschiedlichen Migrationserfahrungen und Migrationsgründe können wir nicht von dem einen Typus der Migrantenfamilie sprechen. Die SINUS-Studie macht deutlich, dass weder ethnische Herkunft noch soziale Lage, sondern vielmehr Wertvorstellungen die Lebenswelten bestimmen. Dennoch können gerade die spezifischen Werthaltungen, die die SINUS-Studie beschreibt, auch durch die ethnische Herkunft und religiöse Zugehörigkeit mit beeinflusst werden.

Ebenso wenig kann davon ausgegangen werden, dass Familien mit Migrationserfahrung per se bildungsverhindernd seien. Hier gilt es, die je eigenen Besonderheiten der Migrations- und Familiengeschichte in einem behutsamen und achtsamen Dialog herauszuarbeiten und, wenn nötig, je geeignete Wege zu beschreiten, um konflikthafte Situationen unter Berücksichtigung des Migrationsprozesses für jeden Beteiligten zufriedenstellend lösen zu können.

Festzuhalten bleibt außerdem, dass einerseits seit der Veröffentlichung der PISA-Studie bildungspolitische Fördermaßnahmen für Schüler mit Migrationshintergrund stark angestiegen sind und diese nicht nur sprachfördernd, sondern auch integrationsfördernd und familienfördernd ausgerichtet sind. Diese positive Entwicklung zeigt, dass die stattfindende Zuwanderung nach Deutschland politisch ernst genommen wird. Andererseits bleibt anzumerken, dass die jeweilige Qualität und Effizienz der Maßnahmen jedoch unterschiedlich gut und in der Praxis noch zu sehr von der Kooperationsbereitschaft und dem Engagement einzelner Personen abhängig ist. Weiterhin problematisch ist die Tatsache, dass die Familiensprachen der Kinder vor allem im Primar-, aber auch im Sekundarbereich so gut wie keine bildungspolitische Relevanz haben. In diesem Punkt steckt die Entwicklung in Deutschland noch in den Kinderschuhen (Gegenbeispiele finden sich in Luxemburg oder auch den skandinavischen Ländern). Ein Paradigmenwechsel bezüglich Mehrsprachigkeit und einer mehrsprachigen Erziehung von Anfang an wäre dringend notwendig (vgl. Gogolin, 1994; Kiel, 2005).

7.5 Aufgaben

7.5.1 Entwicklung eines Szenarios

Aufgabenbeschreibung:
Der Kern des Textes ist der Umgang mit konfligierenden Wertvorstellungen, die sowohl kulturspezifisch als auch milieuspezifisch bedingt sind. Entwerfen Sie vor diesem Hintergrund ein Szenario, wie die Schule im Hinblick auf ihren Erziehungsauftrag damit umgehen kann. In Ihrer Beschreibung des Szenarios sollen auch die drei Handlungsebenen nach Olweus (Schulebene, Klassenebene und individuelle Ebene) mit berücksichtigt werden (vgl. zu Olweus Weiß i.d.B., Kap. 2.2.3, S. 22-25).

Aufgabenerläuterung:
Im Text haben Sie, angefangen vom Eingangsfall bis hin zu den Untersuchungen der Migrantenmilieus bzw. des Vergleichs zwischen Deutschen, Deutschtürken und Türken, die Unterschiedlichkeit der Werthaltungen kennengelernt. Schauen Sie sich bei der Bearbeitung der Aufgabe nochmals diese unterschiedlichen Wertvorstellungen an, die bei der Erarbeitung des Entwurfs hilfreich sein können.

Aufgabenbegründung:
Durch die Reflexion der unterschiedlichen Wertvorstellungen und die Herstellung des Bezugs auf die drei Handlungsebenen nach Olweus können Sie diese konfligierenden Wertvorstellungen im schulischen Kontext verorten und somit weiter vertiefen.

7.5.2 Vertiefungsaufgabe

Aufgabenbeschreibung:
Reflektieren Sie eigene Erfahrungen hinsichtlich der Begegnung mit anderen Kulturen. Achten Sie dabei auf die beiden Punkte „Erziehungsvorstellungen" und „Interaktionsverhalten zwischen den Kulturen".

Aufgabenerläuterung:
Einen wichtigen Ansatz zur Akkulturation, also zur Anpassung an fremde Milieus liefert das Modell von Berry (1997, S. 5ff), dass Ihnen als Strukturierungs- und Orientierungshilfe nützlich sein kann.

	Aufrechterhaltung der kulturellen Herkunftsidentität? ⇨ Ja!	Aufrechterhaltung der kulturellen Herkunftsidentität? ⇨ Nein!
Beziehung zur Gastkultur? ⇨ Ja!	Integration	Assimilation
Beziehung zur Gastkultur? ⇨ Nein!	Separation	Marginalisierung

Berry geht von den beiden Dimensionen „Beziehung zur Gastkultur" und der „Aufrechterhaltung der kulturellen Herkunftsidentität" aus, die er in Beziehung zu einander setzt. Dabei kommt es je nachdem, ob eine Beziehung zur Gastkultur aufgebaut wird oder nicht und ob man die eigene kulturelle Identität aufgeben oder behalten will, zu unterschiedlichen Akkulturationsprozessen bzw. Akkulturationsalternativen. Eine Integration findet statt, wenn sowohl die eigene Identität aus dem Herkunftsland beibehalten als auch die neue Identität im fremden Land angenommen wird. Eine Separation kann in Folge der Ablehnung der Gastkultur und einer Aufrechterhaltung der eigenen kulturellen Werte erfolgen, wobei dies auch zu Parallelgesellschaften führen kann. Durch die Bejahung der Gastkultur und der Aufgabe der eigenen Kultur kann man eine Assimilation ausmachen, während eine Negation beider Dimension zu einer Marginalisierung führt, d.h. es findet weder eine Akkulturation statt noch eine Bewahrung der eigenen kulturellen Identität, was zu einem Leben zwischen den Welten führt.

Aufgabenbegründung:
Diese Aufgabe ermöglicht Ihnen eine vertiefte Auseinandersetzung mit eigenen Erfahrungen im interkulturellen Kontext und führt durch die Reflexion Ihrer Erfahrungen zum Überdenken bzw. zum Weiterdenken der eigenen Positionen und Werthaltungen.

7.6 Literatur

Auernheimer, G. (^{5}2007). *Einführung in die interkulturelle Pädagogik.* Darmstadt: Wissenschaftliche Buchgesellschaft.

Autorengruppe Bildungsberichterstattung (2008). *Bildung in Deutschland 2008. Ein indikatorengestützter Bericht mit einer Analyse zu Übergängen im Anschluss an den Sekundarbereich I.* Bielefeld: Bertelsmann. Verfügbar unter: http://www.bildungsbericht.de (27.04.2010).

Bauer, D.-J. (2007). *Aussiedlerfamilien zwischen Tradition und Moderne. Eine empirische Untersuchung aus der Sicht russlanddeutscher Frauen.* Saarbrücken: VDM Verl. Dr. Müller.

Baumert, J., Klieme, E., Neubrand, M., Prenzel, M., Schiefele, U., Schneider, W., Stanat, P., Tillmann, K.-J. & Weiß, M. (= Deutsches PISA-Konsortium) (Hrsg.) (2001). *PISA 2000. Basiskompetenzen von Schülerinnen und Schülern im internationalen Vergleich.* Opladen: Leske & Budrich.

Berry, J. W. (1997). Immigration, Acculturation and Adaptation. *Applied Psychology: An International Review, 46* (1), 5-68.

Deutsch-Türkische Wertewelten. Ergebnisse einer telefonischen Repräsentativbefragung Juli / August 2009. Info GmbH/Liljeberg Research International Berlin 2009.

Diefenbach, H. (2008). *Kinder und Jugendliche aus Migrantenfamilien im deutschen Bildungssystem. Erklärungen und empirische Befunde.* Wiesbaden: VS-Verlag.

Die Milieus der Menschen mit türkischem Migrationshintergrund. (http://www.sociovision.de/uploads/tx_mpdownloadcenter/Aktuell_30012009_Deutschtuerken_Hauptdokument_01.pdf, 20.06.2010, zit. als SINUS 2008b)

Foroutan, N. & Schäfer, I. (2009). Hybride Identitäten muslimischer Migranten. *Aus Politik und Zeitgeschichte. Lebenswelten von Migrantinnen und Migranten, 5,* 11-28.

Friedenthal-Haase, M. (1991). Erwachsenenbildung in politischen Grenzsituationen (Krieg, Exil, Umbruch) – historische und systematische Aspekte. In M. Friedenthal-Haase et al. (Hrsg.), *Erwachsenenbildung im Kontext: Beiträge zur grenzüberschreitenden Konstituierung einer Disziplin* (S. 285-301). Bad Heilbrunn: Klinkhardt.

Gogolin, I. (1994). *Der monolinguale Habitus der multilingualen Schule.* Münster: Waxmann.

Guadatiello, A. (2005). Erwerben oder erlernen Kinder nichtdeutscher Erstsprache das Deutsche? Der Versuch, eine Kontroverse zu überwinden. In K. Jampert, P. Best, A. Guadatiello, D. Holler & A. Zehnbauer (Hrsg.), *Schlüsselkompetenz Sprache. Sprachliche Bildung und Förderung im Kindergarten. Konzepte – Projekte – Maßnahmen* (S. 38-40). Berlin: Verlag Das Netz.

Hamburger, F. & Hummrich, M. (2007). Familie und Migration. In J. Ecarius (Hrsg.), *Handbuch Familie* (S. 112-134). Wiesbaden: VS-Verlag für Sozialwissenschaften.

Henry-Huthmacher, C. (2008). Eltern unter Druck. Zusammenfassung der wichtigsten Ergebnisse der Studie. In T. Merkle & C. Wippermann, C. (2008). *Eltern unter Druck. Selbstverständnisse, Befindlichkeiten und Bedürfnisse von Eltern in verschiedenen Lebenswelten.* Stuttgart: Lucius & Lucius.

Holtbrügge, H. (1975). *Türkische Familien in der Bundesrepublik. Erziehungsvorstellungen und familiale Rollen- und Autoritätsstruktur.* Duisburg: Verlag der Sozialwissenschaftlichen Kooperative.

Kiel, E. (1997). Die Entwicklung interkultureller Kommunikationskompetenz aus der Sicht der interkulturellen Didaktik. In W. Börner & K. Vogel (Hrsg.), *Kulturkontraste im universitären Fremdsprachenunterricht* (S. 3-20). Bochum: AKS-Verlag.

Kiel, E. (2005). Mehrsprachigkeit und Identität als politisch-pädagogisches Problem. In M. Grohnfeldt, V. Triarchi-Herrmann & L. Wagner (Hrsg.), *Mehrsprachigkeit als sprachheilpädagogische Aufgabenstellung* (S. 107-125). Würzburg: edition von freisleben.

Liebenwein, S. (2008). *Erziehung und Soziale Milieus. Elterliche Erziehungsstile in milieuspezifischer Differenzierung.* Wiesbaden: VS-Verlag.

Mansel, J. (2006). Über die Auswirkungen der hohen Gewaltbelastung junger Migranten. In W. Heitmeyer & M. Schröttle (Hrsg.), *Gewalt. Beschreibungen, Analysen, Prävention.* Schriftenreihe der Bundeszentrale für politische Studien, Bd. 563. Bonn: Bundeszentrale für politische Studien.

Merkle, T. & Wippermann, C. (2008). *Eltern unter Druck. Selbstverständnisse, Befindlichkeiten und Bedürfnisse von Eltern in verschiedenen Lebenswelten.* Stuttgart: Lucius & Lucius.

Miedaner, L. (2004). Intensivierung der Zusammenarbeit zwischen Schule und Elternhäusern mit Migrationshintergrund. *Theorie und Praxis der sozialen Arbeit, 3,* 39-46.

Muth, C. (1998). *Erwachsenenbildung als transkulturelle Dialogik.* Schwalbach/Ts.: Wochenschau-Verlag.

Neumann, U. (1980). *Erziehung ausländischer Kinder: Erziehungsziele u. Bildungsvorstellungen in türkischen Arbeiterfamilien.* Düsseldorf: Pädagogischer Verlag Schwann.

Özkara, S. (1988). *Zwischen Lernen und Anständigkeit.* Bonn: Psychiatrie-Verlag.

Pommerin-Götze, G. (2005). *Zur Bildungssituation Jugendlicher mit Migrationshintergrund.* Wiesbaden: VS-Verlag.

Reinders, H. (2009). Integrationsbereitschaft jugendlicher Migranten. *Aus Politik und Zeitgeschichte, 5,* 19-23.

Schäfer, A. (2008). Religiöse Aussiedlerjugend als Bildungsmoratorium? Bildungspartizipation und Zukunftsperspektiven von Jugendlichen aus evangelikalen Aussiedlergemeinden. In C. Hunner-Kreisel, A. Schäfer & M.D. Witte (Hrsg.), *Jugend, Bildung und Globalisierung* (S. 59-76). Weinheim u.a.: Juventa.

Sekler, K. (2008). *Integration junger Aussiedler und Spätaussiedler in Deutschland. Studie zur derzeitigen Situation.* Hannover, Univ., Diss., (URL des Volltextes: http://nbn-resolving.de/urn:nbn:de:gbv:089-5710864462 2008).

Sekretariat der Ständigen Konferenz der Kultusminister der Länder in der Bundesrepublik Deutschland (2006). *Bericht „Zuwanderung".* Beschluss der Kultusministerkonferenz vom 24.05.2002 i. d. F. vom 16.11.2006. Verfügbar unter http://www.kmk.org/bildung-schule/allgemeine-bildung/migrationintegration.html (27.04.2010).

Statistisches Bundesamt (2010a). *Bevölkerung und Erwerbstätigkeit. Bevölkerung mit Migrationshintergrund. Ergebnisse des Mikrozensus 2008.* Fachserie 1. Reihe 2.2 Verfügbar unter: https://www-ec.destatis.de/csp/shop/sfg/bpm.html.cms.cBroker.cls?cmspath=struktur,vollanzeige.csp&ID=1025211 (28.06.2010).

Statistisches Bundesamt (2010b). *Wanderungsstatistik.* Verfügbar unter: http://www.destatis.de/jetspeed/portal/cms/Sites/destatis/Internet/DE/Navigation/Statistiken/Bevoelkerung/Wanderungen/Wanderungen,templateId=renderPrint.psml__nnn=true (26.04.2010).

Statistische Ämter des Bundes und der Länder (2007). *Demografischer Wandel in Deutschland. Heft 1: Bevölkerungs- und Haushaltsentwicklung im Bund und in den Ländern.* Verfügbar unter: http://www.destatis.de/jetspeed/portal/cms/Sites/destatis/Internet/DE/Navigation/Statistiken/Bevoelkerung/MigrationIntegration/MigrationIntegration.psml (26.04.2010).

Stanat, P. (2003). Schulleistungen von Jugendlichen mit Migrationshintergrund: Differenzierung deskriptiver Befunde aus PISA und PISA-E. In Deutsches PISA-Konsortium (Hrsg.), *PISA 2000 – Ein differenzierter Blick auf die Länder der Bundesrepublik Deutschland.* Opladen: Leske & Budrich.

Toprak, A. (2005). *„Jugend und Gewalt". Die Anwendung der konfrontativen Pädagogik in der Beratungssituation mit türkischen Jugendlichen.* Herbolzheim: Centaurus Verlags-GmbH.

Ulich, M. & Mayr, T. (2003). *sismik. Sprachverhalten und Interesse an Sprache bei Migrantenkindern in Kindertageseinrichtungen.* Freiburg im Breisgau: Herder.

Ulrich, H. (2001). *Geschichte der Ausländerpolitik in Deutschland. Saisonarbeiter, Zwangsarbeiter, Gastarbeiter, Flüchtlinge.* München: Beck.

Wetzels, P., Enzmann, D., Mecklenburg, E. & Pfeiffer, C. (2001). *Jugend und Gewalt. Eine repräsentative Dunkelfeldanalyse in München und acht anderen deutschen Städten.* Interdisziplinäre Beiträge zur kriminologischen Forschung Bd. 17. Baden-Baden: Nomos.

Wippermann, C. & Flaig, B. B. (2009). Lebenswelten von Migrantinnen und Migranten. *Aus Politik und Zeitgeschichte, 5,* 3-11.

Zentrale Ergebnisse der Sinus-Studie über Migranten-Milieus in Deutschland vom 9.12.2008. Verfügbar unter: http://www.sociovision.de/uploads/tx_mpdownloadcenter/MigrantenMilieus_Zentrale_Ergebnisse_09122008.pdf (20.06.2010)

8 Selbsterziehung des Erziehers
Ewald Kiel & Agnes Braune

> *„Ich kann die Welt nicht verändern,*
> *aber einen einzelnen Menschen, mich selber."*
> (Karlheinz Böhm, dt. Schauspieler, *1928).

Ein Fall aus dem Referendariat
Der Übergang vom Studium in das Referendariat war sehr schwierig für mich. Das Studium ist mir sehr leicht gefallen, meine Scheine konnte ich ohne große Anstrengung machen, und ich habe mich viel amüsiert.
Im Referendariat war alles ganz anders. Pünktlich in der Schule sein war schon schwierig, jeder Fachleiter machte Vorschriften „keine W-Fragen (wer, warum wozu...)im Unterricht stellen, keine kurzen Hosen in der Schule anziehen, sich nicht mit gespreizten Beinen aufs Pult setzen, wenn ich einen Rock anhabe, nicht an die Tafel schauen, wenn ich mit den Schülern spreche ...". Schlimm war auch, dass nicht jeder dasselbe sagte. Zwei meiner Ausbilder waren der Meinung, dass W-Fragen das eigene Denken behindern, ich dürfe stattdessen nur Impulse geben. Einer fand die sogenannten W-Fragen aber vollkommen in Ordnung. Ich versuchte es allen Recht zu machen, aber es gelang mir nicht. Meine Noten waren nur durchschnittlich. Dies genügte meinen Ansprüchen nicht.
Nach einem halben Jahr wollte ich das Referendariat „schmeißen". Dann erlebte ich eine große Wende. Beate, meine Freundin, riet mir, wenn ich es den anderen nicht Recht machen kann, es doch so zu tun wie ich es für richtig halte. Dann gäbe es nur eine Person, der ich es Recht machen müsste. Ich versuchte es und meinem Gefühl nach lief der Unterricht viel besser. Ich war auf einmal zufrieden nach dem Unterricht und fragte mich nicht andauernd, ob ich den Wünschen und Vorstellungen der anderen genügt habe. Mehr und mehr fragte ich mich, ob die denn wirklich alle Recht haben, ob das richtig ist, was von mir verlangt wird.
Ich erinnere mich an eine Deutschstunde zur „Verlorenen Ehre der Katharina Blum", die meines Erachtens sehr gelungen war. Mein Fachleiter hatte die Stunde beobachtet und Protokoll geführt. Das Protokoll bestand meiner Meinung nach nur aus unwichtigem Kleinkram. Das Übliche – nicht lange genug die Schüler angeschaut, die Schrift an der Tafel leicht nach rechts geneigt, einmal das Knie aufs Pult gelegt, zwei Schüler nicht mit Namen angeredet ... – dabei war die Stunde wirklich gut!
Ich hörte mir das alles an und fragte dann meinen Fachleiter, ob ich ihn in zwei Wochen einmal in seinem Unterricht beobachten könne, er mache doch dann gerade eine Lyrikeinheit, die mich interessiere. Dann kam die Stunde. Ich habe sie genauso protokolliert, wie er meine Stunden protokolliert hat, also „die Schüler nicht lange genug angeschaut, kein Datum an der Tafel, dreimal in der Stunde das Gesicht zur

Tafel gewendet, als er mit den Schülern gesprochen hat, zweimal eine Meldung in der Gruppenarbeit übersehen".

Im anschließenden Gespräch bat ich meinen Fachleiter, meine Beobachtungen vorlesen zu dürfen. Er hörte sich das nur 90 Sekunden an und reagierte meiner Meinung nach mit Größe. Er sagte:" O.k., ich habe verstanden, was Sie mir sagen wollen. Ich verspreche, wir werden uns jetzt auf Dinge konzentrieren, die Sie für wesentlicher halten, aber vergessen Sie auch die Kleinigkeiten nicht." Ich befand dies als große Bestärkung meines veränderten Verhaltens.

Wir hatten das gesamte Referendariat über ein gutes Verhältnis. Als ich die Note Zwei in der Abschlussprüfung bekam, eine Note, die mir nicht gefiel, konnte er das gut begründen und ich seine Begründung gut annehmen.

8.1 Selbsterziehung im Spannungsfeld soziologischer, psychologischer und geisteswissenschaftlich-pädagogischer Theorien

Bevor der vorliegende Fall einer angehenden Lehrerin als ein Fall von Selbsterziehung vor dem Hintergrund vor allem der geisteswissenschaftlichen Pädagogik charakterisiert wird, erfolgt zunächst eine Interpretation des Falls auf der Basis der Sozialisationstheorie in Anlehnung an Turner (1966) und der Theorie der moralischen Entwicklung in Anlehnung an Kohlberg (1996; 2001). Beide Theorien helfen in der folgenden Argumentation, das Phänomen der Selbsterziehung zu charakterisieren.

Sozialisationstheoretisch handelt es sich bei dem vorliegenden Fall um ein Problem von *role-taking* und *role-making*.

Role-taking bezeichnet die Anforderung an die Referendarin vorgegebene Rollenerwartungen zu kennen und sich gemäß diesen zu verhalten. Die Ausbilder äußern Erwartungen, die angehende Lehrerin solle sich auf eine bestimmte Art kleiden, bestimmte Methoden (z.B. sogenannte W-Fragen, wie etwa „wer, warum, wozu, weshalb, wo") anwenden oder nicht anwenden etc. Das Problem des reinen role-takings geht der Referendarin erstmalig an der Widersprüchlichkeit der Rollenerwartungen auf. Sie kann nicht allen gerecht werden. Wessen Erwartung ist dann die relevante oder mächtigere? Die Referendarin weiß nicht, welches das richtige Verhalten ist. Normalerweise führt ein Handeln gemäß geäußerten oder kodifizierten Rollenerwartungen zu einer stabilen Identität. Alltagssprachlich ausgedrückt: Wenn man sich so verhält, wie die Umwelt es von einem erwartet, dann hat man keine Widerstände oder Probleme im Kontakt mit den anderen Personen, man fühlt sich sicher. Im vorliegenden Fall ist dies aufgrund der Widersprüchlichkeit nicht möglich, da Stabilität auf der einen Seite zur Instabilität auf der anderen Seite führt.

Dies wird von der angehenden Lehrerin als unangenehm empfunden, und sie ent-
schließt sich im Sinne der Sozialisationstheorie zum role-making, das heißt, sie will
Stabilität in ihrer Identität nicht dadurch erreichen, dass sie Rollenerwartungen
genügt, sondern sie setzt ihre Maßstäben selbst und versucht diese zu erfüllen. Anlass
dafür ist ein Ratschlag, den ihr eine Freundin gibt. Offensichtlich ist die Referenda-
rin sozial eingebunden und kennt Personen, die sie im Rahmen ihrer Identitätsent-
wicklung unterstützen können. Das role-making führt ihrer Aussage nach zu einer
größeren Zufriedenheit.

Aus dieser hier geschilderten sozialisationstheoretischen Perspektive ist es eine
zentrale Aufgabe von Menschen, eine Balance zu finden zwischen den Rollenerwartungen, die an sie gerichtet werden (role-taking) und den selbst gewählten
Gestaltungsmöglichkeiten einer Rolle (role-making).

Die Suche nach dieser Balance führt im vorgegebenen Fall zu einem Konflikt. Der
Fachleiter kritisiert die Rollengestaltung, ein Risiko, welches beim role-taking immer
auftreten kann. Mit einer intelligenten ironisierenden Umkehrung der Situation
gelingt es der Referendarin, den Fachleiter zur Annahme ihres Rollenverständnisses
zu bringen. Die angehende Lehrerin hat es in diesem Fall erfolgreich geschafft, sich
weiter zu entwickeln von einer heteronom Handelnden zu einer autonom Handeln-
den. Die am Anfang als beschwerlich empfundene Situation, unterschiedlichen Rol-
lenerwartungen ausgesetzt zu sein, die sich explizit widersprechen, wurde zu einer
Chance der Weiterentwicklung, das Hindernis wurde überwunden.

Die hier skizzierte Entwicklung von der Heteronomie zur Autonomie aus der
Sicht einer soziologischen Theorie ist zentraler Gegenstand auch einer Reihe
psychologischer Theorien, etwa der Theorie der Moralentwicklung von Lawrence Kohlberg (*1927 †1987), die hier als Beispiel herangezogen wird. Kohlberg (1996; 2001) hat folgendes Stufenmodell der moralischen Urteilsfähigkeit
entwickelt:

Präkonventionelles (prämoralisches) Niveau
Orientierung des Handelns an den Folgen für die eigene Person

Orientierung an äußerer Macht
- Gegenüber äußeren Vorschriften ist man gehorsam, es wird aus Furcht vor
  Strafe, nicht aus Einsicht gehandelt.
- Interessen anderer werden nicht berücksichtigt bzw. es wird nicht erkannt,
  dass sie von den eigenen verschieden sind.
- Verhaltensweisen werden nach ihrem äußeren Erscheinungsbild beurteilt,
  nicht nach ihren zugrunde liegenden Intentionen

Orientierung an den eigenen Bedürfnissen
- Erste Ansätze von Gegenseitigkeit aufgrund eines Nützlichkeitsdenkens („Eine Hand wäscht die andere.") sind möglich.

Konventionelles Niveau
Orientierung des Handelns an bestehenden Normen

Orientierung an Konformität mit der eigenen sozialen Bezugsgruppe
- Meinungen der anderen, vor allem nahe stehender Menschen, werden übernommen, stereotype Rollenerwartungen („guter Junge") werden erfüllt.
- Ist es unmöglich, die Interessen aller gleichermaßen zu berücksichtigen, kann der Konflikt noch nicht gelöst werden.

Orientierung an einem vorgegebenen gesellschaftlichen Ordnungs- und Rechtssystem (Law and Order-Haltung)
- Gehandelt wird aus Pflichterfüllung gegenüber Gesetz und legaler Autorität.
- Auf die Bedürfnisse anderer wird Rücksicht genommen, im Konfliktfall werden die individuellen Interessen den gesellschaftlichen untergeordnet.

Postkonventionelles (autonomes) Niveau
Orientierung des Handelns an unveräußerlichen Werten wie den Menschenrechten

Orientierung am vereinbarten und veränderbaren „Gesellschaftsvertrag"
- Die Relativität konkret bestehender Ordnungen und ihrer Normen wird anerkannt, Menschenrechte sind jedoch nicht verhandelbar.
- Ein gerechter Ausgleich zwischen den Interessen Einzelner und der Gemeinschaft wird angezielt, zum möglichst großen Vorteil aller (Utilitarismus).
- Demokratie wird als Modell größtmöglicher Verfahrensgerechtigkeit angesehen.

Orientierung an den im Gewissen aufgefundenen allgemein gültigen Prinzipien
- Das eigene Verhalten wird ausgerichtet an formalen ethischen Prinzipien, etwa Kants kategorischem Imperativ: „Handle so, daß du die Menschheit sowohl in deiner Person als in der Person eines jeden anderen jederzeit zugleich als Zweck, niemals bloß als Mittel brauchest" (Kant, 1996, S. 61).

Am Beginn dieses Stufenmodells steht die „Orientierung an äußerer Macht", am Ende die „Orientierung an den im Gewissen aufgefundenen allgemein gültigen Prinzipien".
Genau diese Polarität spiegelt der dargestellte Fall wider.
In der Terminologie des Psychologen Jean Piagets (*1896 †1980), auf den Kohlberg rekurriert, kommt eine Entwicklung zustande, weil ein Desäquilibrium vorliegt, d.h. innerhalb des Versuchs, sich an äußerer Macht zu orientieren, kommt es zu einem Ungleichgewicht, Stabilität ist nicht möglich. Aufgrund dieses Ungleichgewichts erfolgt eine Entwicklung, der Schritt auf eine höhere Stufe.
Die Referendarin entschließt sich, ihre Rolle selbst auszugestalten, und gewinnt dadurch nicht nur innere, sondern auch äußere Autonomie. (Der Ausbilder lenkt ein.) Ein neues Stabilitätsniveau ist erreicht, was zu größerer Zufriedenheit führt.

Kann die hier skizzierte Entwicklung auch als Erziehungs- bzw. Selbsterziehungsproblem verstanden werden?
Aufforderungen sich auf eine bestimmte Art und Weise zu verhalten, etwa keinen kurzen Rock anzuziehen, sich nicht mit gespreizten Beinen auf das Pult zu setzen … sind im Sinne der im Einleitungskapitel genannten Erziehungsdefinition von Brezinka zweifellos soziale Handlungen, mit denen auf die Disposition eines zu Erziehenden eingewirkt werden soll. In der Rolle des Zöglings fühlt die angehende Lehrerin sich zu Recht nicht wohl. Ihr Schritt vom role-taking zum role-making kann als Übergang von der Fremderziehung zur Selbsterziehung gesehen werden.

Wie sieht es nun mit dem Begriff der Selbsterziehung aus? Handelt es sich um einen Gegenbegriff zur Fremderziehung? Können Menschen sich selbst erziehen? Eine Reihe geisteswissenschaftlicher Pädagogen würde diese Fragen eindeutig bejahen. Herman Nohl (*1879 †1960) sieht Selbsterziehung als wesentlichen Aspekt der Daseins- und Lebensgestaltung. Wichtig ist dabei für ihn der Begriff der „Spannung". „Das Leben steht überall in Spannung und man lebt nur, solange die Spannung besteht" (Nohl, 1967, S. 80). Selbsterziehung steht in Spannung zur kulturellen Fremderziehung. Erst wenn Fremderziehung erfahren wurde, kann es zur Selbstbestimmung kommen. Der Mensch lernt etwas geistig zu erfassen, und im Prozess der Selbsterziehung will er seinem eigenen Verstand, seiner selbsterkannten Einsicht und nicht einem anderen folgen, was in ihm Sinnerfahrung und Lernwillen erzeugt. Der Mensch fühlt sich für sich selbst verantwortlich und verpflichtet, er erreicht Selbstachtung und Selbstvertrauen. Dies befähigt den Menschen, sein Leben bewusst und konzentriert zu verfolgen und entsprechend zu handeln (Schulz, 2003).
In diesem Sinne induziert die Fremderziehung durch den Fachleiter eine Spannung, durch die die Referendarin zur Selbstbestimmung kommt.

Das von Nohl gezeichnete spannungsreiche Bild von Fremderziehung als Voraussetzung für Selbsterziehung und Selbstbestimmung findet sich in Variationen und unterschiedlichen Begründungen bei einigen prominenten Kollegen der geisteswissenschaftlichen Pädagogik wie etwa Wilhelm Flitner (*1889 † 1990) und ebenso bei Eduard Spranger (* 1882 †1963). Selbsterziehung im Sinne Sprangers kann als reflexiv-geistige Denkarbeit verstanden werden. Bei ihm heißt es: „Der werdende und sich entwickelnde Mensch wird nicht durch Druck und Stoß bewegt, sondern auf Grund eigenen Stellungnehmens. Die Kräfte des Sinnvernehmens und sinnbestimmten Wollens wachzurufen ist also die Zentralaufgabe der Erziehung" (Spranger, 1962 zit. nach Schulz, 2003, S. 315). Im Sinne von Nohl könnte man hier einwenden, dass Druck und Stoß im Fallbeispiel den Anstoß für das eigene Stellungnehmen geben. Erziehung ist aber auch für Spranger immer auch ein gesteuerter Vorgang, d.h. ein Tun mit bewusster Intention, „Ich werde dir, dem Menschen der Zukunft, einen Willen machen. Ich werde dich pädagogisch behandeln, daß du in bestimmter Weise sollen mußt, daß dein Wollen schließlich im Meer des Notwendigen versinkt" (Spranger, 1964, S. 6). Selbsterziehung ist für Spranger in diesem Kontext die Selbstarbeit, das Selbstnachdenken und die Selbstreflexion. Im Gegensatz zum Tier ist der Mensch aufgefordert, über sich selbst nachzudenken, und er soll sich auch zu diesem Denken erziehen. Fremderziehung kann hier nur als Unterstützung angesehen werden, d.h. der Mensch wird zum Gewissen erzogen, um anschließend durch die Selbsterziehung das Gewissen weiter zu erziehen, zu pflegen und zu entwickeln.

„Es findet also eine eigentümliche Spaltung in mir statt: ich beurteile mich. Mein höheres Selbst kritisiert mein Ego. Ich rede mit mir, ich beurteile mich, mein höheres Selbst zieht mich vor Gericht. Wir kennen diese geistige Erscheinung unter dem Namen, das Gewissen'" (Spranger, 1969 zit. nach Schulz, 2003, S. 320).

Selbsterziehung setzt nicht nur ein sich selbst betrachtendes Individuum voraus, dass sich gewissermaßen aufspaltet, mit sich selbst in einen inneren Dialog tritt. Selbsterziehung bedarf auch der echten intensiven Kommunikation und Interaktion. Mit ihrer Hilfe kann der Einzelne sich in den Perspektiven anderer spiegeln. Er bekommt hier sowohl positive als auch negative Kritik, und nur so kann er sich selbst sinnvoll reflektieren und seinen Selbsterziehungsprozess voranbringen (Schulz, 2003).

Der sich an Hegel orientierende Erziehungsphilosoph Theodor Litt (*1880 †1962) weist in dieser Hinsicht viele Ähnlichkeiten zu Spranger auf. Bezieht man ihn auf Brezinkas Erziehungsbegriff, dann begreift er das von Brezinka unidirektional verstandene Verhältnis von Educator zum Educandus antithetisch als ein Verhältnis, welches in beide Richtungen geht. In moderner systemischer Terminologie würde man sagen, er betrachtet die Beteiligten als Systeme,

die wechselseitig aufeinander bezogen sind (vgl. Weiß i.d.B., S. 15-43, und Lerche i.d.B., Kap. 4.5, S. 93-102). Bei ihm heißt es:
„Daß die Erziehung an dem Verhältnis der unbedingten Gegenseitigkeit ihre Grundlage hat, das bleibt auch dann bestehen, wenn die eine Seite an Alter, Erfahrung, Gewicht, Wissen und Können hinter der anderen weit zurückbleibt. Für den wirklichen Erzieher ist der Zögling von vornherein die potentielle „Person", die zur „Freiheit", zur „Persönlichkeit", zur selbstverantwortlichen Gestaltung des eigenen Daseins emporzuentwickeln das eigentliche Geschäft der Erziehung ausmacht. Die Probe auf die Gegenseitigkeit der Beziehung liegt darin, daß es kein echtes Erzieherverhältnis gibt, durch das nicht auch der Erzieher über sich selbst hinausgeführt und seelisch ausgeweitet würde" (Litt, 1962, S. 113).

Die Dialektik Litts findet auch viele Anknüpfungspunkte im dialogischen Prinzip Martin Bubers (*1878 †1965). Für Buber erfahren Educator und Educandus den Prozess des Erziehens gemeinsam und erleben ihn auch von der jeweils anderen Person aus (Buber, 1925). In diesem Perspektivenwechsel zeigen sie Empathie. Buber nennt dies das Prinzip der *Umfassung*. In der Umfassung spürt der Handelnde immer auch die Gegenseite. Für Buber bedeutet dies, dass der Erziehende sich immer bewusst sein muss, welche Folgen sein Handeln beim Zuerziehenden bewirkt. Dadurch, dass der Erziehende die Gegenseite, also die Seite des Zuerziehenden verspürt, merkt er nicht nur dessen Reaktion, sondern kann aus dieser heraus und aus dem Sich-selbst-Spüren in seinem Tun erneute erzieherische Handlungen überdenken und korrigieren. Dieses Korrekturmoment erlaubt dem Erzieher bei Buber keine selbstherrliche autoritäre Handlungsweise bzw. schließt diese sogar aus, es erzwingt vielmehr gerade einen Erziehungsstil, der reflektierend neues und modifiziertes Handeln kreiert (vgl. Saalfrank, 2009, S. 64f).

In der Sprache des symbolischen Interaktionismus von George Herbert Mead lassen sich Bubers Prinzip der Umfassung wie auch Litts antithetische Überlegungen wie folgt reformulieren: Wichtig in jeder menschlichen Interaktion, d.h. nicht nur, aber auch in Erziehungsprozessen, ist die Perspektivenübernahme, dass ich (*Ego*) mich in die Sichtweise des anderen (*Alter*) versetzen kann. Daraus entsteht eine wechselseitige Interpretation unserer Rollen in der Interaktion, und wir handeln entsprechend (Abels, 2001). Die eigene Handlung wird in ihrer Bedeutung für den anderen eingeschätzt, dessen Reaktion vorweggenommen und einkalkuliert. *Ego* gestaltet also seine Rolle, bringt seinen eigenen Identitätsentwurf mit ein, der nicht übereinstimmen muss mit dem, was *Alter* ihm ansinnt, d.h. *Ego* gestaltet oder „macht" die Rolle (*role-making*). *Alter* muss sich entsprechend auf die gemachte Rolle von *Ego* einstellen und seinerseits reagieren. Damit sind die Handlungen und Perspektiven der Handlungsbeteiligten interdependent, und entweder entsteht eine Verständigung oder eine Beendigung der Kommunikation.

Nach Mead findet Verständigung in diesem Sinne nicht nur zwischen Individuen statt, sondern auch allein in einer Person. Das heißt, Denken zielt nicht nur darauf ab, vom anderen verstanden zu werden, sondern auch sich selbst zu verstehen. „Indem sie [die Person, Anm. d. V.] diese Rolle des Anderen übernimmt, kann sie sich auf sich selbst besinnen und so ihren eigenen Kommunikationsprozess lenken. [...] Die unmittelbare Wirkung dieser Übernahme einer Rolle liegt in der Kontrolle, die der Einzelne über seine eigenen Reaktionen ausüben kann [...]." (Mead, 1934, zit. nach Abels, 2001, S. 25f).

Durch den Bezug auf Andere wird das Individuum in die Lage versetzt, eine Vorstellung von sich selbst zu erlangen, ein Selbstbewusstsein. Damit besteht ein enger Zusammenhang zwischen Identität und Interaktion.

Für alle hier genannten Repräsentanten der geisteswissenschaftlichen Pädagogik gilt, dass der Fokus auf den Übergang von der Fremderziehung zur Selbsterziehung gelegt wird, wobei es mit Ausnahme von Litt und Buber nicht immer ganz klar erscheint, ob die Fremderziehung wirklich durch die Selbsterziehung abgelöst werden kann oder ob sie nicht in einer sehr engen Interdependenz stehen und somit der Prozess der Selbsterziehung und Selbstbestimmung stets in der Fremderziehung impliziert ist.

Betrachtet man Fremd- und Selbsterziehung als interdependentes Verhältnis im letzteren Sinn, so wie die Autoren dieses Beitrags es tun, dann ist Selbsterziehung einerseits das Produkt von Fremderziehung und andererseits ein Prozess eigener Aufgabenbewältigung von Geburt an. Es gilt immer mehr zu dem Punkt zu kommen, sich selbst erziehen zu können, um von der Heteronomie zur Autonomie zu gelangen. Es geht um das alte aufklärerische Kantische Paradox, jemanden durch Zwang zur Freiheit zu erziehen (vgl. Steinherr i.d.B., S. 45-79).

Mit anderen Worten: Mündigkeit ist das Ziel von Erziehungsprozessen, und die Fähigkeit zur Selbsterziehung ist Mündigkeit. In moderner Terminologie und modernem Kontext, aber mit offensichtlichem Bezug auf Kant, lässt sich dieser Zusammenhang von Mündigkeit, Produkt und Prozess sich wie folgt formulieren:

„Mündigkeit, verstanden als jene Fähigkeit, sich ohne Anleitung von außen seiner Vernunft zu bedienen, kommt aber nicht zum Menschen, weder mit der Post noch über moderne Medien (Internet, Fernsehen etc.), weder wächst sie bloß heran, etwa wie Haare, noch fällt sie vom Himmel. Während man z.B. in unserer Gesellschaft ab dem 16. Lebensjahr für den Rest seiner Tage strafmündig ist, vorausgesetzt, dass nichts dazwischenkommt, bleibt Vernunft jedoch nicht ab irgendeinem Zeitpunkt und nun für immer beim Menschen, nicht durch die beste Erziehung und schon gar nicht etwa durch Verabreichung von Medikamenten oder sonstigen Hirnmanipulationen. Mündigkeit ist eher ein altersunabhängiger Ausdruck von überlegungszugänglichen Entschlussfähigkeiten aufgrund eigener erfolgreicher Willensbildungsprozesse" (Langer, 2010, S. 260).

Diese Entwicklung zum Gestalter oder Gestalterin der eigenen Rolle ist nicht an ein Ausbildungsverhältnis verknüpft, wie es im oben genannten Beispiel skizziert wird. Schülerinnen und Schüler sind ebenfalls eine relevante Umwelt für Lehrkräfte. Versucht eine Lehrkraft etwa ein Erziehungskonzept durchzusetzen, in dem viele Grenzen gesetzt werden ohne Freiheit zu gewähren, bei Schneewind *Grenzen ohne Freiheit* genannt, und stößt dieses Konzept auf Widerstand in der Klasse und erschöpft dadurch die Lehrkraft, dann ist es im Anschluss an Litt ein "über sich selbst Hinausführen" im Sinne von Selbsterziehung, wenn als Konsequenz andere Erziehungskonzepte gegenüber der Klasse ausprobiert werden. Merkt die Lehrkraft etwa, dass ein Unterrichten und Erziehen im Sinne des Schneewindschen Konzepts *Freiheit in Grenzen* (Lerche i.d.B., Kap. 4.7, S. 112-117) weniger belastend für sie ist, dann hat in der Auseinandersetzung mit der relevanten Umwelt ein Selbsterziehungsprozess stattgefunden. Selbsterziehung in diesem Sinne muss nicht abgelehnt werden, wie Brezinka es tut, wenn er diesen Begriff als einen sieht, der „nur in mystischer Wendung als Zusammenwachsen von Erzieher und Zögling denkbar [ist] – [oder] im Bereich tatsächlicher Erscheinungen [...] nur als vorwissenschaftliche Deutung gewisser eigenpersönlicher Erlebnisse [besteht]" (Brezinka, 1990, S. 79).

8.2 Selbsterziehung als Entwicklungsaufgabe in der Lehrerbildung

Verknüpft man diese Idee der Selbsterziehung mit modernen Ideen der Bildungsgangdidaktik, so wie sie etwa Hericks (2006) vertritt, dann ist die Fähigkeit zur Selbsterziehung mit der Fähigkeit verknüpft, in Auseinandersetzung mit der Umwelt Entwicklungsaufgaben zu identifizieren und diese Aufgaben zu bewältigen. Diese Bewältigung führt dann zur reflektierten Fähigkeit, sich im Sinne des *role-making* als Gestalter der eigenen Rolle zu betätigen. Havighurst, einer der zentralen Bezugspunkte der Bildungsgangdidaktik, liefert die kanonische Definition einer Entwicklungsaufgabe schon im Jahre 1948, einer Zeit, in der die geisteswissenschaftliche Pädagogik sehr aktiv war, aber beide Seiten nicht aufeinander Bezug nahmen:
„A developmental task is a task which arises at or about a certain period in the life of the individual, successful achievement of which leads to his happiness and to success with later tasks, while failure leads to unhappiness in the individual, disapproval by the society, and difficulty with later tasks (zit. nach Trautmann, 2004, S. 23).
Unter der Prämisse von Terhart (1992), dass „Professionalität im Lehrerberuf zuallererst ein berufsbiografisches Entwicklungsproblem" ist (zit. nach Hericks, 2002, S. 405), gliedert Hericks die Aufgabenstruktur professionellen pädago-

gischen Handelns in vier Teilbereiche, die er dann in vier beruflichen Entwicklungsaufgaben überführt (S. 63):

1. Entwicklungsaufgabe *Kompetenz*: Anforderung an die eigene Person
   - Eigene personale und fachliche Kompetenzen zur Bewältigung beruflicher Anforderungen einsetzen und ausweiten.
   - Mit eigenen Ressourcen haushalten und mit eigenen Schwächen und Grenzen umgehen können.
   - Zwischen den eigenen Handlungskompetenzen und erfahrenen Handlungsnotwendigkeiten vermitteln können.
   - Einen persönlichen Stil des Umgangs mit den Schülern kultivieren [Authentizität].

2. Entwicklungsaufgabe *Vermittlung*: Anforderungen in der Sach- und Fachvermittlung
   - Ein tragfähiges Konzept der eigenen Rolle als Vermittler von kulturellen Sachverhalten und Fachinhalten vermitteln.

3. Entwicklungsaufgabe *Anerkennung*: Anforderungen in Bezug auf die Adressaten
   - Ein Konzept der pädagogischen (Fremd-)Wahrnehmung der Schülerinnen und Schüler als der entwicklungsbedürftigen Anderen entwickeln.

4. Entwicklungsaufgabe *Institution*: Anforderungen in Bezug auf die Institution
   - Möglichkeiten und Grenzen der institutionellen Rahmenbedingungen erkennen und mitgestalten.
   - Ein Konzept der Kooperation mit Kollegen entwickeln.

Durch eine intensive Selbstreflexion ist es möglich, eigene Stärken und Schwächen zu erkennen und zu verstehen, in welcher Gestalt diese in der eigenen Biografie verankert sind. Identitätsbildung und damit verbundene Entwicklungsaufgaben sind in der Biografie verwurzelt.

Eine andere Taxonomie zur Strukturierung von Entwicklungsaufgaben stammt von Meyer (2010). Meyer hat, ausgehend von einer empirischen Analyse von Studierenden im Praktikum, eine Reihe von Fragen dazu entwickelt, welche Erfahrungen die Studierenden in ihren Praktika beschäftigen. Diese Fragen können ebenfalls als Entwicklungsaufgaben verstanden werden (vgl. Kiel & Pollak, 2011). Meyer hat festgestellt, dass aus Sicht der Studierenden der erste Praxiskontakt durch fünf Fragen bestimmt wird:

1. Genüge ich den Ansprüchen, welche die mich betreuenden Lehrkräfte im Praktikum an mich stellen?
2. Genügen die betreuenden Lehrkräfte meinen Ansprüchen an Betreuungsverhalten und Unterstützung?

3. Gelingt es mir, die Schülerinnen und Schüler in einem Rahmen akzeptablen Verhaltens zu halten, der mir angemessen erscheint?
4. Kann ich mich als Lehrperson so verhalten, dass es den Schülerinnen und Schülern angemessen erscheint?
5. Kann ich mich so verhalten, dass mir mein eigenes Verhalten im Unterricht und im Umgang mit Schülerinnen und Schülern und anderen Beteiligten der Institution Schule angemessen erscheint?

In diesem Sinne erleben Studierende das Praktikum einerseits als ein Taxieren von Anforderungen, die an sie gestellt werden, und andererseits als ein Taxieren von Anforderungen, die sie sich selbst stellen. Man könnte dies auch als Konflikt zwischen role-making und role-taking charakterisieren oder auch als Spannung zwischen Fremd- und Selbsterziehung. Aus der Perspektive der Studierenden spielen die Anforderungen, die die Fachwissenschaft an ihr Handeln und Verhalten stellt, offensichtlich keine Rolle. Dies ist aus der Perspektive moderner Professionstheorie sicherlich nicht angemessen. Eine wichtige zusätzliche Frage lautet deshalb:

6. Genüge ich professionellen, fachwissenschaftlichen und pädagogischen Ansprüchen?

Aus der Perspektive der hier skizzierten geisteswissenschaftlichen Pädagogen sind die Entwicklungsaufgaben von Hericks oder auch die Fragen von Meyer Spezifikationen der Bereiche, auf die sich professionelle Selbsterziehung beziehen kann. In der Terminologie Sprangers könnte man die Entwicklungsaufgaben als Bereiche von typischen professionellen Spannungen betrachten, die durch Reflexion bewältigt werden müssen. Im Kontext der Überlegungen Litts kennzeichnen die Entwicklungsaufgaben die Bereiche, in denen ein Erzieher, im Kontakt mit den Zuerziehenden, aber auch mit Schulleitung und Kollegen, über sich selbst hinausgeführt wird. Im Sinne Bubers wird das Sich-selbst-spüren durch die Begegnung mit anderen auf bestimmte Bereiche gelenkt.

8.3 Fazit

Im Begriff der Selbsterziehung des Erziehers wird das im Eingangskapitel geschilderte Verhältnis von Educator zu Educandus, welches gemäß Brezinka nur in eine Richtung verläuft, systemisch erweitert. Erzieherische Handlungen des Educators führen zu Wirkungen beim Educandus, die zurückwirken können auf den Erzieher. Diese Wirkungen sollen durch den Erzieher für die eigene Weiterentwicklung bewusst genutzt werden. Das ist der Kern von Selbsterziehung. Da Erziehung im Allgemeinen in Institutionen wie der Familie oder der Schule stattfindet (vgl. Weiß i.d.B., Kap. 2.3, S. 25-32), wird sie nicht nur durch die Educandi beobachtet, sondern auch durch nicht involvierte Personen (z.B. andere Familienmitglieder, andere Schülerinnen und Schüler, Lehrerkollegium). Erzieherische Handlungen in einer Institution können dadurch Wirkungen haben, die ursprünglich nicht auf den Educandus gerichtet sind und ebenfalls den Erzieher in seiner Weiterentwicklung beeinflussen. Diese Weiterentwicklung strebt im Sinne der Rollentheorie zur Fähigkeit des role-taking eines autonomen mündigen Erziehers. Es gibt allerdings keinen Endzustand der Selbsterziehung. Selbsterziehung ist eine Entwicklungsaufgabe, die durch bildungsdidaktische Überlegungen in Ansätzen systematisiert werden kann, aber immer unabgeschlossen bleibt. Menschen und institutionelle Systeme sind immer der Veränderung unterworfen, ein Aspekt, den Bronfenbrenner mit seinem Chronosystem erfasst. Deswegen bleibt Selbsterziehung immer ein nicht abgeschlossener Prozess.

8.4 Aufgaben

8.4.1 Entwicklung eines Szenarios

Aufgabenbeschreibung
1. Arbeitsauftrag
• Wählen Sie aus Ihren Schulerfahrungen oder Ihren Erfahrungen in der Familie eine Situation aus, die Sie in besonderer Weise bewegt hat und die Sie als Problem empfunden haben.
• Schreiben Sie auf, inwieweit es sich bei dieser Situation um ein role-taking oder role-making gehandelt hat. Hätten Sie in dieser Situation anders handeln können?

2. Arbeitsauftrag
• Wählen Sie aus Ihren Schulerfahrungen eine Situation aus, die Sie in besonderer Weise bewegt hat und die Sie als Problem empfunden haben.
• Lesen Sie sich noch einmal die in Kapitel 8.2 genannten sechs Fragen zum Taxieren von Anforderungen durch und schreiben Sie auf, welche dieser Anforderungen in der von Ihnen gewählten Situation auf Sie gerichtet waren.
• Wenn es Konflikte zwischen den Anforderungen gegeben hat, schreiben Sie auf, welcher Art diese Konflikte waren, wie Sie mit den Konflikten umgegangen sind und ob Sie heute in der Retrospektive eine andere Lösung wählen würden.

Aufgabenerläuterung
Bei der Auswahl der Situation berücksichtigen Sie bitte folgende Aspekte:
• Schilderung des Ereignisses (Wer? Was? Wo? Wie?)

- vorauslaufende Bedingungen (Gibt es Ereignisse, Erlebnisse etc., die vor dem geschilderten kritischen Ereignis liegen und wichtig sind für das Verständnis des geschilderten Ereignisses?)
- situationsspezifische Bedingungen (Gibt es in der Situation Elemente, die für das Verständnis wichtig sind, etwa Fähigkeiten der Beteiligten, körperliche Merkmale, Emotionen etc.?)
- Folgen des Ereignisses für Sie und die am Ereignis beteiligten Personen

Aufgabenbegründung
Diese Aufgabe gibt Ihnen die Möglichkeit über Ihre eigene Rollengestaltung, Ihre Selbsterziehung nachzudenken. Dazu bedarf es der Berücksichtigung von Erfahrungen, die Sie gemacht haben und als bedeutsam einschätzen.

8.4.2 Vertiefungsaufgabe

Aufgabenbeschreibung
Setzen Sie sich, auch durch weitere Literaturrecherche, mit dem im Folgenden kurz dargestellten Identity-Status-Modell von James E. Marcia auseinander und reflektieren Sie dieses kritisch bzgl. Ihres Lehrerhandelns. Beachten Sie dabei besonders die Antinomien von *Autonomie vs. Heteronomie* und *Ego vs. Alter*.

Aufgabenerläuterung
James E. Marcia hat in den 1960er Jahren das Modell von Erik H. Erikson mit Identität vs. Identitätsdiffusion operationalisiert und erweitert. Durch Untersuchungen konnte er Definitionskriterien für vier Typen generieren:

Tab. 1: Definitionskriterien für die vier Typen im Identity-Status-Modell von James E. Marcia (1993) (nach Krappmann, 1999, S. 81)

	Erarbeitete Identität Achievement	Moratorium	Identitäts- übernahme Foreclosure	Identitäts- diffusion
Exploration von Alternativen	Ja	Aktuell stattfindend	Nein	Ja/nein: beides möglich
Innere Verpflichtung Commitment	Ja	Ja, aber vage	Ja	Nein

Wie im Stufenmodell von Erikson wird zwischen der Selbstverpflichtung (*Commitment*) und einer Krise bzw. Exploration (*Crisis*) unterschieden. Marcia geht in seinem Modell zum einen von einer (gelungenen) Identität aus (*Identity Achievement*). Diese wurde durch explorative, krisenhafte Perioden ausgebildet und resultiert in einer festen Zukunftsvorstellung. Das Moratorium ist gekennzeichnet durch diese Exploration, wobei noch keine Entscheidung getroffen wurde, aber davon ausgegangen wird, dass diese im Identity Achievement endet. Zum anderen gibt es die Identitätsdiffusion, die dem Identity Achievement gegenüber steht. Das Individuum hat weder eine Experimentierphase durchgeführt noch hat es Festlegungen getroffen. Marcia beschreibt diesen Typ so: „Ihr herausragendstes Charakteristikum ist ein Mangel an eigenen Überzeugungen und korrespondierend dazu ein Mangel an Besorgtheit darüber" (zit. nach Keupp, 1999, S. 81). Allerdings sieht er auch eine Chance in der zunehmenden Identitätsdiffusion in unserer Gesellschaft, denn sie muss nicht immer als Scheitern angesehen werden, sondern kann auch funktional sein, d.h. sie ermöglicht eine lebenslange Entwicklung von Identität. Als Ergänzung zu Eriksons Polen gibt es bei Marcia den Status der Identitätsübernahme (*Foreclosure*). Hier werden Vorstellungen unreflektiert und widerspruchslos übernommen und diese auch ohne explorative, krisenhafte Phase entwickelt.

Aufgabenbegründung
Durch die intensive Auseinandersetzung mit diesem Modell ist es möglich, in von Ihnen ausgewählten Bereichen zu erfahren, wie sich Ihre Lehrer-Identität entwickeln kann.

8.5 Literatur

Abels, H. (Hrsg.) (2001). *Interaktion, Identität, Präsentation: Kleine Einführung in interpretative Theorien der Soziologie* (2., überarb. Aufl.). Wiesbaden: Westdeutscher Verlag.

Brezinka, W. (1990). *Grundbegriffe der Erziehungswissenschaft: Analyse, Kritik, Vorschläge* (5., verbesserte Aufl.). München, Basel: Ernst Reinhardt.

Buber, M. (1986). *Reden über Erziehung* (Nachdruck der Erstausgabe 1953 [7. Aufl.]). Heidelberg: Lambert Schneider.

Flitner, W. ([13]1970). *Allgemeine Pädagogik*. Stuttgart: Klett.

Hericks, U. (2006). *Professionalisierung als Entwicklungsaufgabe: Rekonstruktion zur Berufseingangsphase von Lehrerinnen und Lehrern*. Wiesbaden: VS Verlag für Sozialwissenschaften.

Hericks, U. & Kunze, I. (2002). Entwicklungsaufgaben von Lehramtsstudierenden, Referendaren und Berufseinsteigern: Ein Beitrag zur Professionalisierungsforschung. *Zeitschrift für Erziehungswissenschaft, 5* (3), 401-416.

Kant, I. (1996): *Kritik der praktischen Vernunft. Grundlegung zur Metaphysik der Sitten*. In: Weischedel, Wilhelm (Hrsg.), Immanuel Kant: Werkausgabe in 12 Bänden, Band 7, 13. Auflage, Frankfurt am Main: Suhrkamp.

Kiel, E. & Pollak, G. (2011). *Kritische Situationen im Referendariat bewältigen*. Bad Heilbrunn: Klinkhardt.

Kohlberg, L. (1996). *Die Psychologie der Moralentwicklung*. Frankfurt am Main: Suhrcamp.

Kohlberg, L. (2001). Moralstufen und Moralerwerb: Der kognitiv-entwicklungstheoretische Ansatz (1976). In W. Edelstein, F. Oser & P. Schuster (Hrsg.), *Moralische Erziehung in der Schule: Entwicklungspsychologie und pädagogische Praxis* (S. 35-61). Weinheim, Basel: Beltz.

Krappmann, L. (2001). Die Identitätsproblematik nach Erikson aus einer interaktionistischen Sicht. In H. Keupp (Hrsg.), *Identitätsarbeit heute: klassische und aktuelle Perspektiven der Identitätsforschung* (S. 227-250). Frankfurt am Main: Suhrkamp.

Litt, Th. (1962). *Führen oder Wachsenlassen: Eine Erörterung des pädagogischen Grundproblems.* Stuttgart: Ernst Klett.

Meyer, B. (2010). *Zur Professionalisierung durch Schulpraktika. Wie Lehramtsstudierende Anforderungen in ihren ersten Praxiskontakten begegnen.* Baltmannsweiler: Schneider Verlag Hohengehren.

Nohl, H. (1967). *Ausgewählte pädagogische Abhandlungen.* Paderborn: Ferdinand Schöningh.

Saalfrank, W.-T. (2009). *Das „freie" Kind. Erzieherisches Handeln als Orientierung am Kind. Beispiele und Analysen.* Berlin. Lit Verlag.

Schneewind, K.A.

Schleiermacher, F., Winkler, M. & Brachmann, J. (2000). *Texte zur Pädagogik: Kommentierte Studienausgabe.* Frankfurt am Main: Suhrkamp. (Original erschiene 1451-1452)

Schulz, U. (2003). *Selbstbestimmung und Selbsterziehung des Menschen: Untersuchungen im deutschen Idealismus und in der geisteswissenschaftlichen Pädagogik.* Stuttgart: Ibidem-Verl.

Spranger, E. (⁸1964). *Pädagogische Perspektiven: Beiträge zu Erziehungsfragen der Gegenwart.* Heidelberg: Quelle & Meyer.

Terhart, E. (1996). Berufskultur und professionelles Handeln bei Lehrern. In A. Combe & W. Helsper (Hrsg.), *Pädagogische Professionalität: Untersuchungen zum Typus pädagogischen Handelns* (S. 448-471). Frankfurt am Main: Suhrkamp.

Terhart, E. (2001). *Lehrerberuf und Lehrerbildung: Forschungsbefunde, Problemanalysen, Reformkonzepte.* Weinheim: Beltz.

Trautmann, M. (2004). Entwicklungsaufgaben bei Havighurst. In M. Trautmann (Hrsg.), *Entwicklungsaufgaben im Bildungsgang* (S. 19-40). Wiesbaden: VS Verlag für Sozialwissenschaften.

Turner, R.H. (1962). Role Taking: Process versus Conformity. In A.M. Rose (Ed.), *Human Behavior and social Processes* (pp. 22-40). Boston: Houghton Miffin.

Autorenverzeichnis

Ewald Kiel
Prof. Dr. Ewald Kiel studierte Deutsch, Geschichte und Pädagogik an der Georg-August Universität in Göttingen und *Applied Linguistics* an der University of California in Los Angeles. Nach der Promotion 1990, dem zweiten Staatsexamen für das Lehramt an Gymnasien und dem Referendariat habilitierte er sich 1997 mit dem Schwerpunkt in *Allgemeiner und interkultureller Didaktik.* Nach dreijähriger Tätigkeit als Gymnasiallehrer wurde er an die PH Heidelberg für das Fach Schulpädagogik berufen und arbeitete parallel intensiv als Gutachter für den Europarat bei der Beurteilung osteuropäischer Erziehungssysteme. Seit April 2004 leitet er die *Abteilung für Schul- und Unterrichtsforschung* und den *Lehrstuhl für Schulpädagogik* an der Ludwig-Maximilians-Universität München.

Agnes Braune
Agnes Braune M.A., geb. 1964, arbeitete zunächst als staatliche anerkannte Altenpflegerin und dann als Gutachterin beim Medizinischen Dienst der Krankenkassen. Über den zweiten Bildungsweg erlangte sie die Hochschulreife und studierte von 1999 bis 2005 Pädagogik, Psychologie und Neuere Deutsche Literatur an der Ludwig-Maximilians-Universität München. Von 2006 bis 2012 arbeitete sie als wissenschaftliche Mitarbeiterin am Lehrstuhl für Schulpädagogik an der LMU im Projekt *Wirksamkeit von Lehrerbildung.* Ihre Schwerpunkte liegen in der Erwachsenen- und Weiterbildung, Kompetenzentwicklung und Lehrerprofessionalität.

Angela Guadatiello
Dr. phil. Angela Guadatiello, geb. 1966 als Kind italienischer Einwanderer in Deutschland, hat ihre persönliche Migrationserfahrung im Studium Deutsch als Fremdsprache, Psycholinguistik und Psychologie professionalisiert. 2001 promovierte sie an der Ludwig-Maximilians-Universität München mit der linguistischen Arbeit „Substantive in Bildbeschreibungen. Bilder diskursiv betrachten und verstehen" (München, 2001: iudicium). Von 1999 bis 2007 war sie als Kursleiterin für Deutsch als Fremdsprache tätig (Erwachsene und Kinder). 2001 bis 2007 war sie wissenschaftliche Leiterin des Sprachförderprogramms KIKUS (Zentrum für kindliche Mehrsprachigkeit e.V.). Von 2003 bis 2004 brachte sie ihre Kompetenzen im Bereich Sprachförderung für Kinder nichtdeutscher Erstsprache als wissenschaftliche Referentin ins Projekt „Schlüs-

selkompetenz Sprache" (DJI München) ein. Seit 2009 ist sie im gemeinnützigen Verein Initiativ Gruppe-Interkulturelle Begegnung und Bildung e. V. Projektleiterin des Sprachförderprojekts Mercator-Förderunterricht für Kinder und Jugendliche mit Migrationshintergrund. Ihre Arbeitsschwerpunkte sind Deutschförderung für Kinder nicht-deutscher Erstsprache, Migration und interkulturelle Bildung.

Thomas Lerche

Dr. phil. Thomas Lerche studierte Pädagogik, Psychologie und Statistik an der Ludwig-Maximilians-Universität München. 2005 promovierte er über das Thema *E-Teaching bei Lernenden mit geringem domänenspezifischen Vorwissen* an der Universität Regensburg. Nach zweijähriger Tätigkeit an der Pädagogischen Hochschule Weingarten kehrte er 2007 an die Universität München zurück. Seine Forschungsschwerpunkte am Lehrstuhl für Schulpädagogik sind netzwerkbasierte Lernumgebungen sowie die Förderung der Anstrengungsbereitschaft von Lernenden.

Sylva Liebenwein

Dr. phil. Sylva Liebenwein, geb. 1978 in München, studierte Pädagogik (M.A.) an der Ludwig-Maximilians-Universität München und promovierte 2007 zum Thema millieuspezifische elterliche Erziehungsstile. Von 2002 bis 2010 wissenschaftliche Mitarbeiterin an den Lehrstühlen Bildungsforschung (2002-04) und Schulpädagogik (2004-10) der Ludwig-Maximilians-Universität München, seit 2010 in der Abteilung Bildungsforschung und -management des Sozialwissenschaftlichen Instituts der Heinrich-Heine-Universität Düsseldorf. Publikationen und Kongressbeiträge z.B. zu Weiterbildung, sozialen Milieus, Reformschulen und Erziehungsstilen. Laufende Forschungsprojekte: Erziehungskurse in bildungsungewohnten Milieus, Erziehungsstile bei frühpädagogischen Fachkräften.

Wolf-Thorsten Saalfrank

Dr. paed. Wolf-Thorsten Saalfrank, Mag. rer. publ., geb. 1969 in Heidelberg, studierte Deutsch und evangelische Theologie für das Lehramt an Grund- und Hauptschulen in Heidelberg sowie Pädagogik und Erwachsenenbildung in Landau und Verwaltungswissenschaften in Speyer. Nach mehrjähriger Tätigkeit als Lehrer im schulischen und außerschulischen Bereich sowie als Referent für Jugendmedienschutz bei einer Landesmedienanstalt promovierte er 2004 an der Pädagogischen Hochschule in Heidelberg im Fach Schulpädagogik. Seit 2005 ist er wissenschaftlicher Mitarbeiter am Lehrstuhl für Schulpädagogik der Ludwig-Maximilians-Universität München. Schwerpunkte sind Schulentwicklung, Bildungspolitik und -verwaltung, Heterogenität sowie Martin Buber.

Eva Steinherr
Dr. phil., Jg. 1963, Studium Philosophie und Lehramt, Magister Philosophie (1988), erste (1990) und zweite (1992) Staatsprüfung, Promotion (1995), 1990–2007 im Schuldienst, 1997–2000 Mitglied der Kommission Bayerischer Grundschullehrplan für Deutsch, 2005/2006 Moderatorin für Schulentwicklung, seit 2006 am Lehrstuhl für Schulpädagogik der Ludwig-Maximilians-Universität München. Forschungsschwerpunkte: Schulpädagogik, soziales Lernen/Werteerziehung, Philosophieren mit Kindern.

Sabine Weiß
Dr. phil. Sabine Weiß, geb. 1979 in München, studierte Pädagogik (M.A.) an der Ludwig-Maximilians-Universität München und promovierte 2006 zum Thema der Trauer von Kindern und Jugendlichen. Sie ist systemische Individual-, Paar- und Familientherapeutin (DGSF). Von 2007 bis 2010 arbeitete sie als wissenschaftliche Assistentin, seit 2011 als Akademische Rätin a. Z. am Lehrstuhl für Schulpädagogik an der Ludwig-Maximilians-Universität München. Publikationen und Kongressbeiträge zur Studien- und Berufswahlmotivation von Lehramtsstudierenden sowie zu den Anforderungen und Belastungen des Lehrerberufs. Forschungsprojekte und Arbeitsschwerpunkte: Lehrergesundheit (Projekt *LeguPan – Lehrergesundheit: Prävention an Schulen*), Lehrerbiographie-Forschung.